《周易》与易学史研究

张茂泽 郑熊 主编

西北大学出版社
·西安·

图书在版编目（CIP）数据

《周易》与易学史研究 / 张茂泽，郑熊主编.
西安：西北大学出版社，2024.9. -- ISBN 978-7-5604-5495-5

Ⅰ．B221.5

中国国家版本馆CIP数据核字第2024YH8511号

《周易》与易学史研究
ZHOUYI YU YIXUESHI YANJIU

张茂泽　郑　熊　主编

出版发行　西北大学出版社
（西北大学校内　邮编：710069　电话：029-88302621　88303059）
http://nwupress.nwu.edu.cn　　E-mail：xdpress@nwu.edu.cn

经　销	全国新华书店
印　刷	陕西向阳印务有限公司
开　本	787毫米×1092毫米　1/16
印　张	17
版　次	2024年9月第1版
印　次	2024年9月第1次印刷
字　数	226千字
书　号	ISBN 978-7-5604-5495-5
定　价	59.00元

本版图书如有印装质量问题，请拨打029-88302966予以调换。

目录

上篇 《周易》研究

3 ‖ 21世纪新易学
　　党双忍

18 ‖ 《周易》奠定中华民族精神根基
　　周树智

31 ‖ 《周易》是21世纪中华文化繁荣昌盛的重要思想资源
　　张茂泽

44 ‖ 论文人画的"易境"
　　周利明

54 ‖ 解析《易传》的形而上学思想
　　郑　熊

72 ‖ 《周易》所见器物考
　　李小成

90 ‖ 试论《周易》的社会管理思想
　　苏　军

105 ‖ 从天人关系的相对性看早期儒者的人格意识
　　贾若凡

下篇　易学史研究

125 ‖ 马融与费氏《易》的传承
　　　　李小成

141 ‖ 从"寂然至无"到"备包有无"
　　　　——论《周易正义》对王弼易学承用和转化
　　　　吴泽林

151 ‖ 李鼎祚《周易集解》释易理路探析
　　　　——以所集《乾卦》诠释为例
　　　　张蓝丹

174 ‖ 大我之境
　　　　——慈湖易学的境界观
　　　　杨梦航

192 ‖ 浅析蔡元定用理学对堪舆的改造
　　　　——以《发微论》为考察中心
　　　　曹江涛

205 ‖ 宋元时期的象数易学与胡方平《易学启蒙通释》
　　　　朱　军

217 ‖ 《正蒙拾遗》的思想特点及其关学定位
　　　　魏　冬

230 ‖ 清代关中易学易籍初探
　　　　刘银昌

244 ‖ 乔莱引史证《易》思想初探
　　　　李轶凡

上篇
《周易》研究

21世纪新易学

党双忍

（陕西省人大常委会委员、省人大环境与资源保护委员会副主任委员）

《易经》是与时偕行、历久弥新的中华元典。《易经》属于中国，也属于世界。三千年前，《易经》"通神明、类万物"，奠定了周天下创造中华文明新形态的思想基础。进入21世纪，全球知识大融通，再造盛世新易学，必将推动人类文明大转型，催生人类文明新形态，引领人类阔步迈入绿色未来纪。

一、因守护祖脉识读《周易》

秦岭是我国中央山脉，中华家园的内园、老园、核心园。在中国地理、生态、人文上，秦岭居"C位"。习近平总书记指出，秦岭和合南北、泽被天下，是我国的中央水塔，中华民族的祖脉和中华文化的重要象征。保护好秦岭生态环境，对确保中华民族长盛不衰、实现"两个一百年"奋斗目标、实现可持续发展具有十分重大而深远的意义。秦岭是国之大者。要当好秦岭卫士，守护好中央水塔和中华民族祖脉。这是站在中华民族伟大复兴的高度，对秦岭在中华文明发展进程中特殊地位的高度概括、科学总结和理性升华，为我们构建了21世纪中国秦岭观。

秦岭从昆仑山走来，走进华夏中央，走向华北平原，左手挽着黄河，右手牵着长江，山水和合，造化出"一山两河"大格局——这是举世无双的中国地理标识。秦岭如同太极，太极生两仪——黄河与长江、南方与北方。中华文明是大江大河文明——黄河文明、长江文明，也是大山文明——秦岭文明。中华文明是山水和合文明——"一山两河"文明。秦岭是一幅幅套装的锦绣山水，这里有"山"曰"华"，华夏之"华"，中华之"华"；这里有"水"曰"汉"，汉人之"汉"，汉字之"汉"。这里有"岭"曰"秦"，"岭（嶺）"暗合"山脉领导者"之意，"秦"暗合"春""秋"绵长之意。

秦岭是华夏本部，中华文明滥觞之地。秦岭孕育了中华民族的始祖母——华胥氏，中华民族的人文始祖——伏羲氏、女娲氏，中华民族的人文初祖——神农氏、轩辕氏，顺承转接"三皇五帝"及至夏商周三代，以及开创两千余年中华帝国先河的"千古一帝"——秦始皇，值得世代景仰的大汉盛世、大唐雄风。秦岭山下，长安、洛阳是两个享誉世界的"千年级"的中华帝都，由"三代"至大唐，三千年中华史，核心就是"长安—洛阳"史。上古神话传说，易经，诗经，诸子百家，儒、释、道，中华人文经典，就是以秦岭为中心展开的中华故事。秦岭是中华文明的重要标识。

中华祖脉，秦岭生易。不少人视《易经》为天书，河出图、洛出书，天生神物、圣人则之，天地变化、圣人效之。伏羲氏受天赐河图洛书的昭示，始作先天八卦，揭开了"一阴一阳之谓道"的神秘面纱。于是乎，无端凿破乾坤密，始自羲皇一画时。张载提出，"易即天道而归于人事"。以自然史观论，河图洛书当是河洛地带自然现象法则化、图形化，抽象再抽象，形成了符号化的伏羲二十四爻八卦图。二十四爻，每一爻都代表了一个自然变化；八卦，每一卦都代表一种自然现象——天、地、风、雷、水、火、山、泽。乾坤易之门，神机尽开辟。在文字不成熟的时代，用阴阳二爻符号系统表示自然现象，无疑是一个划时代的大发明，代表着六七千年前中华民族的智慧巅峰。天地和、万物生。自然变化无穷，而人的信息匮乏，自然崇拜油然而生。于是，人们遇有需要决断之事，便将决断权交给了自然。早期的八卦，主要用于"决断"。凡国之大事，先筮而后卜。及至周代，八卦进入新境界。周文王创新了八卦排列方式，并衍生出六十四卦三百八十四爻。周公为六十四卦三百八十四爻——作了极简的文字解释，即卦辞、爻辞，也即系在每一卦、每一爻旁边的文字。六十四卦三百八十四爻，加上卦辞、爻辞，图文并茂，即是《易经》。《易经》形成于西周初年，流行于王室上层、知识渊博之士。春秋战国之际，孔子门徒《易传》诸篇相继问世，开启《易经》义理化、世俗化历程。秦始皇"书同文"，加速了《易经》《易传》的传播。西汉武帝时，独尊儒术、表彰六经，《易经》《易传》合作《周易》。后世易学，以《周易》为本，生生不息。

《易经》的真谛是"和合"。太极即是"和合"，由"和合"而生，太极生两仪，两仪生四象，四象生八卦……八卦、四象、两仪、太极是生命共同体，圆润融通，呈现在同一太极八卦图上，"合—分—合"即是"和合"。老子讲得更加明确，道生一、一生二、二生三、三生万物，万物负阴而抱阳，冲炁以为和。《易传》有云，"利者，义之和也"（《乾·文言》）。趋吉避凶、适者生存是"易经公理"。遵循"易经公理"，才能与天地和谐、与万物和谐、与自然和谐。

地理是文明的摇篮、历史的子宫。秦岭有太乙山之名，负阴而抱阳。秦岭北麓关中平原，自古即是天府之国，是温带的暖温带、北方的南方，这里春夏秋冬、四季分明，孕育周而复始、无所不备的《易经》思想体系。秦岭是天赐中华之太极，和合山水、和合南北、和合天下……

二、历久弥新的中华元典

秦岭是中央水塔，山不生水水自流。秦岭是中华祖脉，山不生文文自芳。秦岭是中央山脉，调节南北气候。《易经》是中华元典，调整天下人心。祖脉元典，四为之德——为始为大为尊为善。

《易经》是王天下者精心创造的修身齐家治国平天下之器,也是复杂而简单、简单又复杂的独具特色的符号文本。想象力比知识更重要,想象力就是创造力。《易经》作者看山不是山、看水不是水,具有超凡脱俗的想象力。在人类历史上,《易经》长期占据世界文化高峰。六千多年前,伏羲一画开天,绘制出先天八卦,一阴一阳易之道,开辟了无限想象空间,奠定了辩证法第一定律的思想基础。这是中华先祖古圣创造的世界文化高峰。三千多年前,周文王创制后天八卦、六十四卦,配套卦辞、爻辞,创建"易经公理",否极泰来,奠定了辩证法第二定律的思想基础,谱写了世界文化高峰新篇章。两千多年前,为《易经》配套《易传》,二者相叠加,创建出《周易》,无穷变化在其中,实现易道周普、广大精微,再次登上了世界文化新高峰。"文明"一词,最早出现在《易传·乾·文言》:"见龙在田,天下文明。""文化"一词词意,出自《易传·贲·象传》:"刚柔交错,天文也;文明以止,人文也。观乎天文,以察时变,观乎人文,以化成天下。"由此可以感知《周易》超越时代的智慧魅力以及影响力。

《周易》以自然哲学指导人文实践,开创了天地人合一、遵天命而行的中国文化传统。在《周易》之前,曾有《连山易》和《归藏易》,合称"三易"。《连山易》以艮卦(山)为首卦,《归藏易》以坤卦(地)为首卦,《周易》以乾卦(天)为首卦。大哉乾元,万物资始。这反映了《易经》的发展过程,也是思想认识深化过程、卦序科学定型过程。现在所说的《易经》,皆是指《周易》。随着理论认识转向实践应用,《易经》推动中国文化发生了历史性大转变。《易经》把自然现象、自然变化、自然规律抽象化、简单化、符号化,并依趋吉避凶、适者生存的"易经公理"指导人文实践活动。"易经公理"搭建起自然崇拜与人文实践的桥梁,生动活泼的人文实践被赋予自然天启的神秘力量。"易经公理"把天、地、人完美地结合在一起,成为不可分割的生命共同体。"民之所欲,天必从之""皇天无亲,惟德是辅",这就是周公弘扬的"敬德保民"思想。由此,从商到周，中国思想实现了从"敬鬼神"到"重人事"的历史大转变。也因为如此，三千年前的华夏大地，王（帝）命遵天命，神性落凡尘，中华民族独自脱离了神权掌控，走上了世俗文明的道路。

《易经》是"大道之源、群经之首"，中国经典、东方圣经。周公为六十四卦配套卦辞、爻辞后，完成《易经》创建大业。《易经》是君子朝乾夕惕、履行社会责任、实践"易经公理"的励志教义。依据"易经公理"，周公制礼作乐，创建礼乐制度，开创周礼文化，以德治天下。道德实践登上王位，道德秩序推及所有人群。由此，周公被尊奉为"元圣"。孔子晚而喜易、读易，韦编三绝。子曰："假我数年，若是，我于易则彬彬矣。"（《史记·孔子世家》）孔门弟子顺承孔子之意，创作《易传》。孔子开创了儒家学派，被尊为"至圣"。易道广大，孔子崇阳，老子崇阴。与《易传》是《易经》的续篇一样，《道德经》也是《易经》的续篇。老子以道纪，为道祖而道名。《易经》是中国文化中的一，一生二、二生三、三生万物，形成了枝繁叶茂、万世流芳的中国文化体系。

《易经》是天地之门徐徐而开、万事万物无限联通的取象比附的思想体系。自从打开之时，就不可能再关上。由此植入了中国文化基因。中国文化成长为参天大树，《易经》就是这棵参天大树的发达根系。儒家、道家以易为根，诸子百家皆以易为根。纵横家《鬼谷子》，讲述阴阳矛盾、对立统一，讲求发展策略与技巧。墨家以《节卦》为思想源头，发展节俭、节用、节制思想谱系。阴阳家、医家、兵家、农家、杂家……皆与《易经》有着千丝万缕的联系。

根冠一体，相依为命。一棵树，根冠共成长，互动共输赢，一损俱损，一荣俱荣。以儒道两家为统领的中国文化，顶天立地，枝繁叶茂，百花齐放、百鸟争鸣。厚德载物的易之根，支撑着中国文化之冠自强不息。强盛的中国文化之冠，回馈易根深入广大，生生不息。

三、千年易道"对话框"

《易经》六十四卦，如同中华祖脉秦岭上的六十四座高峰，天地风雷水火山泽，完美组合，气象万千。乾坤易之门。大哉乾元，万物资始。至哉坤元，万物滋生。乾坤二卦，恰似秦岭主峰，天圆地方，天之道、地之道，生成人之道。主峰统领群峰，乾坤二卦统领六十二卦。乾坤是纯阳纯阴之卦，纯阴纯阳和合，衍生出六十二阴阳配卦象。于是乎，六十四座高峰，主峰带群峰，自然与人文和谐共生，天人合一，熠熠生辉。

祖脉秦岭，亿年造业，六十四群峰并秀。群峰之间，互联互通、互推互动，既矛盾冲突、闪避腾挪，又你中有我、我中有你，一体共生。群峰之巅，乾坤和合，阴阳相交，变化莫测，日新万象，风光无限。时而云破峰开，骄阳似火，明媚亮丽，万物竞秀；时而震来虩虩，乱云飞渡，风雨兼程，万马齐喑。群峰之象，时分时合，分合相宜，融通自然万物，联通世间万象。秦岭能够调节气候，易经可以调理人心。

乾坤是主峰，也是诸峰之长，家长、族长。"易经公理"是人文化的自然观，又是自然化的人文观。每一卦、每一爻，兼具自然与人文双重属性。八卦，就是一个大家庭，乾坤二卦是父母、是家长。乾卦三爻纯阳，是为父卦。坤卦三爻纯阴，是为母卦。乾坤合、子女生。阳卦多阴，是为子。长子震，震仰盂，震为雷，震德动，暴躁、易怒，吹喇叭、震天响；次子坎，坎中满，坎为水，坎德陷，聪明、善谋，设险冒险、险中求胜；少子艮，艮覆碗，艮为山，艮德止，沉稳、守信、善侃，通腾挪、会遁甲。阴卦多阳，是为女。长女巽，巽下断，巽为风，巽德入，风行、柔爽、不定向，善应变、喜经营。次女离，离中虚，离为火，离德丽，喜饰、性急、善斗，为火为电，装腔作势。少女兑，兑上缺，兑为泽，兑德悦，活泼、善言、爱怼，弄是非、使间计。《易经·系辞》："易有太极，太极生两仪，两仪生四象，四象生八卦，八卦定吉凶，吉凶生大业。"再进一步，八卦互配，主卦为经卦，客卦为纬卦，经纬合得六十四别卦，可谓子孙满堂。乾卦六爻纯阳、坤卦六爻纯阴，亦为祖宗父母，统领六十四卦大家族。分出阳卦（男性）三十，站队列阵即为易之上经；阴卦（女性）三十四，站队列阵即为易之下经。族内诸卦，是千变万化的自然面相，也是形形色色观卦者的心相，形象各异、气质不同，多姿多彩、各美其美。

　　一个卦就是一个密码箱，六十四卦就是六十四个密码箱，也是六十四个信息包。打开密码箱，可以解读其中储存着海量信息。一阴一阳之谓道，通神明、类万物。纯阴纯阳的乾坤二卦，就是开启六十四卦密码箱的金钥匙。阴阳之道，交错配位。阴阳交感，化生万物。基因之传，皆以阴阳。一爻之变，一卦全变。变爻变心，变德变行。在智商、情商之外，尚有第三商——位商。同为阳爻，不同爻位，不同德行，不同作为。比邻之卦，一爻之差，卦德卦行，迥然不同。爻变即卦变。一爻变爻爻变，一卦变卦卦变。六十四卦的密码，就在于爻变引发卦变，引发爻卦连续变化。六十四卦，三百八十四爻，爻变卦变，变化无穷。

　　一个卦就是一个对话框，六十四卦就是六十四个经典对话框，也是六十四幅精神面相。经历数千年之久，无数古圣先贤，接续创新发展，易经与易传成龙配套，一个卦是一个可视窗，也是一个对话框。中国文化真谛——易经公理，集中展示在可视窗、对话框。深入对话框，最先映入眼帘的是六爻符号系统，即卦象。从下往上打量，推数以明理，初爻、二爻、三爻、四爻、五爻、上爻，由初爻到上爻，也是由低位到高位，由底层到上层，阴阳相交替，六十四卦六十四种排列组合。随后，看到的是依次排列的文字系统。分别是卦名、卦辞，以及由初爻到上爻的六爻爻辞，中间夹附着《彖》曰、《象》曰。三千多年前，周文王制作六十四卦符号系统，周公创制卦辞、爻辞，两千多年前，孔门弟子写下了《彖传》《象传》。21世纪的人们，通过易之对话框，审识符号、辩读文字，与自然变化对话、与古圣先贤对话、与自我心灵对话。同一对话框，通达数千年，这无疑是人类文化史上一大奇迹，何等伟哉、壮哉、美哉！

四、不易符与变易辞

提及《易经》，无数人首先就会联想到八卦、算卦、占筮。这是城乡街头"能掐会算"者留下来的形象。的确，在最初时，八卦是术，而不是道。八卦的符号系统，主要是服务于占筮、取卦、算卦，以排解世俗生活中人们遇到的困惑。也就是说，八卦在日常生活中具有实用功能。后来，情况发生了显著的重大的变化。人们渐渐发现了隐藏在八卦符号系统中丰富的深刻的思想内涵。于是，术以载道，易术开始向易道方向发展，并进一步向易德易教方向发展。荀子曰"善为易者不占"（《荀子·大略》）。易道精微，易德广大，易教齐备，无所不包。《易经》遂成为教化天下的经典范本，易道、易德、易教功能远超过了易术功能。

极天下之赜者存乎卦，鼓天下之动者存乎辞。《易经》有两套信息系统，即阴阳爻排列组合而成的符号系统和卦名、卦辞、爻辞、彖辞、象辞、文言组成的文字系统。《易经》的符号系统由来已久，非常古老。自周文王创制后天八卦六十四重卦后，至今三千余年，《易经》的符号系统保持稳定。太极生两仪，两仪生四象，四象生八卦，八卦生六十四重卦，三百八十四爻，天荒地老，永葆本色。在往后的岁月里，《易经》的符号系统也不会变，这就是"不易符"。不得不说，这是人类文化史上的不朽传奇。

比较而言，《易经》的文字系统与时偕行，这就是"变易辞"。阴阳符号的奥妙与文字易辞和合共生、相得益彰。《易经》中最早的文字为周公所作，即系挂在六十四卦上的卦名、卦辞、爻辞，六十四卦合计四千余字。春秋战国，易道煌煌。及至汉初，十翼齐备。解读《易经》的文字，获得了与《易经》同样的价值。《易经》与《易传》（十翼）合体，是谓《周易》。于是，《彖》曰、《象》曰，堂而皇之，一并进入了经典对话框，由此建立起新的认知架构。汉代以来，无数易家，精研易道，翻新易境，传播易教，广大易德，《易经》不断在中国文化的深处扎根。西汉将《周易》列为儒家经典，两汉易学大家辈出，《易经》研究取得重要成果。宋明两朝，立易为根，理义学派兴盛，再次登上易学研究的新高峰。

《易经》智慧，位商精微。经历两千余年发展，至今仍有值得深入了解、悉心研究的内容。比如，人们已经熟悉了智商、情商，而《易经》蕴含着极为重要、极为丰富的第三商——位商，值得进行系统开发。智商、情商需要借助位商发挥作用。天地设位，易行其中。这有点类似于生物在生态系统中的生态位。秦岭主峰太白山有六个生态垂直带谱，千姿百态的物种是带谱主角，有的占据一个带谱，有的出现在相邻带谱。如果缺少位商，很难彻悟生态系统学，也难以彻悟《易经》本真。《易经》中的位，首先是阴阳之位、取象之位。在阳位，要主动、奔放、刚健，自强不息。在阴位，要退守、纳藏、随和，厚德载物。其次是卦象卦序之位。乾坤为卦之父母，八卦、六十四卦，经卦、纬卦，主卦、客卦，皆有其序，各在其位。最基础最重要应用最多的是爻位。爻与爻之关系模拟了物与物、人与人、人与物的关系。六十四卦每卦有六爻，从下往上依次为初爻、二爻、三爻、四爻、五爻、上爻，初爻、三爻、五爻为奇数，奇数为阳，亦为阳位，二爻、四爻、上爻为偶数，偶数为阴，亦为阴位，阴爻为当位，阳爻为不当位，也是"阴差阳错"。必然引起生态系统混乱。

进入21世纪，追随着中华民族伟大复兴步伐，世界范围兴起了国学热。不少人有了追根溯源学习《易经》的冲动。但多数人又知难而退，半途而废。有人觉得《易经》体系混杂，理解困难，阅读费劲，不可为之。有人觉得《易经》缺乏正常的逻辑，从现象到结果非常突兀，匪夷所思。也有人自嘲，学习《易经》就是烧脑，就是把自己搞神经。这是21世纪中国人阅读两千多年前典籍常常遇到的困惑，还不要说《易经》含有三千年之前的认知"干货"。

《易经》是古老的典籍，自然是古老的、早期的、独特的思维方式。

《易经》的思维方式称为取象思维，在思维过程中离不开物象，以想象为媒介，直接比附推论出抽象事理。乾卦中龙隐龙现，井卦中井谷射鲋，大壮卦中羝羊触藩……通过具体事物描述，启发人们想象、悟出抽象的事理。取象思维与整体思维一样，具有模糊性、不确定性，其思维精度无法与抽象思维、形象思维并肩媲美。比附推论是取象思维的本质特征，不能完全排除随性比附、曲意比附，并因此而导致的逻辑混乱。化约主义认为科学理论是对观察结果的适应性描述，而不是揭示自然界本质。科学家使用理论来预测和解释实验结果，而理论并不一定反映客观真实。理论的价值主要在于预测能力和解释能力，而不在于是否能够准确地描述自然界的本质。这也许正是《周易》成功的秘密所在。

《易经》最为神奇之处在于，其大无外，其小无内。经历了两三千载、无数易家的悉心研磨，在原有的概念、知识基础和思维体系中，能说清楚的都说清楚了，还没有说清楚的一定是遇到了瓶颈，再想要说清楚恐怕是极为困难的了。不能清楚的"知识"，不可言说的"东西"，不必花心思、费时间死磕硬碰非要找个"逻辑"，切莫陷入思维怪圈、知识歧途。

五、21世纪知识融通新易学

周文王（前1152—前1056），姓姬名昌。周文王是《周易》的创立者，也是周朝奠基者，被后世赞誉为"三代之英"，"内圣外王"的典范。全面了解《周易》，就需要深入了解周文王这个人及其所处的那个时代。周是活动在黄土高原上的古老部族，在唐尧时代，周始祖后稷担任农师。及至公刘、古公亶父时，在关中西部的周原建立了大本营，成为具有重要影响力的部族。在姬昌之父公季带领下，周族势力继续发展，被商王文丁封为"方伯"（西方诸侯之长）。《史记·周本纪》载："公季卒，子昌立，是为西伯。西伯曰文王，遵后稷、公刘之业，则古公、公季之法，笃仁，敬老，慈少。礼下贤者，日中不暇食以待士，士以此多归之。"周文王影响力很大，周族力量蒸蒸日上。与周文王同时代的商朝末代君主"商纣王"帝辛，沉湎酒色、穷兵黩武、重刑厚敛、拒谏饰非，与夏桀并称"桀纣"，是历史上暴君的典型。一个是明君典范、是吸引力，一个是暴君典型、是排斥力。周文王以至德而享天下。诸侯内心西伯已然是王，百姓内心的天平向周倾斜，三分天下已有其二。周族王天下，只是时间问题。汲取殷商覆亡教训，建设一个什么样的周天下？当时，文字数量较少，文字书写、文字表达、文字载体依然有较大困难，文字并没有通行天下。《史记》有"文王拘而演《周易》"的记载。《周易》是治理新国家的需要，也是"国之大者"。周文王乃一国之君，不是热衷于易术，而是悉心于易道，教人站正位、走中道，趋吉避凶、适者生存。"易经公理"即是天道，顺天道而为即是德。后来的事实证明，《周易》爻以载道、卦以载道、术以载道，宣扬的是易道、易德、易教，服务于以德治国、以德治天下。在三千多年前，以易布道德，必定是伟大的事业；以德治天下，必定是崇高的理想。

大约1.17万年前，第四纪最后一个冰川期结束，气候回暖，万物苏荣，地球生命史进入了前所未有的人类世。人类世的第一个阶段依然延续了森林纪，以采集、渔猎谋生，原始农业已经萌芽，但不占据主导地位。森林纪晚期，在约四千年前的夏商之际，木制农具主导的农事活动增加，以农耕为主导的农业纪到来。至西汉之初，铁制农具主导的农业登上历史舞台，经典的传统农业形成并持续发展。17世纪以来，人类开启了科技的新纪元。大约250年前，人类步入工业纪，加工制造业主导了经济活动。21世纪，在新的科技革命和新质生产力推动下，人类迈入全新纪。人类的未来是绿色纪，绿色未来纪将是人与自然和谐共生的文明新形态。周始祖后稷是农耕先驱，周族子孙曾长期游栖于黄土高原心脏地带，探索农耕之道，当返回周原之时，正是农耕走向成熟之际。井田制发端于夏商，成熟于西周。关中西部的周原是宗周所在，也是易经诞生之地，森林纪向农业纪大转型时代是易道、易德、易教、易术产生的大背景。在三千多年前的世界，"易经公理"是遥遥领先的发明创造。在周文王之后500余年，人类才迎来了智慧闪耀的轴心时代。周文王比释迦牟尼早出生530年、比老子早出生581年、比孔子早出生601年，比柏拉图早出生725年、比亚里士多德早出生768年。

当秦岭崛起成为山峰的时候，青藏高原尚在波涛汹涌的古地中海里。地球上曾经林立的高峰，未必永远是高峰；曾经走在世界前列、具有先进性的发明创造，未必永远在前列、永远具有先进性。无数古圣先贤，并没有企图隐藏什么，也不是想象力不够丰富，而是真的没有掌握更加精确解释世界所需要的科学真知。古圣先贤给出了一个对话框，留下了让后世的人们从"取象"到"抽象"、从"模糊"到"精致"的无限空间。《周易》诞生之后的三千多年，世界发生了极为深刻的变化。世界经历了分分合合的帝国时代、野蛮掠夺的殖民时代、两次世界大战，联合国成为人类事务中心，区域性事务组织日益活跃。特别是人类世工业纪以来，知识、信息爆炸性增长，工业化国家群峰并起，我们翘首仰望之，唯有勇毅攀登、奋进前行、追赶超越。进入21世纪，人类世全新纪扑面而来，基因、量子、纳米，新能源、高材料、星链、人工智能独领风骚。人们已经认识到，人的体内元素，比如铁，是在宇宙大爆炸时形成的，并不能通过化学过程合成。宇宙生活在人体内，人体是宇宙的一部分。中国是文明古国，"易"脉传承到如今。中国是人类可持续发展的样本。正在从学习追赶型国家向创新超越型国家迈进，创新创造人类文明新形态，创新创造21世纪领先世界的中国经典。

从自然到人文，"易经公理"建构了世界秩序的基础。以自然取象比附人文实践是《周易》的根本手法。《周易》在人类行为与自然规律之间，建立了化约的响应机制。过去看，这很高明，也有效用；现在看，这很粗糙，也无大用。与三千年前相比，今日之自然科学、人文科学、社会科学长足发展，对世界的认识不可同日而语。《易经》仰则观象于天，俯则观法于地，八卦成列，象在其中。乾、坤、巽、震、坎、离、艮、兑八卦，取天、地、风、雷、水、火、山、泽八种自然现象，继而"通神明、类万物"。《易经》有天地之说，今有宇宙学、空间学、时间学、天文学、天体学、地质学、地理学、物理学、化学；《易经》有风雷之说，今有气候学、气象学、地震学、环境科学；《易经》有水火之说，今有水科学、海洋科学、能源科学、核科学；《易经》有山泽之说，今有生态学、生物学、森林学、草原学、湿地学。六十四卦有屯卦蒙卦，今有人类学、心理学、教育学、生物社会学；六十四卦有小畜卦大畜卦，今有经济学、经营学、会计学、管理学；六十四卦有履卦无妄卦，如今有保险学、风险管理学、危机控制学……《周易》帮人预测决策，今有未来学、战略学、规划学、决策学……六十四卦三百八十四爻，中国大学 792 个本科专业。各类知识已经齐备，关键是需求目标牵引、成龙配套、集成创新。

　　知识进步呈现螺旋式上升规律，从分开始，分—合—分—合。《周易》就是三千年前一次知识大聚合的硕果。近代以来，牛顿、爱因斯坦、达尔文……科学新发现新知识不断涌现，形成了三次重大的科技革命。18 世纪末，蒸汽机引发第一次科技革命；19 世纪末，电力引发第二次科技革命；20 世纪中后期，先后出现了电脑、能源、新材料、空间、生物等新兴技术，引起了第三次科技革命。人类知识出现了数百年的空前大分化时代，自然、人文与社会科学越分越细。人与自然是生命共同体，地球村是命运共同体，走过了大分的时代，必然迎来大合的时代。知识创新、知识融通都是硬道理。顺道即是德。21 世纪将是知识融通、集成创新的世纪。大分化专业化精细化的自然、社会与人文科学，需要通过大融合大融通连接为知识综合体。21 世纪新易学就是知识综合体。要吸收融会世界各国创造的一切文明成果，让古老的中国易经具有时代性、科学性和世界性。

六、易道芬芳，易行天下

历史有惊人的相似之处。人类改变世界并不难，难的是改变自己。当今地球村，比之三千多年前商周之际的形势，竟然有不少的相似之处。天下危困，吉凶难测，道德迷茫，何以载道？阳起的一方，广结善缘，软规则、硬道理，推动"一带一路"，投资共赢，创建文明新形态，谱写发展新篇章，到处是开工奠基、竣工验收的锣鼓、礼花。阴背的一方，硬规则、软道理，生拉强扯，故步自封，卷起纷争战端，腾起飞弹烟花，无妄之灾四起。天下归心是人间大道。百年未有之大变局，又恰似三千年之大轮回。《易经》发展的国际生态已经发生巨大变化。我们已经看到中国式现代化的光明前景，人类高质量发展的未来希望。

符号是人类的通用语言。《周易》把复杂事物简单化，用阴阳二爻，排列出多样化的组合，形成了简单而复杂的卦。爻与卦，从局部到总体，从细小到宏大，谆谆教导世人，天有不测风云，自然变化纷繁复杂，人类要尊重自然、顺应自然。自然永远不会犯错，犯错的是人违反自然规律的行为。易经给出的行为引导，就是尊重自然、顺应自然，就是趋吉避凶、适者生存的"易经公理"。《周易》以独特的方式，创造性地确立了人类行为对自然规律的响应机制。《周易》的神圣之处，就在于建立了以自然规律为基础的道德理性，并依此构建人类世界秩序。人是生态系统中的生物，以自然为基础的道德观。"易经公理"是物种进化的自然法则，也是古今人性使然。《周易》遵循自然人性观，而不偏执自我心念。21 世纪新易学是中国式现代化的文化根基，也是创建人类文明新形态、引领世界发展新潮流的文化根基。21 世纪新易学，必将建立起更为精致的人与自然、人与社会、人与人之间的响应机制，必将成为 21 世纪破解人类文明冲突困局的"金钥匙"。

21 世纪新易学是和谐世界之基。变亦不变，万变不离其宗。爻变卦变,易道不变。《周易》是中华元典,把趋吉避凶、适者生存的"易经公理"植入了普天之下和谐共生基因,植入了中国文化永久传承基因。三千年前的天下需要《周易》,当今世界和谐地球村、人类命运共同体、人与自然和谐共生需要新易学。要抓住《易经》生态变化的历史机遇,推进知识融通、集成创建新易学,已经成为新时代中国的文化使命。21世纪新易学具有鲜明的时代性、科学性、世界性,是世界文化的重要组成部分。

　　四为结香,易行天下。21世纪新易学承载着中华民族处世之道,"为天地立心,为生民立命,为往圣继绝学,为万世开太平"。新易学与时俱进、与世偕行,新易学是中国学问,也是世界学问,新易学充满了时代气息、科学气息、世界气息,新易学厚德载物、自强不息,中华文脉永葆生机活力、永放金色光芒。

《周易》奠定中华民族精神根基[①]

周树智

(西北大学哲学研究所教授)

尊敬的西安周易研究会会长张茂泽教授！尊敬的各位与会同仁！

我谨代表陕西省价值哲学学会、陕西省马克思主义哲史研究会和西北大学哲学学院哲学研究所，向西安周易研究会成立30周年表示最热烈的祝贺！向西安周易研究会全体成员表示最真诚的祝福！

西安周易研究会把2019年西安周易研究会成立30周年庆典的主题，定为"《周易》与中华民族共同体意识"学术研讨会，很有意义。我想借此机会，谈谈我的一点学习体会感悟：《周易》奠定中华民族精神根基。

我们中华民族是以汉族为主体由56个民族融合为一体的古老的东方民族。今天摆在我们中华民族面前的历史使命，就是实现中华民族伟大复兴，促进人类文明可持续发展。我们中华民族今天已有14亿人口，居世界第一位，理应对人类发展有新的贡献。中华民族共同意识是什么？我们中华民族精神是什么？

溯源、寻根、思魂，我们依民间传说、考古历史文物和历史文献为据，

[①] 本文是周树智先生（1942—2023）在西安周易研究会成立30周年庆典（2019-10-26）上的发言。为了纪念周树智先生，特将此文收入论文集。

发现民间传说的早在 8000 年前新石器时代"三皇"之首天皇伏羲氏观河图洛书，发明创造的先天经卦，旋转运行的"八卦图画"易经文化，应是中国传统文化的源泉的最早之源头。考古历史文物亦证明，1998—2006 年甘肃天水市大地湾遗址考古，发现的 8000 年到 60000 年前新石器时代六种中国"最早的"历史文物，特别是中国最早的文字，有待破解；浙江义乌桥头村遗址 2014—2019 考古文物，发现 8000 年到 9000 年前新石器时代红色彩陶器上《易经》阴阳爻 6 个纹饰等。2000 年前史圣西汉司马迁著的《史记》讲："余闻之先人曰：'伏羲至纯厚，作易八卦。尧舜之盛，尚书载之，礼乐作焉。'"①

天皇伏羲氏发明创造的先天经卦，旋转运行的"八卦图画"，以阳爻"—"和阴爻"--"为基本符号图像单位，以三爻为一经卦。"三爻"者，代表天、地、人"三才"的变易之道。以三阳爻"☰"乾卦和三阴爻"☷"坤卦为卦首，占卜演化出八幅旋转运行的图像为之先天经卦八卦图。八卦图像由宇宙自然界八种自然事物构成：天（乾卦）☰ 雷（震卦）☳ 火（离卦）☲ 泽（兑卦）☱ 地（坤卦）☷ 山（艮卦）☶ 水（坎卦）☵ 风（巽卦）☴。占卜演化出卦爻之图，预测未来吉凶祸福。

可惜天皇伏羲氏发明创造的先天经卦，旋转运行的"八卦图画"易经文化，在传承过程中发生断代现象。据传说后世黄帝演义的后天别卦，旋转运行的"八卦图画"易经，创造阴历"皇历"，铸三鼎以昭示天下，尚待考古证明，只好暂且悬置不论。

我们发现真正把伏羲氏观河图洛书发明创造的先天经卦，旋转运行的"八卦图画"易经文化，直接传承延续不断至今天，成为中国传统文化的主根的最早的历史经典文献，是 3000 多年前西周文王西伯侯姬昌，被商

---

① （汉）司马迁：《史记》列传第七十《太史公自序》，中华书局，1959 年版，第 3299 页。

纣王囚拘羑里，演义伏羲氏先天易经·经卦·旋转运行的八卦图画、创造发明的二进制后天易经旋转运行的别卦·八卦图画的（重卦或复卦）六十四卦图画易经《周易》。据 2000 年前史圣西汉司马迁著的《史记》讲："昔西伯拘羑里，演《周易》。"①

《周易》由《周易·易经》和《周易·易传》两部分组成。《周易·易经》上经下经，由西周文王父子作，是由周文王姬昌作的卦象系辞经文和文王第四子周公旦解析爻象作的爻象系辞经文构成，《周易·易经》是西周时代"经学·六经"之首。《周易·易传》是周文王父子 500 年后，由东周春秋时期的孔子综合文王为《周易·易经》作的六十四卦象系辞经文和周公旦解析爻象作的爻象系辞经文，自己又作综合注解分析，作文言文系辞《周易·易传》共 10 篇（后儒称为"十翼"）构成。据 2004 年陕西省岐山县周公庙遗址发掘发现彩陶器上《易经》阴阳爻纹饰；近年又发现 2000 年前西汉的石刻《易经（周易）》，传世于今；相传老子比孔子年长些，2000 年前的西汉就有石刻孔子曾向老子问道《易经（周易）》图，孔子称老子为"龙"，自喻为"凤"，传承至今。孔子在《论语》里也讲他 50 岁后学《易经（周易）》，常梦见周公，"吾从周"；至今民间流传有周公解梦传说。所以，今天无论是在民间，还是在学界，在谈论"易经"时，都是指《周易》。《周易》就是"易经"，这是人们公认的一个基本史实。

《周易》为二进制：$8 \times 8 = 64$，是以"八卦图画"为基础，由二进制后天易经旋转运行的别卦"八卦图画"爻的变化次序搭配复合而成复卦或重卦。每一卦由上三爻（外卦）和下三爻（内卦）合一为复卦或重卦。以初、二、三、四、五、上六爻，定别卦（复卦或重卦）爻在变化中之序列位次；以奇偶数之六、九，定别卦（复卦或重卦）之阴阳性质。六爻者，

---

① （汉）司马迁：《史记》列传第七十《太史公自序》，中华书局，1959 年版，第 3299 页。

为变通之道。以占卜算卦爻图像数预测未来，决定占卜算卦者吉凶祸福所处之方位（方向位置）。而文王、周公、孔子三圣所作《周易》六十四卦卦爻象的系辞经文和文言文文字，则蕴含博大精深的哲理。

《周易》是我们中国自有成文史以来古代先哲圣贤从"敬天"拜神占卜算卦算命象数预测筮术思维方式，向"爱人"以人为本的理智义理理性哲学思维方式转变为标志的、有据可查的第一部中国哲学经典文献，奠定了中国上古时代的实学哲学文化的基因根基，是中国传统文化的主根。[①]

史圣司马迁在《史记》里对《周易》内涵精神有个简要概括："易著天地阴阳四时五行，故长于变。""易以道化。"[②]表明《周易》为中华民族奠定了共同意识和民族精神基因根基。《史记》讲的"天地"，实际指居于地上的人和上天宇宙自然的关系。司马迁立志要"究天人之际，成一家之言"。他的结论是"天人合一"。《史记》讲的"阴阳"，实际指宇宙自然中有取之不尽、用之不竭的"阴阳合一"混沌一体的旋转运行的无极形态存在的元气。《史记》讲的"四时"，实际指每年的春、夏、秋、冬四季及二十四节气，万物因阴阳天气温度变化，发生的生、长、收、藏循环往复之道。《史记》讲的"五行"，实际指金、木、水、火、土五种自然事物，它们分别代表人的肺、肝、肾、心、肠胃五脏和自然界五类草本植物，相克相生，是影响人生命健康的开放的复杂的超巨系统的关系。《史记》讲的所谓《周易》"长于变"，就是指后人演义八卦图处于旋转运行变化（"易"）中，即变易（变化）→不易（不容易）→简易（简单易行）。这

---

① 周树智：《〈周易〉：中国传统文化之主根》，文化学刊，2015年第9期。（此文原是2001年6月6日作者在陕西省社会科学院主办的中美学者"关于中国传统文化学术研讨会"上的发言文稿）。

② （汉）司马迁：《史记》列传第七十《太史公自序》，中华书局，1959年版，第3297页。

是《易经·周易》总的特征。《史记》讲的所谓《周易》"易以道化",实为"树经立道",以"道之经文"教化开化世人,使其脱离原始野蛮人生活状态,成为有文化的文明人的美好生活状态。我们深究求索司马迁在《史记》里讲的《周易》为中华民族奠定了共同意识和中华民族精神根基思想精华,发现它蕴含四个层次方面的实学哲学内容:

一、一元本体论:"阴阳和实元气生命本根论"

《周易》以六阳爻"☰"乾卦和六阴爻"☷"坤卦为卦首,进而以二进制占卜演化出后天别卦六十四卦幅图。告诉世人:宇宙自然中一切存在物皆有向阳面(阳)和背阴面(阴)的两面性,合二为一体。阴阳是两种性质不同(阳刚强,阴柔顺)的存在物,最初是阴阳在旋转运行中以阳中有阴、阴中有阳的和实混沌一体以无极形态存在的元气,是宇宙中万物取之不尽、用之不竭的元气本源能源动力。据传说,自从盘古开天地,一分为二,轻盈的阳气升浮而成天,沉重的阴气下降而成地。后来阴阳二气,因异性相吸,同性相斥,阴阳二气又合为一体,相互作用、相反相成旋转运行,和实生物生人,生生不息(新陈代谢不断),是宇宙自然里生命的本根本体。这是2700年前西周晚期周宣王周幽王两朝太史伯阳父(史伯)第一次讲明白的。他指出:"和实生物,同则不继。"①说明《周易》是阴阳和实混沌一体的元气生命本根一元本体论,是一种生命哲学实学文化。

二、"三才三界"立四观

《周易》讲"三才",就是指每三爻为一经卦,代表宇宙(宇指空,宙指时)中三类存在物,实为开放的、复杂的、超巨系统宇宙中存在的三类三界

---

① 《国语·卷十六·郑语·史伯为桓公论兴衰》,三晋出版社,2008年版,第178页。

事物，古人谓之天才、地才、人才"三才"。通过每三爻一经卦和六爻一复卦，讲宇宙自然中"天、地、人""三才"的特点、关系和变易之道。实际告诉世人：宇宙自然界处在生生不息自在运行中，是自在自然界；地上是人和万物存在，是人化自然界，实际是指人和人发生合作关系，开物成务，建立人类社会的经济基础；而人本身是顶天立地的、有生命的、现实社会存在物。现实的个人面对宇宙中三类三界存在物，应树立科学的宇宙自然观、人类社会观、自我现实世界观和人类文明进化观。教导世人应顺从自然，以"和"的方式（和气和谐和睦和平和实），与自然和谐相处，妥善处理人与宇宙自然界关系、人与人（即人类社会，或人化自然界）关系、人与自我现实世界关系，才能防灾避祸、逢凶化吉、化险为夷、善始善终，过上文明自然吉祥如意幸福美好的生活。在"三才三界"里，人居于天地之中，顶天立地而生存，标志人类已脱离原始野蛮人时代，进化到有文化的自然农耕文明人时代。例如，《周易·贲卦》文王作卦象系辞经文曰："柔来而文刚，故亨。分刚上而文柔，故小利有攸往，天文也。文明以止，人文也。观乎天文，以察时变；观乎人文，以化成天下。"[1]就是说，文明，是因时代变化进化进步，人类亦进化进步以发明文字进化进步为标志，文明使人类有了文野之分，人类以有文化化成万物，天下文明，亨通无阻，脱离原始野蛮人生活状态，进入讲礼义廉耻的自然农耕文明人生活时代。

三、"四道生存法则"

《周易》六十四卦的实质是在讲四大"道"。"道"者，即系统道理，或道理体系，实指必然性法则规律。讲"道"，这是中国哲学与西方哲学比较，独有的特征。《周易》讲四大"道"，实际告诉世人"四道生存法则"：就是天道、地道、人道、神道。这是周文王在解《周易·谦卦》时作卦象系辞经

---

[1]（宋）朱熹：《周易本义》，中国书店出版社，1994年版，第50页。

文提出的:"《谦》亨。天道下济而光明,地道卑而上行。天道亏盈而益谦,地道变盈而流谦,鬼神害盈而福谦,人道恶盈而好谦。谦尊而光,卑而不可逾,君子之终也。"① "神道"一词,出自《周易·观卦》。文王在解《周易·观卦》时作卦象系辞经文指出:"观天之神道,而四时不忒,圣人以神道设教,而天下服矣。"②

1. "天道":六阳爻"☰"乾卦,讲宇宙天空,实际是指轻盈的阳气升浮而成天,天上有天,而成宇宙天空。

对人事言,是教人定天时,效法宇宙自然运行规律,循环往复,周而复始,生生不息。正如周公作卦爻象系辞经文指出:"天行健,君子以自强不息。"③自强不息,就是教化人按照天时运行,抓住机遇,努力拼搏奋斗,不断使自己更加坚强顽强强大,生生不息。自强不息从此成为我们中华民族奋斗不息的民族精神。

2. "地道":六阴爻"☷"坤卦,讲人居地球,实际是指重浊的阴气降沉而成地。

对人事言,是教化人取地利,胸怀广阔,海纳百川,有容乃大,宽厚包容一切人和人化自然物。正如周公作卦爻象系辞经文指出:"地势坤,君子以厚德载物。"④厚德载物从此成为我们中华民族包容天下的民族精神。

3. "人道":散涵于六十四卦各卦之中。

孔子对当时学者研究《周易》有个总的评价:"仁者见之谓之仁,智者见之谓之智,百姓日用而不知,故君子之道鲜矣。"⑤而孔子对《周易》

---

① (宋)朱熹:《周易本义》,中国书店出版社,1994年版,第41页。
② (宋)朱熹:《周易本义》,中国书店出版社,1994年版,第48页。
③ (宋)朱熹:《周易本义》,中国书店出版社,1994年版,第16页。
④ (宋)朱熹:《周易本义》,中国书店出版社,1994年版,第21页。
⑤ (宋)朱熹:《周易本义》,中国书店出版社,1994年版,第109页。

内涵精髓解释为："夫《易》何为者也？夫《易》开物成务，冒天下之道，如斯而已者也。"①我理解"开物成务之道"，就是教人务实求实，以人和为基，开启智力、开发资源、开拓事业领域，以成就实事伟业。"开物成务""百姓日用"8个字，可以说是对《周易》的整体"以人为本"精髓思想内容和"人道"价值的恰如其当的概括，就是教人务实求实以达百姓日用的实用价值目的，这是《周易》实学思想最鲜明的表述。

4."神道"：因其很神秘，很值得深入探究其义。

一查字形结构，"神道"的"神"字，由"示"字旁和"申"字结构而成，表示人以身申长（五体投地）而祭祀对象。而"道"字由人"首"坐"车"结构而成，表示人"首"坐"车"而行进的可以感觉知道的道路。

二从理性抽象地反思"神道"的"道"字之含义。孔子解释曰："形而上者谓之道，形而下者谓之器。"②"一阴一阳之谓道。"③就是说，"道"有其运行的自然规律性。"道"不能只有阳而无阴，也不能只有阴而无阳，单独孤立静止存在的阳或阴，都不能生"道"。只有正反阴阳二气在相互作用和实为一体旋转运动过程中，阳中有阴，阴中有阳，阴阳和实，相反相成，循环往复，周而复始，才能生"道"。孔子进一步解释："生生之谓'易'"④，"易穷则变，变则通，通则久"⑤。就是说，"易"有无穷变化规则；"神"在穷则变，变则通，通则久；而"道"是在否定之否定的变易（变化）→不易（不容易）→简易（简单易行）的正反阴阳二气相互作用相反相成旋转运动过程中生成的。可见，"易""神""道"三者融为一体，

---

① （宋）朱熹：《周易本义》，中国书店出版社，1994年版，第114页。
② （宋）朱熹：《周易本义》，中国书店出版社，1994年版，第116页。
③ （宋）朱熹：《周易本义》，中国书店出版社，1994年版，第109页。
④ （宋）朱熹：《周易本义》，中国书店出版社，1994年版，第109页。
⑤ （宋）朱熹：《周易本义》，中国书店出版社，1994年版，第118页。

而"神"始终在旋转运动生生不息中处于主导地位。故有孔、老神秘神妙之说。如孔子言:"阴阳不测之谓神。"①"利用出入,民咸用之谓之神。"②"神也者,妙万物而为言者也。"③用老子《道德经》上的说法,就是指"玄之又玄,众妙之门"④。

三从信仰角度思考"神道"。信仰,是人们对超自然力量、超社会力量的敬仰崇拜。我们中华民族的信仰,与西方人或阿拉伯人信仰的宗教不同。西方人信仰的宗教,是人们对人世彼岸宗教世界里的至高无上孤独存在的有外似人形的无所不知无所不能无处不在的造物主的敬仰崇拜。阿拉伯人信仰的宗教,也是人们对人世彼岸宗教世界里的至高无上孤独存在的有外似人形的无所不知无所不能无处不在的真主的敬仰崇拜。而我们中华民族敬仰崇拜的神,是指天、地、人"三才"宇宙世界里存在的阴阳正相反对的二气相互作用产生的变化莫测的神秘神妙神奇神圣状态现象(即"自然神"或"神明"),特别是万事万物都因阴与阳和合交感磨合和实生物那种变化莫测的神秘神妙神奇神圣状态("道")。通俗地讲,其实,就是今天生物学、医学和遗传学发现的生物遗传基因密码。因此,可以说,《周易》讲的"神",即"阴与阳交合和实之易"即为"神"。人们赞扬"精气神"饱满充足的人,是有福的身心健康者。因此,也可以说,"神",即生命哲学之神魂。所以,中国人自古不信仰一"神"教。在外国人看来,中国人自古就不信"神"。其实,中国人自古就信仰天、地、人"三才"之中的"自然神"或"神明"(即"泛神论")。可以说,这就是中国人自古就信仰的所谓"神",即"天神"("老天爷")、"地神"("土地爷"),特别是"人神"("老祖宗")。

---

① (宋)朱熹:《周易本义》,中国书店出版社,1994年版,第109页。
② (宋)朱熹:《周易本义》,中国书店出版社,1994年版,第115页。
③ (宋)朱熹:《周易本义》,中国书店出版社,1994年版,第126页。
④ 任法融:《道德经释义》,三秦出版社,1990年版,第13页。

四从日常生活实践角度思考"神道"。在天地人"三才"现实世界里，任何存在物都有正反阴阳两面性，即向阳的阳面和背阴的阴面，其自身内部也都有正反阴阳二气两种相反力量相互作用过程（阴阳互动动态平衡）和实为一体的元气，而有一种力量（或阴，或阳）总会在一定时间居主要主导地位（因二者性质不同，物极必反），人若抓住矛盾的主要方面做事，就能及时有效解决现实实际问题，达到一抓就"灵"的效果，人们把这种实用效应就"灵"的结果，称之为神乎其"神"。所以，在外国人看来，中国人自古就什么都信。其实，这正是中国人信仰的泛神论和理性实用价值的表现。

五从思想方法角度思考"神道"。作为思想方法，"神道"本质指中国古代先哲圣贤以"元道"整体开放的、复杂的、超巨系统的"天地人神合为一体"（或简称"天人合一"）的辩证过程思维方式，即"实事求是"。这与西方古代先哲圣贤喜爱终极的"唯物"或"唯心"单向分析式思维方法完全不同。中国古人喜爱经验型整体辩证过程思维方式："身心一体，仰首观天象，低头察地势，静坐反省自己人生。"而天地人神是相互联系和实为一体（"天人合一"）的旋转运行的元道。正如孔子指出："古者包羲氏（即伏羲氏，另一称谓）王天下也，仰则观象于天，俯则观法于地，观鸟兽之文与地宜，近取诸身，远取诸物，于是始作八卦，以通神明之德，以类万物之情。"[1]

这种经验型"元道"整体开放的、复杂的、超巨系统的辩证过程思维方式，其实质简言之，就是东汉班固发现的2000年前西汉景帝之子河间献王刘德倡行的"修学好古，实事求是"的学风。唐朝颜师古注解为："务得事实，每求真是也。"[2]即务实求真学风。毛泽东在延安作《改造我们的

---

[1]（宋）朱熹：《周易本义》，中国书店出版社，1994年版，第118页。
[2]（汉）班固：《汉书》卷53《河间献王传》，中华书局，1962年版。

学习》报告，又有新的注解和发挥。他说："'实事'就是客观存在的一切事物，'是'就是客观事物的内部联系，即规律性，'求'就是我们去研究。我们要从国内外、省内外、县内外、区内外的实际情况出发，从中引出其固有的而不是臆造的规律性，即找出周围事变的内部联系，作为我们行动的向导。"①这就是说，"实事求是"，不仅有务实求真的认识论含义，而且有求真务实的实践论含义。"实事求是"，即"元道"整体辩证过程思维方式方法。

正是《周易》为我们中华民族创立奠定了实学传统文化和为中华文明树"经"立"道"，奠定了中华民族的和实元气生命哲学、信奉自然神、元道整体（天地人合一）开放的复杂的超巨系统的辩证思维方式（实事求是）和理性实用价值的民族精神、民族魂的实学文化传统的基因根基，经世致用，从而在中华民族历史的东周春秋战国时期产生了一经多用多产多样多家的诸子百家解放思想、百花齐放、百家争鸣的壮美景观。

四、自我更新机制

《周易》六十四卦里隐含有自我更新机制，它通过占卜预测现实的个人现在所处方位（方向位置），不仅告诉世人要遵守天时地利人和规则，与天与地与人和谐相处，顺从自然，逢凶化吉，适应自然生存，而且告诉世人要自我更新，尚新维新，创造人和自然可持续发展的人化自然更优美的环境，以实现符合自然性和人性的人类文明自由幸福美好的理想生活。例如，《周易·益卦》文王作卦象系辞经文曰："凡益之道，与时偕行。"②就是说，时代变化前进了，现实的个人应审时度势随之进步，才能为人类文明可持续发展作出新贡献，即凡益之道，也应与时偕行。所以，由《易经》

---

① 《毛泽东选集》，人民出版社，1991年版，第801页。
② （宋）朱熹：《周易本义》，中国书店出版社，1994年版，第75页。

奠定的中国古代实学哲学文化，今天应上升发展为中国现时代需要的新实学哲学文化。①《周易·谦卦》，就是教人学习领会明白掌握遵守天道、地道、人道规则，谦虚谨慎，爱学好学，才能进步。而骄傲自满外溢，使人落后。《周易·观卦》，就是教人学习领会明白掌握神道的精神实质。《周易·豫卦》，就是教人学习领会明白掌握凡事预则立、不预则废的精神。《周易·乾卦》，就是教人学习领会明白掌握审时度势、自强不息的精神。《周易·坤卦》，就是教人学习领会明白掌握取地利、包容天下的精神。《周易·坎卦》之后，是《周易·离卦》，就是教人学习领会明白掌握水火无情、又有情的精神。《周易·咸卦》，就是教人学习领会明白掌握天人感应、以心换心、天下和平的精神。《周易·恒卦》，就是教人学习领会明白掌握天地之道，持之以恒，万事必成的精神。《周易·泰卦》之后，是《周易·否卦》，就是教人学习领会物极必反，享受过头了，就会走向反面的道理。《周易》既有《周易·小过卦》，还有《周易·大过卦》，就是教人学习领会小过失要及时总结教训，纠正补救；更要预防大过失发生。《周易》六十四卦之最后两卦，《周易·既济卦》和《周易·未济卦》，就是教人学习领会做事不能依赖别人、静止不动、止步不前的精神实质，做一件善事要有头有尾、善始善终圆满完成，而人类远大美好理想的大同社会是未有终点的，只有坚持自强不息、拼搏奋斗和厚德载物、包容天下精神，才能实现生生不息（新陈代谢不断）可持续发展。

《周易》创建奠基的"实学"传统文化，在漫长的中华文化传承和中华文明历史中，经历代薪火传承、烟火不断（特别是历代官方推崇周公经学、孔子儒学和老子道学文化，而影响并普及到民间成风俗习惯）、经久不衰，延续至今天，从而使中华文明成为世界上四大古老文明中唯一传承

---

① 周树智：《从周易旧实学到中国新实学》，摘自《西北哲学论丛》，中国社会科学出版社，2019年版。

至今没有中断的古老文明。

现在人类生产已进入知识经济后工业人工智能文明、商品市场交易全球化文明和互联网信息文明新时代，《周易》奠定的"实学"传统文化，应上升发展为时代需要的新实学哲学文化，继承发扬光大《周易》，不仅有益于中华民族早日实现伟大复兴，而且有益于为人类文明进步可持续发展作出新贡献。

《周易》是21世纪中华文化繁荣昌盛的重要思想资源

张茂泽

（西北大学中国思想文化研究所教授，西安周易研究会会长）

习近平总书记曾多次引用《周易》中的思想或词句。比如，他多次谈到自强不息。2014年6月6日，习近平会见第七届世界华侨华人社团联谊大会代表时强调："中华文明有着5000多年的悠久历史，是中华民族自强不息、发展壮大的强大精神力量。我们的同胞无论生活在哪里，身上都有鲜明的中华文化烙印，中华文化是中华儿女共同的精神基因。"他还多次谈到"穷则变，变则通，通则久"，阐明改革开放是"实现中华民族伟大复兴的关键一招"的道理。如2014年4月1日，习近平总书记在比利时布鲁日欧洲学院发表演讲，其中提到"我们的先人早就提出了'天行健，君子以自强不息'的思想，强调要'苟日新，日日新，又日新'"。也提到了"穷则思变，乱则思定"。又如，2014年9月24日，习近平总书记在纪念孔子诞辰2565周年国际学术研讨会暨国际儒学联合会第五届会员大会开幕会上的讲话中提出"修齐治平、尊时守位、知常达变、开物成务、建功立业"等词语，其中修齐治平是《大学》八条目中的外王四目，而后面四句"尊时守位、知常达变、开物成务、建功立业"皆《周易》思想。

这些都表明，《周易》是深远影响新时代中国特色社会主义文化建设，实现 21 世纪中华文化繁荣昌盛的重要思想资源。结合新时代中国特色社会主义建设，我们可以发现，《周易》是中华民族永葆生机活力的理论源泉，是中国式现代化的根脉资源，也是铸牢中华民族共同体意识的思想渊源。所以，我们有必要下大力气科学研究《周易》，同情理解易道，批判继承历史上的《易》学，传承弘扬《周易》精神。

一、中华民族永葆生机活力的理论源泉

习近平总书记在党的二十大报告中三次提到"生机"概念。他指出："科学社会主义在二十一世纪的中国焕发出新的蓬勃生机，中国式现代化为人类实现现代化提供了新的选择，中国共产党和中国人民为解决人类面临的共同问题提供更多更好的中国智慧、中国方案、中国力量，为人类和平与发展崇高事业作出新的更大的贡献！"习近平总书记又指出："中国共产党人深刻认识到，只有把马克思主义基本原理同中国具体实际相结合、同中华优秀传统文化相结合，坚持运用辩证唯物主义和历史唯物主义，才能正确回答时代和实践提出的重大问题，才能始终保持马克思主义的蓬勃生机和旺盛活力。"习近平总书记还提出，"全面从严治党是党永葆生机活力、走好新的赶考之路的必由之路"。可见，研究我们党、我们国家、我们马克思主义理论如何永葆生机活力，始终是重大课题。

实际上，中华文明是持续不断发展繁荣的伟大文明，中华民族是从小到大、从弱到强不断发展壮大的伟大民族。在这方面，中华民族文化经典《周易》提供的思想、智慧发挥了十分重要的作用。

（一）何谓生机活力？

《周易》对此有界定。概括《周易》的意思，所谓生机活力，主要有两层含义：一是说"天地之大德曰生"，肯定天地具备道德属性，这道德属性的具体内涵就是生。生，生命，含健生和广生，合而言之，都指生机

活力。这是天地自然最大的性能。二是说"日新之谓盛德"。日新不已，一天一个样。就好像我们说一位同学刻苦学习，好好学习，天天向上。这也是一种日新，认识、价值、心境、精神上都在不断更新、进步。《大学》引用汤之盘铭说："苟日新，日日新，又日新。"这种每天进步的修养，《周易》直接谓之"盛德"。

《周易》用"生""日新"两个概念界定道德，在中国思想史上意义重大。主要有二：

第一，道德，曾经在历史上指生产活动，指大禹导洪水、平水土那样的巨大功德。到西周初年，周公封邦建国，制礼作乐，道德又指亲亲尊尊的礼乐制度，这时，道德的规范意义得以充实。孔子创立儒学，提出仁、义、礼、智、信等德目，道德的人性意义得以彰显。由功德而恩德，而报本反始的礼仪规范，和兴灭继绝、传承弘扬，道德运动规律朗然呈现，其逻辑环节于斯完整。但道德的生命本真意义尚不明晰。《周易》生是大德、日新盛德说，直接将生命本身作为伟大的德，将变化发展进步作为盛德，直接彰显了仁义道德等人性内涵"逝者如斯夫"的流动性、历程性，凸显了仁义道德等人性基因生生不息、日新不已的延续性、无限性，以及厚德载物、包容天下的博大性、普遍性。

第二，儒家重视道德修养，孔孟提出仁义礼智等德目，同时提出两个特别的德目：一是仁，它是全德，或总德，这个德，接近于人性的意思；二是至德，即道德修养达到极限的状态，就是中庸。在孔子此说的基础上，《中庸》提出智仁勇三"达德"，这应该是从日常生活角度强调智仁勇是主要的、基本的道德修养德目。战国中后期的《易传》又提出两个德目，即生是大德，日新是盛德。如果说孔孟等提出的仁义礼智信等德目，其相互关系呈现为平面结构，暗示了各道德间具有内在逻辑联系，蕴含着道德范畴的普遍必然性；那么，《周易》则赋予道德以历程形式，给儒家道德范畴提供了时间轴，展示了道德生命在社会人生、历史上的形态和包容天下的博大品格。

《周易》研究事物的变、不变、易简，发现了普遍必然而生生不息的易道。易道正是在变和不变统一的基础上，既落实了事物的运动，在运动变化中实现了万物的日新又日新的盛德，又在普遍必然而包容万物的基础上，达成了天地生生不已的大德。《周易》在儒学史上的最大贡献就在于将仁义道德讲活了，讲成了人人都有的活生生的生命活力。

（二）如何永葆生机活力

《周易》对此有探讨。

一是阴阳和合，生生不息。阴阳结合，劳逸结合，上下结合，君臣结合等，实现阴阳和合。要创造条件实现阴阳互通、阴阳互动、阴阳交流，在此基础上，实现阴阳互助、阴阳互变、阴阳互涵，最终实现阴阳和合交融。

二是进行道德修养，可以使人逢凶化吉。道德修养给人续添生机活力提供了可能性。历史上如何进行道德修养，儒家讲得最多。大要不外是学习、克己，知行合一，与人为善，成人之美等。

三是道德修养中，注重理性认识和实践，做人成人，修身以俟，即所谓"穷理尽性以至于命"。其中最重要的是要努力追求认识掌握真理，遵循实践真理，这样才可能认识和掌握自己的命运。而掌握自己命运，也无非就是让自己的生命变成马克思所谓自由的生命活动，从而阴阳不测，灵动日新，生机盎然，活力无限。

二、中国式现代化的根脉资源

中国式现代化中的中国主要指中国文化，《周易》是中华文化根脉，是体现自然生成论和气论思维的核心经典。《周易》给"中国式"概念贡献了自己的具体规定，需要我们提炼总结，参考借鉴。这些规定，我们可以理解为《周易》所谓天道，也属于易道，在我们言行活动中就是道德。有道德，上天赐福，无德，上天降祸，正是《尚书》所谓"福善祸淫"的意思。特别是我们做家长、做领导的，如果忘乎所以，盲动妄为，自己失德事小，导致自己领导的家庭、学校、企业、机关组织等事业失败，就成为罪人了。所以，进行中国式现代化，我们应该好好学习研究《周易》，学习体会其中的易道，一定大有帮助。

我认为，《周易》作为中华文化的根脉性经典，为"中国式"概念主要提供了四个方面的规定。这些规定可谓中国式现代化的根脉资源，需要在新时代努力加以发掘利用。

第一，《周易》的太极—两仪—四象—八卦—六十四卦—万事万物的世界生成模式，虽然在数理上不严密，但已经透露出我国先民认识人类世界及其本原的理性光芒，而不是完全仰赖自然上天。随着《周易》成为中华文明经典，它逐步引导国人进一步"穷理尽性以至于命"，走上人文的、理性的精神家园建设道路，完全排除了上帝创世造人、上帝主宰世界和人类社会、上帝救赎人类等宗教神学说教的可能性，值得大书特书。这使中国现代化不是宗教的现代化，也不是反宗教的现代化，而是与宗教、神灵关系不大的现代化。

第二，《周易》将道德修养和命理相结合，极大肯定了人类在自然界的地位和作用，成为中华文明中宗教哲学化的标志性经典，反映了三代尤其是战国以来社会生产力水平提高、人认识改造自然能力增强的社会现实。它认为天命虽然难测，但作为人类文明史早期的主流文化形态，宗教文化的长期发展，已经表明人类能够发展和运用自己的信仰和理性能力，以认识和掌握自己的命运。宗教发挥作用，特别在人们陷入困境，无能为力，无可奈何的时候；它给人类一种出于文化而非自然的希望；在宗教看来，人们物质条件不足，物质能力匮乏时，可以运用某种特殊的礼仪形式，调动和增强精神力，以左右决定我们命运的神秘力量。这其实是人类认识、利用改造自然的最初尝试，体现了人类希望认识掌控自然，把握自己命运的理想。

《周易》特别是其中的《易传》，则充实了宗教中有关人类认识、把握命运的理性方法内容，这既可谓宗教理性化的表现，也是战国时期国人理性能力发生历史性增长的理论体现。《周易》提出，"积善之家必有余庆，积不善之家必有余殃"，人有道德修养便可逢凶化吉，这就揭示了道德在天人合一进程中的枢纽地位，为人类开拓了作为实践理性的道德能够左右天命的新世界———一种超越野蛮的文明世界。它引领国人为道德文明的理想世界而努力奋斗，给国人提供了一条依靠道德修养掌握自己和家国天下命运的文明道路。它有力提高了人文道德在国人日常生产生活中的地位和作用，增加了中华民族精神家园中的实践理性成分，给中华文明深深打上了道德烙印。它暗示人们，不断提高道德修养，与天地同德，就可以把握自己的命运，把握社会历史的命运；中国人凭借人性的自觉和实现就可以持续不断地现代化，这就是中国式现代化的人学内涵。

第三，人文化成是中国式现代化的主线。其中，自强不息和厚德载物是中国式现代化建设中的两大重要品德。在《周易》中，乾卦、坤卦等64卦运行次序，代表了世界万物运动的某些规律。这些规律被人所理解、掌握，转化为人的知识、理论、方法、价值理想等修养，是为道德。所以，易道规律也正是人类人文化成的运动规律，其运动的主线是各种卦德。其中最有代表性的两大卦德是乾坤二卦的德，君子效法之，于是有自强不息、厚德载物之品行。

在先秦道德史上，孔子提出的仁德是全德、总德，中庸是至德，《中庸》认为智、仁、勇是三达德，《易传》则提出生是大德，日新盛德，丰富了道德的生命意义。它还从人自身修养角度，继承和发展孔子修己以安人的思路，提出自强不息、厚德载物两大德，其核心内容是强健自己，不松懈，宽以待人，不刻薄。自我修养，关键在自强不息。强健自己是人性修养的基础、前提，是修养的第一目标；仁爱他人，教化影响他人，关键是在心态上，要宽以待人，拥有一颗海纳百川、有容乃大之心。可见，《易传》提出的自强不息、厚德载物乾坤二德，具体发展了孔子修己以安人的修养和教化思想。《周易·系辞》还明确说："乾坤其易之门邪""乾坤其易之缊邪"，将自强不息、厚德载物视为易道的门户、精要。乾坤是易道门户，进出《周易》必由于此，又是易道枢纽所在。

第四，《周易》重视道德修养，但它所谓道德并不抽象，而是和事业紧密相连的。它提出"富有之谓大业，日新之谓盛德"，要求德业双修、义利并重，以实现"正德、利用、厚生、惟和"的目的。所谓厚生，就是厚植生命本源，厚培生命沃土，使生机勃勃，而又能钟灵毓秀，人杰地灵；就是厚实生命内涵，厚载生命万象，使生机盎然，而又能繁荣昌盛，丰富多彩。不是义利对立，而是义者利也，是利者义之和，义利互相规定，有机统一。不是修德不敬业，红而不专，使道德抽象干枯；更不是修业不修德，专而不红，迷失事业前进的方向。而是德业双修，缺一不可。两者统一，落实到厚生目的上，最终要对民众生存发展有利，以人的发展为中心，努力实现人民群众对美好生活的向往。

乾坤二德结合，而又与时偕行，构成日新盛德。《大学》引用"苟日新，日日新，又日新"，正是经典所载日新盛德的理想人格意象。生生不已，生生不息，本身就是最大品德，也是盛德落实到生命世界的表征。个人的日新是不断学习提高自己的修养，家庭、国家、天下的日新就是德业双修，正德利用厚生的落实。这些正是《周易》为代表的中华优秀传统文化给中国式现代化留下的宝贵遗产，需要我们好好研究，努力弘扬传承。

三、铸牢中华民族共同体意识的思想渊源

《周易》在铸牢中华民族共同体意识中必将发挥更大的作用。为什么呢？

党的十九大报告指出，"深化民族团结进步教育，铸牢中华民族共同体意识，加强各民族交往交流交融，促进各民族像石榴籽一样紧紧抱在一

起，共同团结奋斗、共同繁荣发展。"2019年10月23日，中共中央办公厅、国务院办公厅印发了《关于全面深入持久开展民族团结进步创建工作铸牢中华民族共同体意识的意见》，并发出通知，要求各地区各部门结合实际认真贯彻落实，铸牢中华民族共同体意识。它指出，中华民族共同体意识是国家统一之基、民族团结之本、精神力量之魂。要加强中华民族共同体教育，引导各族群众不断增强对伟大祖国的认同、对中华民族的认同、对中华文化的认同、对中国共产党的认同、对中国特色社会主义的认同。传承发展中华优秀传统文化，大力实施中华优秀传统文化传承发展工程，推动中华优秀传统文化融入国民教育、道德建设、文化创造和生产生活。可见，以《周易》为代表的中华优秀文化，是铸牢中华民族共同体意识的重要思想渊源。

几千年来，《周易》逐步发展成为中华民族的群经之首，注疏著作汗牛充栋。这是什么原因呢？因为《周易》是中国哲学的原点，是中华民族精神的根脉所在。《周易》一书，蕴含了我国古人发现的丰富真理粒子，囊括了人之所以为人、家之所以为家、国之所以为国、世界之所以为世界的真理在内。《周易》为中华民族提供了阴阳和合、生生不已的宇宙生成论，即太极—阴阳、八卦、六十四卦、万事万物的生成模式；《周易》为中华民族提供了最基本的思维方式，即阴阳和合、天人合一、体用合一的辩证思维方式；《周易》是中华民族精神家园的主要内容，即道的信念，这是人文的而非神道的信念，是理性的而非独断、独尊的迷信。历史反复证明，《周易》天人合一、生生不已的生命洞察，太极阴阳、穷变通久的辩证思维，自强不息的奋斗精神，厚德载物的包容气度，穷理尽性的人性修养方法，神道设教的文明教化模式，居安思危的忧患意识（《系辞》："作《易》者，其有忧患乎！"），逢凶化吉的道德自信，既济未济的日新精神，都是中华民族的宝贵财富，理应倍加珍惜。我们要科学研究《周易》，传承《周易》优秀文化，让《周易》在建设习近平新时代中国特色社会主义、实现

《周易》是21世纪中华文化繁荣昌盛的重要思想资源

中华民族伟大复兴的伟业中发挥重要作用。

中华民族是以汉族为主体，加上其他少数民族的民族共同体。加强民族团结，铸牢中华民族共同体意识十分重要。在数千年历史上，中华民族共同体意识，集中体现为认同祖国、认同中华文化、认同中华民族。中华民族共同体意识，有深厚的历史基础，是中华各族几千年长期交往交流交融的历史产物。如果说，汉族是中华民族共同体的主体力量，那么，以《周易》为代表的中华文化，则是中华民族共同体的精神家园。中华民族共同体中的主体民族——汉族的形成和发展，就是各民族大融合的结果。《周易》也是华夏族和其他民族共同创造的精神财富。

早在先秦时期，我国存在着华夏、东夷、北狄、西戎和百越五大民族集团。儒家推崇的舜，乃是"东夷之人"，儒家推崇的周文王，也是《周易》的重要作者之一，乃是"西戎之人"（《孟子·离娄下》）。可见，华夏族本就在夷、夏融合的基础上发展起来，《周易》经传本就是华夏族和其他民族共同创造的成果，是华夏族和其他民族共同智慧的结晶。

有学人考证，齐国大臣管仲名夷吾，也是夷人。春秋时期，狄人部落大量散布于黄河以北，与华夏通婚的记载很多。如晋国国君重耳的母亲就是狄人。南方的吴、越两国，就有大量越人。秦统一天下，原散布于中原的夷、狄、戎、越已经大部分融入华夏族中。

汉代以后，少数民族不时入主中原，也大规模融入汉族。如西晋末年，鲜卑、羯、氐、羌和匈奴五个少数民族乘乱进入中原，分别建立了十几个政权，史称"五胡十六国"（303—439）。一百多年以后，这些少数民族都发生了汉化，成为中华民族的新鲜血液，推动了中华民族的形成和发展。

女真人建立的金国（1115—1234）占据黄河流域以后，有"几百万口"女真军户迁徙进入河南，结果全部汉化了。原居于东北的满族人，随着清朝的建立，大部分迁徙进入关内。到清末，这些人完全丢弃了满文、满语，使用汉语、汉文，饮食起居和汉族差别已经很少了。

进入中原的少数民族，有的主动向汉族学习。如鲜卑族的北魏孝文帝拓跋宏（467—499，471—499 在位）进行汉化改革，发布命令要求鲜卑族学习汉语，穿汉族服装，改汉姓，鼓励和汉族通婚，加快了鲜卑人与汉族的融合。也有的少数民族统治者，反对汉化。如金世宗完颜雍（1123—1189，1161—1189 年在位）规定："禁女直人不得改称汉姓，学南人衣装，犯者抵罪"（《金史·卷8·世宗纪下》）。正式称帝、建立清朝的清太宗爱新觉罗·皇太极（1592—1643）也发布过如下命令：不许"废骑射而效汉人"，"有效他国衣冠、束发、裹足者，治重罪"（《清史稿·太宗纪二》）。他们还禁止满、汉通婚，禁止满人经营商业、从事农业生产，甚至封锁东三省，不准汉人前去开垦等。

但是，各民族交往交流交融是历史发展的必然趋势，是进步的历史现象。特别是那些社会经济发展水平低于中原汉族的少数民族，一旦进入黄河流域这个汉文化的摇篮，他们终究会融入先进文化的汪洋大海之中。正如恩格斯所说："比较野蛮的征服者，在绝大多数情况下，都不得不适应征服后存在的比较高的'经济情况'；他们为被征服者所同化，而且大部分甚至还不得不采用被征服者的语言。"中国历史上进入中原地区的少数民族统治者，都是这样的结局。

元代的蒙古族也是如此。蒙古统治者为了巩固自己的统治，于1233年就在燕京设国子学，让蒙古子弟学习汉语、汉文。建立元朝的元世祖忽必烈（1215—1294）也曾下令诸王子及近臣子弟跟随汉族儒家学者学习经典，皇子皆受双语教育。有学者考证，元朝科举前后十六科，共录取进士1139人，其中蒙古人三百余人。曾经埋首汉文经籍、投身考场的蒙古子弟则数以万计。元朝廷还加封孔子为大成至圣文宣王，加封屈原为忠节清烈公，改封柳宗元为文惠昭灵公，谥杜甫为文贞。元仁宗皇庆二年（1313），朝廷恢复科举考试，以朱熹注解的《四书章句集注》为教材、考试内容和评卷标准。元仁宗对《贞观政要》尤其重视。《元史·仁宗纪一》载，即位初,"帝览《贞观政要》,谕翰林侍讲阿林铁木尔曰:'此书有益于国家,其译以国语刊行,俾蒙古、色目人诵习之。'"大臣察罕翻译《贞观政要》,献给仁宗,仁宗"大悦,诏缮写遍赐左右"(《元史·察罕传》)。元朝皇帝多命讲官进讲《贞观政要》,著名学者吴澄即为其一。可见,蒙古政权不仅不排斥,反而推崇儒学。到元朝末年,很多蒙古人已改汉姓,从汉俗。元朝灭亡后,蒙古人的身份已失去了等级上的优势,大部分蒙古人都很快融入到汉人之中。

自汉朝以后,历代都有很多西域的僧侣、商人、军人等来到中原。有学者曾对其中有文献可考的一百三十多人进行专门研究,证明他们都接受了汉文化。其中包括今新疆的吐鲁番人、和田人、库车人、吉木萨尔人等。还有来自葱岭以西的乌兹别克斯坦人、阿拉伯人、波斯人等。古代文献中也有西域人成百上千结队来到中原的记载。如汉灵帝时,一位叫法度的大月氏人,"率国人数百名归化"。又如,唐代的雍州醴泉(今礼泉)县北,"有山名温宿岭者,本因汉时得温宿国(今新疆阿克苏)人,令居此地田牧,因以为名"(《汉书·西域传下》颜师古注)。唐代于阗国(新疆和田)曾派遣一支五千人的军队进入中原,帮助平息安史之乱,再未见其返回的消息,可见已融入中原。唐朝的将军尉迟敬德就是于阗人,至今仍是流传于汉族民间的门神之一。

几千年来,汉族人融入少数民族,少数民族相互融合,这类情况的记载也很多。如秦始皇曾徙五十万中原人于当时的南越(今两广地区),其中很多人就融入了越人之中。隋朝末年,中原离乱,很多汉人北逃或被掳入漠北突厥为奴。唐朝建立后,唐太宗曾派人携钱币、丝绸去草原上赎人,前后赎回汉人数万。回纥、吐蕃、粟特和突厥等族的很多商人、使节来到中原后娶汉族妇女带回的记载也很多。如贞元三年(787),唐朝政府在长安一次就查出娶了汉妇的"胡客"(西域商人)四千人(《资治通鉴》卷二三二,贞元三年六月)。也有汉族人被抢掠或汉族地区被少数民族占领后,汉族人被少数民族同化的情况。

由上可见，各民族在相互交流基础上走向融合，形成多元一体格局，是中国民族史发展的大趋势。中华民族是在汉族和其他少数民族相互学习、交流中逐步形成的；在这个过程中，汉族本身也在和周围少数民族交流中不断充实自己、发展壮大自己，从而成为中华民族的主体力量。之所以能如此，是因为汉族掌握了各个历史时期的先进社会生产力，成为先进历史文化的代表，引导着中华文明的发展大方向。像鲜卑、氐、满等少数民族，他们在和汉族交往中，借助汉化，让他们的生产生活从原来较落后野蛮的社会，迈入较先进文明阶段，都先后走上了文明的历史发展道路。

可见，各少数民族汉化只是表象，文明化才是实质。在各民族文化交往中，各族相互融合为多元统一的中华民族，并不意味着在这个统一体中，先进与落后、文明与野蛮之间完全平等。他们相互交往的结果，既不是一进一退，相互抵消，也不是如数学上两个数相加除以二获得一平均值，而是向着文明的方向不断前进的对立统一过程。每个民族都有自己美好的文明梦想。在奔向文明的历史征程中，谁的社会生产力水平更高，谁更加文明，谁才可能抢占民族文化交往交流交融的历史高地；人们根于人性的、自然表现出来的文明风度，对其他文化而言，如君子德风，具有难以抗拒的吸引力和感染力。向先进文化学习，是落后民族的内在希望，也是落后文化的历史宿命。这也揭示出关于民族文化交流发展的一个历史规律：即民族文化是不同民族文化相互交流、共同发展的成果；但只有那些历史发展水平更高、生产生活更加文明的民族文化，才具有对其他民族而言更强的吸引力。

在中华各族交往交流交融过程中，作为中华文化元典的《周易》发挥了重要的积极作用。当然，在中华民族共同体发展历程中，《易》学究竟发挥了哪些重要历史作用，还需要具体研究。但可以肯定，《周易》阴阳和合、生生不已的思想，自强不息、厚德载物的思想，天人合一、人文化成的思想等等，都是中华各族交往交流交融的指导思想。随举一例，张泽洪《道教禹步与周易论析》(《世界宗教研究》2017年第1期）认为，周易是中华传统文化的组成部分，是道家道教思想的重要来源。《周易》中的八卦卦象，是道教禹步法术的理论基础。论文考察道教禹步法术蕴含的周易思想，认为禹步按九宫八卦布局行法，并随科仪变化而有不同的罡步，此深得周易天人关系思想的精要。禹步罡单的周易八卦图形，是斋醮中具有象征意义的符号，表达出中华先民对自然界阴阳运动规律的认识。

■ 《周易》与易学史研究

论文人画的"易境"

周利明

(西安交通大学人文学院教授)

中国绘画包括文人绘画、宫廷绘画、民间绘画,古代文人大多擅长文人绘画。邓椿《画继》卷九云:"画者,文人之极也……其为人也多文,虽有不晓画者寡矣。"①文人画可追溯至唐代的王维,宋苏轼有"士人画"的提法,明人董其昌则正式使用"文人画"的概念。《周易》在古代被尊为"群经之首,大道之源",也是科举考试的内容。古代文人大多经历过漫长的科考之路,故对易学皆有造诣。与院体画家的宫廷绘画和民间画工的匠人绘画有别,文人画具有重气韵轻格律、重意境轻实景、重神似轻形似、重神气轻匠气、重笔墨轻色彩等特点。究其渊源,这些特点都与《周易》的影响密切相关。

一

易境,即易学蕴含的境界精神。它广泛体现在中国的哲学、文学、美学、音乐、绘画之中,是具有中华民族文化根性的概念。宗白华在《中国

---

① (宋)邓椿:《画继》,(元)庄肃《画继补遗》,人民美术出版社,2003年版,第113页。

艺术意境之诞生》一文中说："中国画所表现的境界特征，可以说是根基于中华民族的基本哲学，即《易经》的宇宙观。"①宗先生虽然没有直接提出"易境"概念，但易境之意实已蕴含其中。

　　文人画是易境的重要载体。"易境"一词对文人来说或许"日用而不知"，但文人画从审美观念到技巧法度，无不以易境为追求。关于绘画与易学的关系，古今学人多有论及。王微《叙画》云："以图画非止艺行，成当与《易》象同体。"②北宋韩拙《山水纯全集·序》言绘画始于伏羲画卦："夫画者，肇自伏羲氏画卦象之后，以通天地之德，以类万物之情。"③姜澄清先生指出书画当"与造化同根、阴阳同候"。④布颜图《画学心法问答》云："意之为用大矣哉！非独绘事然也，普济万化一意耳。夫意先天地而有，在《易》为几，万变由是乎生。在画为神，万象由是乎出。"⑤周积寅先生辑清人戴德乾言："画道之变化，与《易》理吻合无二。"⑥成中英说："中国艺术浸透了《易经》的精神，对《易经》的感召力缺乏深切的体会，不了解《易经》潜移默化的精神影响，对中国艺术的神韵和意境就很难做深入的了解和完全的把握。《易经》对中国传统艺术的理论与实践的影响，可以说是水乳交融。"⑦

　　中国历史上不乏兼有文人、画家、易学家三重身份的名人，这些人的

---

　　① 宗白华：《艺境》，北京大学出版社，1999年版，第196页。
　　② （唐）张彦远：《历代名画记》卷六，《景印文渊阁四库全书：第812册》，台湾"商务印书馆"，1986年版。
　　③ 韩拙：《韩氏山水纯全集》，中华书局，1985年版，第1页。
　　④ 姜澄清：《易经与中国艺术精神》，辽宁教育出版社，1990年版，第10页。
　　⑤ 《丛书集成续编·第101册·画学心法问答一卷》，台北新文丰出版公司，1989年版，第157页。
　　⑥ 周积寅：《中国画论辑要》，江苏美术出版社，2005年版，第13页。
　　⑦ 成中英：《中华易学大辞典·下·国际易学卷·欧美〈易经〉研究总论》，上海古籍出版社，2008年版，847页。

绘画作品尤其富于易境。以苏轼、徐渭、王原祁三人为例。苏轼为唐宋八大家之一，诗词文赋成就极高。他还是易学家，其《东坡易传》是易学史上别具一格的作品。同时，他也是一位画家，擅长画墨竹，其绘画重神似轻形似。徐渭是明朝三大才子之一，诗作被袁宏道尊为明代之冠，曾注释过《周易参同契》，又是中国泼墨大写意的创始人、青藤画派鼻祖。王原祁是清代画坛四王之一，学术根基深厚。其画师法五代宋元诸家，深得康熙帝赞誉，成为当时钦定的画坛盟主。他在画论《雨窗漫笔》中提出了颇具术数色彩的"龙脉说"："画中龙脉开合起伏，古法虽备，未经标出……龙脉为画中气势……知有开合起伏，而不本龙脉，是谓顾子失母。"[①]在他看来，山水画家只有了解寻龙望气、点穴查砂的堪舆之术，才能营造出可游可居的山水画易境。凡此种种，都反映了绘画与易学的密切联系。

二

易境的核心是太极。北宋周行已指出："万物皆有太极，太极者道之本。"[②]在易学史上，"太极"多被解释为生化万物、浑然一体的元气。落实在文人画中，则是画的整体气蕴。意气、气蕴，乃是文人画的"内养""常德"。

太极生两仪，两仪即阴阳。《易》曰："一阴一阳谓之道。"易学的阴阳鱼太极图，深刻体现了阴阳的对立统一规律。这种对立统一，构成了文人画美学原理的整体框架。《周易》与文人画共享的辩证观念甚多，如虚实、开合、呼应、刚柔、动静、顺逆、损益、方圆、曲直、聚散、燥润、

---

① 杨亮，何琪点校纂注：《清初四王山水画论》，山东画报出版社，2012年版，第143页。

② （宋）周行已：《浮沚集》卷二《经解》，摘自《景印文渊阁四库全书：第1123册》，台湾"商务印书馆"，1986年版。

隐现、多寡、俯仰、奇耦等。

以虚实为例。在易学中,阳爻象实,阴爻象虚。中国画从整体到局部,也是由虚实二者构成:图为实,地为虚;密为实,疏为虚;浓为实,淡为虚;取为实,舍为虚。黄宾虹在国画课稿中曾写道:"太极图理是书画秘诀。"①此所谓"太极图理",实指阴阳之对立统一。"古人作画,用心于无笔墨处,尤难学步,知白守黑,得其玄妙。"②无笔墨处为留白,为布虚,为守弱,是画学心法所在。若用阴阳鱼太极图理解,则白色宣纸为阳鱼,黑色笔墨为阴鱼。笔墨中的飞白为阴鱼之眼,大片留白中的穷款为阳鱼之目。飞白与穷款,犹如围棋对弈双方各自营布的"活眼",无之则不成棋局、不成绘画。

传统文人画向来推崇黑白,而对色彩颇有微词。《老子》曰"五色令人目盲",实则揭示的是《周易》的物极必反之理。中国画家将此精神彻然涵化,从而形成了独特的文人画风,即王维所云"画道之中,水墨至上"。在水墨画展现的世界中,墨色与留白的关系正如宇宙的阴阳两仪。从更高的意义上说,黑白不仅是色彩,还反映了华夏民族在长期的农耕活动中形成的世界图式。"日出而作,日落而息",正是对黑白最直接的体验。

三

象是《周易》之本。《系辞》曰:"易者,象也。""立象以尽意。""象思维"是中华民族的思维方式,这从《周易》、《诗经》、汉字、文学、绘画中可以得到充分的证明。例如,中国四大名园之一的"个园"以"个"命名,即是取三片竹叶之象。叶朗指出:"《易传》在美学史上的地位极为重要。他突出了'象'的范畴,并且提出了'立象以尽意'和'观物取象'

---

① 赵志钧:《黄宾虹论画录》,浙江美术学院出版社,1993年版,第93页。
② 王伯敏:《黄宾虹画语录》,上海人民美术出版社,1982年版,第4页。

这两个命题，从而构成了中国古代美学思想发展的重要环节。"①

象在绘画中极为重要，意象为易境之本体。意象观念在我国有悠久的历史，是文人画思想理论的精髓。意象造型基于意象思维。造型艺术有两极：绝似物象的具象之极和绝不似物象的抽象之极。西方绘画兼具两极。而在中国文人的观念中，客观物象由天地造化，模仿自然界的客观物象即具象造型。主观形象或几何图形为抽象造型，是人为塑造的。中国文人画必在两极之间，属于意象造型。他们认为，具象与抽象之间聚集中和之气的意象造型，才是人类绘画的本原状态。尤其是大写意的文人画从不追求常人眼中的常形，而是追求"得意忘形"的意象。

清人查礼的《榕巢题画梅》："画梅要不象……不象之象有神，不到之到有意。"②齐白石说："作画妙在似与不似之间。太似为媚俗，不似为欺世。"③象、似是具象，不象、不似是抽象。"不象之象""似与不似之间"，是主观之"意"与客观之"象"的结合，是赋有某种特定含义和文学意味的具体形象，即"意象"。意象更能传达画面的神采和意蕴。

化用王弼《周易略例·明象》的"言""象""意"之辨来理解绘画，则绘画技巧是"言"，绘画造型是"象"，绘画气韵是"意"。绘画先须"立意"，根据"意"来创造绘画形象、使用绘画技巧。得到了形象，技巧便可退居其次。立定了气蕴，用何种风格的笔墨形象就不那么重要了。

四

"三才"之道是易学的重要内容。《系辞》曰："有天道焉，有人道焉，

---

① 叶朗：《中国美学史大纲》，上海人民出版社，1985年版，第64页。
② 《丛书集成续编》第101册《画梅题记一卷》，台北新文丰出版公司，1989年版，第16页。
③ 齐白石著，张竟无编：《齐白石谈艺录》，湖南大学出版社，2009年版，第259页。

有地道焉。兼三才而两之，故六。六者非它也，三才之道也。"具体到《易》卦，乾象征天，坤象征地。乾为天、为圆。坤为地，《周易·坤》："直方大，不习无不利。"天圆而地方。一卦六爻之中，初二两爻为地位，三四两爻为人位，五上两爻为天位。天在上，地在下，人居其中。易学追求天道之圆融、地道之方正、人道之仁义，画学则寻求形式美的规律。绘画讲究"上留天之地位，下留地之地位，中间方立意定景"①，与易学的三才之道不无类似之处。

文人画归根结底是造型艺术。"形"的创造是文人画的方法论。廓形，指画面形象的外形、轮廓、区域等元素。把握中国画的形，必须体悟形背后的"道"，否则便会泥于形器。世间万物的外形轮廓简约到最后，都会倾向于某种几何图形。而所有的几何图形最终都可以简约为三种形状：方形、圆形、三角形。中国画学认为：画圆用规、画方用矩，圆与方皆为规矩所得之形。规矩之形既不是自然形，也不是艺术形。就像做人，太过圆滑和太过方正均失其中道，并不值得提倡。在画学中，三角形被认为是自然人性经营之形。然而，三角形亦为几何图形，可借助尺矩绘出，故艺术廓形只能是具有三角形倾向性的"准三角形"。文人画廓形是艺术图形，讲究"戒平行、戒垂直、戒十字交叉、戒等弧等比"等法则，以回避方圆之形；讲究"孤一并二、攒三聚五""个子、介子、凤眼"等法则，以塑造传达人性美的"准三角形"。

黄宾虹提出过著名的"觚三角"理论。其《画学篇》明确指出"不齐之齐三角觚"②，他在写给与傅雷的信中说："弧三角，齐而不齐，以成内

---

① （宋）郭熙著，郭思编：《林泉高致》，中华书局，2010年版，第93页。

② 黄宾虹著，王中秀选编：《黄宾虹论艺》，上海书画出版社，2012年版，第227页。

美。"①觚是商周时期饮酒用的青铜器，器形高，腰细，圈足，喇叭形口。觚形为等腰三角形，布局中又有各种不等边三角形，故言"不齐之齐三角觚"。1948年，黄宾虹在演说中指出："自然之物决不会都是整齐的，所以要不齐而齐，齐而不齐，要有三角美。"1952年，他又语重心长地告诫王伯敏："作画应使其不齐而齐，齐而不齐。"②《庄子·寓言》曰："不言则齐，齐与言不齐，言与齐不齐也，故曰无言。"文人画经营布局的"觚三角"理论虽与庄子"齐不齐"之说不尽相同，却不无相通之处。总之，在文人画中，"齐而不齐"的廓形是美、是本，方与圆的廓形是丑、是末。

五

"神"是易境的目的。《周易·系辞传》多次提到"神"，如"神无方而易无体""阴阳不测之谓神""唯神也，故不疾而速，不行而至"。同时，"赜""几""深""精""意""变""鬼"等概念亦与"神"存在关联。"神"在《易传》中有多重含义，其中一层是指变化莫测、极尽玄妙的规律。后经历代文人的拓展、引申，"神"逐渐发展为蕴含自然之道与变化之理的至高美学境界：顾恺之发挥易学的"神几"之意创造了"传神"说；陆机的《文赋》创造了"神思"说；刘勰在《文心雕龙》中提出"神与物游"；宗炳融会易学的感应说提出"应会感神"；张怀瓘《书断·序》云"鬼出神入"，其"神品"说在文人画界影响深远。

中国画领域经常使用与"神"有关的概念，如传神、神采、形神、神韵、神妙、神思、神品、神意等等。同易学一样，文人画亦讲"神无方而

---

① 黄宾虹：《画学文存·黄宾虹谈艺录》，上海人民美术出版社，2018年版，第172页。

② 王伯敏：《黄宾虹画语录》，上海人民美术出版社，1982年版，第4页。

易无体"。"神"指灵感、灵性,"神无方"是说获取灵感没有具体的方式、方法。"易"指自然之道与变化之理,"易无体"是说作画不能拘泥于具体的形器。传神为上,形器为下。"形"有妍美功用,"神"是风神气骨。唐张怀瓘论书曰:"风神骨气者居上,妍美功用者居下。"①沈括《梦溪笔谈》曰:"书画之妙,当以神会,难可以形器求也。"②以形写神,西画胜于国画;以神写形,国画胜于西画。唯如此,画家才能解衣磅礴,以气韵风神为核心,而非斤斤计较于形似。

另一方面,绘画又讲"神有而方易有体",这与"神无方而易无体"并不矛盾。无方、无体言形下之器,有方、有体言形上之道。变化虽然没有固定的模式,但"变化之妙,存乎一心",用心立意则有方、有体。"意"即神之方、易之体。沈括在《梦溪笔谈》中说:"得心应手,意到便成,故造理入神,迥得天意。"③布颜图《画学心法问答》曰:"夫意先天地而有:在《易》为几,万变由是乎生;在画为神,万象由是乎出。"④《系辞》:"唯几也,故能成天下之务。"⑤圣人探赜钩深,明晓事物将发未发之"几",方能合乎时宜、从容中道。画家静观万物、精研笔墨,通过万事万物来传达摄人魂魄之意,才能出神入化。作画必先立意,意高则境远,意深则境古,意足则神完。

---

① (唐)张彦远:《法书要录·卷四·张怀瓘书议》,人民美术出版社,2003年版,第152页。

② (宋)沈括:《梦溪笔谈》,延边人民出版社,2000年版,第235页。

③ (宋)沈括:《梦溪笔谈》,延边人民出版社,2000年版,第235页。

④ 《丛书集成续编·第101册·画学心法问答一卷》,台北新文丰出版公司,1989年版,第157页。

⑤ (魏)王弼,(晋)韩康伯注,(唐)孔颖达疏,陆德明音义:《周易注疏》,上海古籍出版社,1989年版,第257页。

六

《周易·系辞下》:"古者包羲氏之王天下也,仰则观象于天,俯则观法于地,观鸟兽之文与地之宜,近取诸身,远取诸物,于是始作八卦,以通神明之德,以类万物之情。"伏羲氏仰观俯察,发明了卦象。"仰观俯察"不仅是圣人画卦的方法,也是文人画传达易境的基本途径。从王微"目有所极,故所见不周"到石涛"搜尽奇峰打草稿",文人画家从不为眼前事物所束囿,而是将目光引向苍穹,观照千岩万壑、云卷云舒,将自我情怀与宇宙万物在广阔的时空中优游回度、融为一体。

文人画"俯仰自得,游心太玄"的观察方法,不但可以"身所盘桓,目所绸缪",而且可以通过高度的提炼、概括、取舍,形成有别于物象的意象或心象。这种独特的观物方式,使得中国画的"写生"与西方完全不同。西方的"写生"其实是写死,画者与模特的距离不能变动。中国文人画的写生,则是写生生不息的生意,绝不跼蹐于一地一隅。西方画家运用焦点透视进行写生,离不开解剖学、透视学、色彩学。中国文人画的写生则是一种"大观之境"。无论什么样的透视,都可能导致"谨毛失貌"。西画运用透视学是为了表现空间感,中国画同样能表现空间感,但并不使用局部或整体的科学手段以追求某种具有视觉张力的效果,而是注重自适与和谐。例如,水墨画常常画气不画形,笔走龙蛇、墨气氤氲,根本不存在地平线和消失点,俯仰自得,远近自如,无往不复,神游万物,

《周易》观卦上巽下坤,有风行地上、推行教化之象。《观·象》曰:"大观在上,顺而巽,中正以观天下。"初六:"童观,小人无咎,君子吝。"《象》曰:"童观,小人道也。""大观"之"中正"与"童观"之"小人道",在文人画中有深刻的体现。文人画以俯视为主,很少仰观。站在高处,眼界阔大,足以纵观一切。仰视则类似儿童的观察角度,易陷入局部、琐碎。正如苏轼所言:"论画以形似,见与儿童邻。"可见,中西对"童观"

的认识几乎相反①。西方尚"真",认为儿童的观察最真实可贵,如安徒生《皇帝的新装》。中国尚"神",是以对"童观"较为轻视。

此外,观卦所云"窥观""观我""观国",也影响了文人画的观物理念和审美取向。六二:"窥观,利女贞。""窥观"在南唐顾闳中的《韩熙载夜宴图》、明代陈洪绶的《西厢记》等作品中有所表现。女子透过门缝、屏风、纨扇窥观才有美感,君子窥观则为丑。六三:"观我生,进退。"九五:"观我生,君子无咎。"自我审慎与省察是易境的重要内容,故文人绘画多见其笔墨性情,梁楷《泼墨仙人图》、苏轼《枯木怪石图》、徐渭《墨葡萄图》等皆为明证。六四:"观国之光,利用宾于王。"唐阎立本的《步辇图》《历代帝王图》即传达出观国的易境。

笔墨当随时代。今天的画家虽不像古代文人那样通晓《易经》,但中国画传达的易境始终都在,因为它已然融入了中国人的文化血脉。随着中国文化软实力的增强,中国画的易境也开始受到关注,并引起了部分西方学人的兴趣。西班牙著名学者、艺术家科斯娜·白特兰在《画说易经》中为每卦各创作了一幅风景油画。美国温氏的《插图本易经》亦有类似的做法。这提示我们,深入发掘中国文人画的易境不但有重要的学理价值,亦对弘扬传统美学精神、增强文化自信不无裨益。

---

① 周利明:《大卫·霍克尼误读的中国画》,载《中国社会科学报》2018年9月20日,第6版。

解析《易传》的形而上学思想

郑 熊

(西北大学中国思想文化研究所教授,西安周易研究会副会长兼秘书长)

先秦时期,儒家形而上学的发展存在一个过程。从《尚书》到《论语》和《郭店楚简》,再到《中庸》,最后到《孟子》《荀子》以及《易传》,儒家形而上学日趋成熟。就《易传》来说,它是先秦儒家形而上学的集大成者。它的形而上学也主要集中在对中、道等概念的阐发上,特别是通过对道的研究,提出了"形而上学"概念,这是对前面儒家形而上学从理论上进行了归纳总结。

一、从形而上思想到形而上学

要探讨《易传》的儒家形而上学,有必要先探讨儒家形而上学是如何产生的。儒家形而上学的产生,首先与儒家思想来源的《尚书》有着密切关系。这是通过对其"中""道"等概念含义的分析得出的。

就《尚书》"中"的含义来说,主要表现为以下几个方面。首先,从时间、方位、等级等来阐释"中"。"自朝至于日中昃,不遑暇食,用咸和万民。文王不敢盘于游田,以庶邦惟正之供。文王受命惟中身,厥享国五十年。"①"日中"指中午,"中身"指中年。二者都是从时间上来看的,涉及一日的中午以及人一生的中年。"今休,王不敢后。用顾畏于民碞,王来绍上帝,自服于土中。"②"土中",即中土、中国,当时的洛邑一带居天下之中,故称中土。"厥土惟白壤,厥赋惟上上,错,厥田惟中中。"③"厥田惟中下,厥赋贞,作十有三载乃同。"④这两句话中的"中中""中下",指的是田地的高下和肥瘠的等次。一共分九等,"中中"是第五等,"中下"则是第六等。其次,"中"指适当、合乎。"兹式有慎,以列用中罚。"⑤"中",指适当。"中罚"指适当地实施处罚、轻重适中的处罚。"丕惟曰:尔克永观省,作稽中德。"⑥"中",合乎。"中德",合乎道德,"作稽中德"指人的举止也合乎道德。也有种说法,认为"中德"为中正之德。这实际上在合乎道德的基础上更进一步,提出人要有中正之德。再次,"中"指公平,以及在此基础上推出的中正之道。"民兴胥渐,泯泯棼棼,罔中于信,以覆诅盟。"⑦"永畏惟罚,非天不中,惟

---

① 《尚书·无逸》,载李民,王健:《尚书译注》,上海古籍出版社,2004年版,第315页。

② 《尚书·召诰》,载李民,王健:《尚书译注》,上海古籍出版社,2004年版,第289页。

③ 《尚书·禹贡》,载李民,王健:《尚书译注》,上海古籍出版社,2004年版,第55页。

④ 《尚书·禹贡》,载李民,王健:《尚书译注》,上海古籍出版社,2004年版,第58页。

⑤ 《尚书·立政》,载李民,王健:《尚书译注》,上海古籍出版社,2004年版,第356页。

⑥ 《尚书·酒诰》,载李民,王健:《尚书译注》,上海古籍出版社,2004年版,第270页。

⑦ 《尚书·吕刑》,载李民,王健:《尚书译注》,上海古籍出版社,2004年版,第399页。

人在命。"①"中"，公平。"罔中于信"，没有公平和信义。"非天不中"，不是上帝对你们不公平。人们行事公平、公正，所体现出来的就是大中之道。《尚书》中就有："汝分猷念以相从，各设中于乃心。"②这句话的意思是说人们应当同心同德、团结一致，各自心中都要有中正之道。

此外，就《尚书》"道"的含义来说，涉及内容比较丰富。首先，"道"作为动词，指疏通、述说、交代之意。《禹贡》中有："九河既道，雷夏既泽，灉、沮会同"③、"嵎夷既略，潍、淄其道"④、"岷、嶓既艺，沱、潜既道"⑤。这几个"道"通"导"，疏通、疏导。"皇后凭玉几，道扬末命。"⑥此处的"道扬"为同义叠用，道指传授、述说。全句话的意思是：周成王靠着玉几，述说他的临终遗命。"适尔，既道极厥辜，时乃不可杀。"⑦道，指交代、言说。人偶尔犯罪，已经把自己的罪行交代清楚，这样的人是不可杀掉的。其次，道为名词，指道理、法则。《泰誓下》有：

---

① 《尚书·吕刑》，载李民，王健：《尚书译注》，上海古籍出版社，2004年版，第409页。

② 《尚书·盘庚中》，载李民，王健：《尚书译注》，上海古籍出版社，2004年版，第162页。

③ 《尚书·禹贡》，载李民，王健：《尚书译注》，上海古籍出版社，2004年版，第58页。

④ 《尚书·禹贡》，载李民，王健：《尚书译注》，上海古籍出版社，2004年版，第60页。

⑤ 《尚书·禹贡》，载李民，王健：《尚书译注》，上海古籍出版社，2004年版，第70页。

⑥ 《尚书·顾命》，载李民，王健：《尚书译注》，上海古籍出版社，2004年版，第376页。

⑦ 《尚书·康诰》，载李民，王健：《尚书译注》，上海古籍出版社，2004年版，第262页。

解析《易传》的形而上学思想

"天有显道，厥类惟彰。"①上帝有明显的法则，他的法则应当被宣扬。最后，道指中道。《洪范》中有："无偏无陂，遵王之义；无有作好，遵王之道；无有作恶，遵王之路；无偏无党，王道荡荡；无党无偏，王道平平；无反无侧，王道正直。会其有极，归其有极。"②有学者就把这段话中的道注释为"中道"③。这是非常有见地的。此处的"道"的确指"中道"，它是与"作好"和"作恶"、"偏"和"党"、"反"与"侧"等相对应的，追求恰到好处之道。

可见，《尚书》"中""道"具有"中正之道""中道"的含义。前者是对各种具体行为规范总结抽象的基础上，提升而来的中道；后者是对道理、法则进一步提升的结果，同时也是与"中"的含义结合的结果。这都说明在三代前儒学时代，作为儒学思想来源的《尚书》中已经含有形而上思想，不过这种思想还是散落在概念"中""道"上，并没有形成形而上学。

本文所讲的形而上学，就是指研究抽象道的学问。作为形而上学，应该有体系。要称之为形而上学，就必须围绕道的探讨形成体系。《尚书》有形而上思想，但是它并没有形成形而上学。儒家形而上学的产生，首先就体现在《论语》中，孔子围绕着道的探讨，形成了形而上学。对于孔子思想中的核心概念，到底是仁，还是礼，或其他？对此，学界有多种看法。有学者就研究指出："孔子对中国哲学的形而上学也有很大的贡献，而且他的形而上学体系中最基本概念也是'道'，而不是'仁'。"④这里，不讨

---

① 《尚书·泰誓下》，载李民，王健：《尚书译注》，上海古籍出版社，2004年版，第201页。

② 《尚书·洪范》，载李民，王健：《尚书译注》，上海古籍出版社，2004年版，第222页。

③ 李民，王健：《尚书译注》，上海古籍出版社，2004年版，第223页。

④ 贾海涛：《孔子的形而上学及其对中国本体论的贡献》，载《暨南学报（哲学社会科学版）》，2006年5期，第25页。

论这种观点是否合理,但说明了一个问题,那就是孔子对道是非常重视的,道在孔子思想体系中具有重要的地位。道作为核心概念,它贯穿了孔子的整个思想。《论语》说:"参乎,吾道一以贯之。"①如何来理解这个"一"或者"道",是一个非常重要的问题,它涉及孔子"道"的具体内容。对于孔子道的分类,有学者研究指出:"从孔子《论语》对'道'的言说来看,他的道包含两个方面的意思:形而上超越层面的天道和形而下经验层面的人道。"②把孔子的道分成了天道与人道两类,这是合理的。

孔子对道的探讨就集中在人道上。"吾道一以贯之",就是指人道贯穿整个社会。那么,贯穿了整个社会的人道,具体指的是什么呢?孔子的学生曾子认为是忠恕,"夫子之道,忠恕而已矣"③。对此,学界也有众多的看法。有学者认为是仁,"它体现了孔子思想的根本特征,构成了孔子伦理思想的核心"④。有学者研究指出:"孔子似乎理所当然地认为存在着一种'礼',并且,'礼'与一个更为广大的宇宙之道相和谐。"⑤这就认为是礼。此外,徐复观、庞朴等人则认为是中庸。徐复观说:"曾子以'忠恕'为孔子'一贯之道',则中庸正是孔子一贯之道。"⑥庞朴也说:"孔子思想是有一个'一'的,有一个'中心'的,这个'一',这个'中心',简单

---

① 《论语·里仁》,载杨伯峻:《论语译注》,中华书局,2009年版,第39页。
② 王新华:(《孔子道学形而上学探本》,载《湖州职业技术学院学报》,2006年2期,第29页。
③ 《论语·里仁》,载杨伯峻:《论语译注》,中华书局,2009年版,第39页。
④ 朱贻庭:《中国伦理思想史》,华东师范大学出版社,1994年版,第38页。
⑤ 〔美〕赫伯特·芬格莱特著,彭国祥等译:《孔子:即凡而圣》,江苏人民出版社,2002年版,第58页。
⑥ 徐复观:《中国人性论史(先秦篇)》,上海三联书店,2001年版,第100—101页。

点说，就是'执两用中'，或者叫'中庸'。"①仔细分析，不管是仁，还是礼，以及中庸，它们实际上都是孔子人道的具体表现，都是形而上的道的具体表现，而且一定程度上仁和中庸本身也具有了形而上色彩。孔子"吾道一以贯之"，一定程度上是说在仁、礼以及中庸三者之间，应该以谁为核心。笔者倾向于孔子思想应该是以仁为核心。

有学者研究指出："根据《论语》提供的材料，分析地看，孔子揭示出'仁'的具体意义可能有二层：第一层为'恭''敬''惠'等具体道德规范，以及由这些规范组合成为的最高道德观念；第二层为'爱人'，这是一种心理情感活动。"②在仁的这两层含义中，第一层含义凸显出仁与众多道德规范之间的关系，显现出仁的形而上特点。《论语》说："有君子之道四焉：其行己也恭，其事上也敬，其养民也惠，其使民也义。"③这四种所谓的"君子之道"：恭、敬、惠、义，就是仁的具体表现。仁有了超越性，有了形而上特点。仁有形而上特点，还表现在它与礼的体用关系上。"人而不仁，如礼何？人而不仁，如乐何？"④一个人如果没有"仁"德作基础，那么他所主张或实行的"礼"也只能是虚文，就不能是真正的"礼"。此外，在《论语》中，孔子多次强调人们在实行"礼"时，如果缺乏内在的"仁"等作必要的基础，那么只会导致"礼"不成其为真正的礼。《论语》记载："子游问孝。子曰：'今之孝者，是谓能养。至于犬马，皆能有养；不敬，何以别乎？'"⑤可见仁与礼之间应该存在着体用关系、内外关

---

① 庞朴：《沉思集》，上海人民出版社，1982年版，第137页。
② 张茂泽等：《孔孟学述》，人民出版社，2022年版，第122页。
③ 《论语·公冶长》，载杨伯峻：《论语译注》，中华书局，2009年版，第47—48页。
④ 《论语·八佾》，载杨伯峻：《论语译注》，中华书局，2009年版，第24页。
⑤ 《论语·为政》，载杨伯峻：《论语译注》，中华书局，2009年版，第14页。

系,即以仁为体、礼为用,以仁为内在素质、礼为外在规范。

作为人道之一的中庸,也具有形而上的特点。"中庸"一词,首先出现在《论语》中,它是孔子对前人思想吸收的结果。孔子的确保留了"中"原有的含义,比如中间以及中道等。"饭疏食饮水,曲肱而枕之,乐亦在其中矣。"①"咨!尔舜!天之历数在尔躬,允执其中。四海困穷,天禄永终。"②前者的"中"就是指中间之义,后者的"中"则是指"中道"。这个"中道",就是儒家道统论所讲的儒家传承有序的"道"。同时,孔子把"中"和"庸"结合而成的"中庸",既是一种道德,也更是一种为人处事之方法。作为道德的"中庸",就具有了形而上的特点。《论语》说:"中庸之为德也,其至矣乎!民鲜久矣。"③这就把"中庸"认为是最高的道德,一种大家已经长久缺乏的道德。对于中庸之德与中、庸二德的关系,有学者也认为:"中、庸本为二德。中为中正之德,庸为恒常之德。中、庸二德,自古为人所重。孔子继承以往传统,赋予中、庸以新的内涵,将二者结合在一起,大力倡导中庸之德。"④这都认为作为道德的中庸实际上是来源于对"中""庸"二德的结合。当然,这并不是二者简单的叠加,中庸作为道德,有比其他道德更进一步的特点。有学者就指出:"孔丘认定'中庸'乃至上之德,这样的德是人们的一种内在的品质或德性"、"中庸作为一种德性,它所表明的是人们在社会生活中,处理人伦时的一种道德动机,一种道德情感,或说一种价值取向"⑤。可见,中庸之德同中、庸二德比

---

① 《论语·述而》,载杨伯峻:《论语译注》,中华书局,2009年版,第70—71页。
② 《论语·尧曰》,载杨伯峻:《论语译注》,中华书局,2009年版,第207页。
③ 《论语·雍也》,载杨伯峻:《论语译注》,中华书局,2009年版,第64页。
④ 李京:《从中、庸到〈中庸〉》,载《孔子研究》,2007年5期,第44页。
⑤ 田文军:《道德的中庸与伦理的中庸》,载《武汉大学学报(哲学社会科学版)》,2004年5期,第600—601页。

较起来，它已经实行了抽象化，作为内在的德性，而不是作为外在具体伦理规范或一般行为规范的德行。

综上所述，通过对孔子道概念的解析，特别是对人道的具体体现——仁、中庸的含义分析，可知《论语》有着明显的形而上学思想。

二、中与《易传》的形而上学

《易传》的形而上学与前人的形而上学存在密切的关系。这种关系一方面体现在对前人思想的继承上，另一方面体现在对前人思想的发展上。就继承来说，体现在对"中"含义的阐发上。这又主要来源于对《易经》"中"含义的吸收和发展。

《易经》对"中"含义的界定则主要包括以下几方面：首先，从时间、空间上看，"中"指中间。"中"从时间上来说，首先指事情进行到中间、中途。《讼》卦的卦辞有"有孚，窒惕，中吉终凶"①，"中"与"终"相对应。对于这句话的解释有多种，高亨在《周易大传今注》说："筮遇此卦，战争中有所俘虏，但须恐惧警惕，其过程是中段吉、终段凶。"②《复》卦爻辞有"六四：中行独复"③，"中行"指"中途"，"中行独复"意味着与他人同行，而行至中途，自己一人独返。"中"还指"日中"，即正午。《丰》卦的卦辞为："亨，王假之，勿忧，宜日中。"④举行享祭，君王应该亲自到祭祀处，有危难事也不要打扰，享祭的时间最好在正午。《丰》卦的爻辞也多次谈及"日中"，如"六二：丰其蔀，日中见斗，往得疑疾，有孚，发若吉"⑤，"九三：丰其沛，日中见沬，折其右肱，无咎"、"九四：

---

① 《易经·讼》，载高亨：《周易大传今注》，齐鲁书社，1998年版，第87页。
② 高亨：《周易大传今注》，齐鲁书社，1998年版，第87页。
③ 《易经·复》，载高亨：《周易大传今注》，齐鲁书社，1998年版，第184页。
④ 《易经·丰》，载高亨：《周易大传今注》，齐鲁书社，1998年版，第337页。
⑤ 《易经·丰》，载高亨：《周易大传今注》，齐鲁书社，1998年版，第338页。

丰其蔀，日中见斗，遇其夷主，吉"①。"中"从空间上说，指在……中间。《屯》卦爻辞有："六三：即鹿无虞，惟入于林中，君子几不如舍，往吝"②，这是说君子逐鹿而没有虞官的帮助，鹿跑入林中，则求之不如舍之，如果仍要去求之，亦很难得到。《师》卦爻辞也有"九二：在师中吉，无咎，王三锡命"③，身在军旅之中就吉利，也没有灾害，且受到君王多次奖赏并委以重任。其次，"中"作为动词，有"射中"的意思，这实际上是由名词"中心"转化过来的。《中孚》的卦辞为："中孚豚鱼，吉。"④"中"，射中也。孚，借为浮，漂浮在水面。"中浮豚鱼"，射中漂浮在水面上的豚鱼。再次，《易经》对"中"的界定，还体现在把"中"与人的行为联系起来，"中"作为形容词"正"的意思。《夬》卦爻辞有："九五：苋陆夬夬中行，无咎。"⑤这里读苋为宽，读陆为睦。宽睦谓对人宽大和睦。夬夬，决决也，谓行事非常果断。中，正也。行，行为。中行，中正的行为。以上这句话的意思就是说人对人宽大和睦，坚决果断，此乃是中正的行为，所以没有错误。

《易传》继承了《易经》"中"的含义，同时又把"中"形而上学化。《易传》对中的界定主要表现为：首先，在继承"中"作为时间、空间的"中间"含义上，又与人联系起来，"中"指人自身、人的内心。就继承来说，《易传》把"中"看成空间上的"中间"，有"地中有山"⑥、"泽中有

---

① 《易经·丰》，载高亨：《周易大传今注》，齐鲁书社，1998年版，第339页。
② 《易经·屯》，载高亨：《周易大传今注》，齐鲁书社，1998年版，第73页。
③ 《易经·师》，载高亨：《周易大传今注》，齐鲁书社，1998年版，第93页。
④ 《易经·中孚》，载高亨：《周易大传今注》，齐鲁书社，1998年版，第360页。
⑤ 《易经·夬》，载高亨：《周易大传今注》，齐鲁书社，1998年版，第281页。
⑥ 《易传·谦·象》，载高亨：《周易大传今注》，齐鲁书社，1998年版，第137页。

雷"①、"雷在地中"②、"天在山中"③、"明入地中"④、"地中生木"⑤、"泽中有火"⑥、"古之葬者，厚衣之以薪，葬之中野，不封不树，丧期无数"⑦等。"地中有山"，这是从《谦》的卦象来看的。《谦》的外卦为坤，内卦为艮，坤为地，艮为山，地卑而山高，地中有山而内高而外卑。这就与才高之人不会自我吹嘘，功高的人不会狂妄自大一样，体现出谦卑的态度。《易传》从时间上来讨论"中"，也有表现。《系辞下》有："《易》之兴也，其于中古乎？"⑧《说卦》有："坎再索而得男，故谓之中男。离再索而得女，故谓之中女。"⑨ "中古""中男""中女"⑩的"中"，就是从时间上来界定的。就《易传》对时间、空间"中"的发展来说，则是与人联系起来，且从人自身到人内心。《需·象》有："'需于沙'，衍在

---

① 《易传·随·象》，载高亨：《周易大传今注》，齐鲁书社，1998年版，第148页。

② 《易传·复·象》，载高亨：《周易大传今注》，齐鲁书社，1998年版，第183页。

③ 《易传·大畜·象》，载高亨：《周易大传今注》，齐鲁书社，1998年版，第192页。

④ 《易传·明夷·象》，载高亨：《周易大传今注》，齐鲁书社，1998年版，第242页。

⑤ 《易传·升·象》，载高亨：《周易大传今注》，齐鲁书社，1998年版，第294页。

⑥ 《易传·革·象》，载高亨：《周易大传今注》，齐鲁书社，1998年版，第308页。

⑦ 《易传·系辞下》，载高亨：《周易大传今注》，齐鲁书社，1998年版，第424页。

⑧ 《易传·系辞下》，载高亨：《周易大传今注》，齐鲁书社，1998年版，第435页。

⑨ 《易传·说卦》，载高亨：《周易大传今注》，齐鲁书社，1998年版，第463页。

中也。"①衍，过也。中，内也，指人自身。"衍在中"，指过失在人自身。全句话的就是说其地不可停驻而停驻，可离去而不离去，过失在其人之自身也。《坤·象》有"'黄裳元吉'，文在中也"②，《坤·文言》有"君子黄中通理，正位居体，美在其中而畅于四支，发于事业，美之至也"③。"中"就是指内心，"文在中""美在其中"就是说美德在人内心。《中孚·象》则直接把"中"与"心"联系起来使用，"'其子和之'，中心愿也"④。鹤子之应和老鹤，出于中心自愿。

其次，《易传》延续了《易经》"中，正也"的观点。《蒙·象》有："'蒙亨'，以亨行时中也。"⑤《泰·象》有："'以祉元吉'，中以行愿也。"⑥《谦·象》有："'鸣谦贞吉'，中心得也。"⑦这几处的"中"都是"正"的意思。"时中"指得其时又得其正也，"中以行愿"指得其正且出于人所愿，"中心得"即心得中正。

再次，《易传》在以上二者的基础上，把"中"的含义引申为"正中之德"以及"中正之道"。"中"由空间上的中间，引申为人的内心，同时

---

① 《易传·需·象》，载高亨：《周易大传今注》，齐鲁书社，1998年版，第83页。

② 《易传·坤·象》，载高亨：《周易大传今注》，齐鲁书社，1998年版，第63页。

③ 《易传·坤·文言》，载高亨：《周易大传今注》，齐鲁书社，1998年版，第67页。

④ 《易传·中孚·象》，载高亨：《周易大传今注》，齐鲁书社，1998年版，第362页。

⑤ 《易传·蒙·象》，载高亨：《周易大传今注》，齐鲁书社，1998年版，第77页。

⑥ 《易传·泰·象》，载高亨：《周易大传今注》，齐鲁书社，1998年版，第116页。

⑦ 《易传·谦·象》，载高亨：《周易大传今注》，齐鲁书社，1998年版，第138页。

"中"又有"正"的含义,"正"在人内心的体现就是人有中正之德。《易传》对中正之德的阐述比较多,同时还与爻位联系起来。《坎·彖》有:"维心亨,乃以刚中也。"①"刚中"指刚健、正中之德。全句话是说心享美者是因为人有刚健、正中之德也。人之所以有刚健、正中之德,是因为《坎》的九二为阳爻,为刚,居下卦之中位,九五亦为阳爻,为刚,居上卦之中位,所以为"刚中"。《蹇·彖》有:"'大蹇朋来',以中节也。"②人有大险难,有朋友来助,这是因为其有正中(高尚)的节操也。《蹇·彖》这种解释,乃是以九五之爻位为据,九五居上卦之中位,象人守中正之节操。

人有正中之德,体现出来就是正中之道以及中正之行。对于中正之行,《易经》已有阐述,《易传》对此没有过多的阐述,其主要集中在正中之道上,正中之道也是易道的体现之一。把"中"解释为正中之道,这在《易传》中是非常典型的。《乾·文言》有:"龙德而正中者也。"③这是把"在田"之龙比喻为有才德而行正中之道的大人。这种解释同时还是与爻位联系起来的,具体来说是以九二爻象爻位为依据的,九二为阳爻,居下卦之中位,象大人行正中之道。《易传》还把"中"与"庸"联系起来用,从而来凸显"正中之道"。《乾·文言》说:"庸言之信,庸行之谨,闲邪存其诚,善世而不伐,德博而化。"④庸,平常。具有正中之道的大人平常所言必讲信用、平常的行为也是谨慎的,他防止邪恶而内心保持真诚,他有功于人、有惠于民而从不自我夸耀,其道德广大而能感化人心。《乾·文

---

① 《易传·坎·彖》,载高亨:《周易大传今注》,齐鲁书社,1998年版,第207页。

② 《易传·蹇·彖》,载高亨:《周易大传今注》,齐鲁书社,1998年版,第261页。

③ 《易传·乾·文言》,载高亨:《周易大传今注》,齐鲁书社,1998年版,第49页。

④ 《易传·乾·文言》,载高亨:《周易大传今注》,齐鲁书社,1998年版,第49—50页。

言》还说:"九三重刚而不中,上不在天,下不在田,故乾乾因其时而惕,虽危无咎矣。"①九二为阳爻、为刚,九三又为阳爻、为刚,是为"重刚"。九三不居上下卦之中位,是为"不中",乃象人不得行正中之道。具体来说,九三上不在天位,下不在地位,乃在人位,乃象人上不在朝,下不在野,而在小官之位,君子做小官,不得行正中之道,但乾乾然而奋勉,因其时而警惕,虽处危境,亦不会犯错也。

三、道与《易传》的形而上学

《易传》对前人形而上学的发展上,主要体现在对"道"的阐发上。道是《易传》讨论的核心,儒学形而上学理论的构建就体现在此上。

《易传》对道的界定主要体现在"一阴一阳之谓道"②、"形而上者谓之道,形而下者谓之器"两句话中。对于前者的理解,关键在于对"阴""阳"的理解上。阴阳,既可以理解为阴阳二气,也可以理解为阴阳二爻,还可以理解为阴阳对立的双方。不过,学界普遍将其理解为阴阳对立的双方。③因而,"一阴一阳之谓道"指阴阳对立的双方互相依存和相互转化体现出来的规律便称之为道,道"内在的规定性是'阴阳'"④。对于后者的理解,有学者研究指出:"'形而上',即有形之上,意谓无形;'形而下',

---

① 《易传·乾·文言》,载高亨:《周易大传今注》,齐鲁书社,1998年版,第51页。

② 《易传·系辞上》,载高亨:《周易大传今注》,齐鲁书社,1998年版,第387页。

③ 陈鼓应等:《周易今注今译》(商务印书馆,2005年版)第599页;金景芳等:《周易全解》(上海古籍出版社,2005年版)第526页;高亨:《周易大传今注》(齐鲁书社,1998年版)第387页;杨天才等译注:《周易》(中华书局,2011年版)第572页等。

④ 杨庆中:《论〈易传〉中的"道"》,载《中国哲学史》,2005年4期,第9页。

意谓有形。'道',指阴阳变易的法则……'器',指有形的器物,此处指卦画……这两句话是说,乾坤两卦,其阴阳之义是无形的,其卦画是有形的,或者说,奇偶卦画隐藏着阴阳变易的法则。"①的确,"形而上者谓之道,形而下者谓之器"的原意就是从卦画以及卦画所蕴含的法则来说的。《易传》作为对《易经》诠释形成的哲学书,就是要对《易经》六十四卦所包含的阴阳变易法则进行抽象,进行理论总结,"形而上""形而下"的提出以及与"道""器"结合就是在进行理论构建。当然,后来学人超越了用阴阳变易法则与卦画来理解"道"和"器",认为"形而上者谓之道,形而下者谓之器"指抽象的、看不见、摸不着的就是道,具体实在的、看得见、摸得着的东西就是器。

有形的卦画体现了无形的变易法则——道,这个道在《易传》中被称为"易道"。《易传》有:"其道甚大,百物不废。惧以终始,其要无咎。此之谓《易》之道也。"②如何来理解"易道"?有学者认为:"易道乃超越时空性的道(或本体);由于它能超越时空,才能包罗万事万物。由于它能超越时间,才能始终心存戒惧。故此处用的'终始'可以作为对易道本质的一种形容,意即它是超越时间的一种本体。"③这就把"易道"看成是本体。④这种看法是值得商榷的。实际上,这句话的意思是说:易道包含的道理是非常广大的,一切事物都包含在内,如果人自始至终对其都能保持敬惧之心,那么做起事来大体就不会有过失;这就是所谓的《周易》真

---

① 朱伯崑:《易学哲学史(一)》,昆仑出版社,2009年版,第87页。

② 《易传·系辞下》,载高亨:《周易大传今注》,齐鲁书社,1998年版,第444页。

③ 谭宇权:《中庸哲学研究》,文津出版社,1995年版,139页。

④ 注:张汝金也认为"易道"是《易传》本体,他说:"阴阳不是道,'一阴一阳'才是'道',所以易道就具有了哲学本体的意义"。(《解经与弘道——〈易传〉之形上学研究》,齐鲁书社,2007年版,第215页。)

谛。就易道的来源来说，它又和《易传》中所讲的天道、人道等产生了联系。《易传》说："《易》与天地准，故能弥纶天地之道。仰以观于天文，俯以察于地理，是故知幽明之故。原始反终，故知死生之说。"①又说："古者包牺氏之王天下也，仰则观象于天，俯则观法于地，观鸟兽之文与地之宜，近取诸身，远取诸物，于是始作八卦，以通神明之德，以类万物之情。"②这两段话实际上包含两层含义：一是，"易道主要是对天道与人道的摹写"③，即来源于对自然现象和社会现象的观察，将其得出的规律用六十四卦的卦象来记录；二是，由于易道取法于天道、人道，所以能包括天地之道，即能包括一切之道。对于天道、人道，《易传》中有"《易》之为书也，广大悉备，有天道焉，有人道焉，有地道焉"④"是以立天之道曰阴与阳，立地之道曰柔与刚，立人之道曰仁与义"⑤。这里的天道、地道总的说都是自然之道，可以统称为天道，主要是指阴阳对立统一的自然发展变化规律；人道主要指仁与义相反相成的社会生活法则。同时，也正是由于易道来源于对天地之道的摹写，来源于对天地之道的记录，并不是来源于把天道或人道的转化或提升，这就决定易道不可能是本体。此外，要构建本体，实现的应该是天道和人性的真正同一，体现的是天与人的纵向关系，而易道对天道、人道的摹写、记录与此毫无关系，这也决定易道不可能是本体。

---

① 《易传·系辞上》，载高亨：《周易大传今注》，齐鲁书社，1998年版，第386页。

② 《易传·系辞下》，载高亨：《周易大传今注》，齐鲁书社，1998年版，第419页。

③ 梁韦弦：《〈易传〉中的易道与天道、人道及神道》，载《齐鲁学刊》，2001年6期，第63页。

④ 《易传·系辞下》，载高亨：《周易大传今注》，齐鲁书社，1998年版，第443页。

⑤ 《易传·说卦》，载高亨：《周易大传今注》，齐鲁书社，1998年版，第455页。

《易传》的本体是什么？《易传》是否存在本体？这是研究《易传》形而上学需要解决的一个问题。学界对于《易传》本体的观点，除了前文所说的"易道"外，还有其他看法。有学者认为："《易传》通过对宇宙本根——太极这一最高本体范畴的确立、以气（元气或精气）为太极范畴内涵的诠释以及对太极的宇宙本体属性——一阴一阳变化之道的创见，运用立足于阴阳学说的精湛的本体论与丰富的辩证法，阐述了由本体的太极化生天地、由天地化生万物的宇宙大化流行的过程。"①这是把太极认为是《易传》的本体。有学者则认为："'易'这个概念，在《易传》中主要指万物的本原、本体的意思。"②这则是把"易"认为是《易传》的本体。那么，《易传》到底以哪一个为本体？进一步说《易传》是否有本体呢？要解决这个问题，必须同《易传》的天人关系联系起来考察。要构建本体，在天人关系上，其思维模式体现为天⟷人，也就是天道和人性要实现真正的同一。不过，仔细分析《易传》的天人关系，它主要体现为人→天和天→人两种思维模式。前者说的是人道取法于天道，如，"是故天生神物，圣人则之。天地变化，圣人效之。天垂象，见吉凶，圣人象之。河出图，洛出书，圣人则之。"③后者是说人性是天在大化流行中产生的，如"乾道变化，各正性命"④，"成性存存，道义之门"⑤。《易传》中的"太极"来源

---

① 刘玉建：《〈易传〉宇宙生成论的建构——〈易传〉天人合一哲学体系的基本理论前提》，载《周易研究》，2009年5期，第78页。
② 张丽：《论"易"作为〈易传〉的本体概念》，载《广东社会科学》，2010年3期，第80页。
③《易传·系辞上》，载高亨：《周易大传今注》，齐鲁书社，1998年版，第405页。
④《易传·乾·彖辞》，载高亨：《周易大传今注》，齐鲁书社，1998年版，第43页。
⑤《易传·系辞上》，载高亨：《周易大传今注》，齐鲁书社，1998年版，第390页。

于"是故易有太极,是生两仪,两仪生四象,四象生八卦"①,体现的也是天→人的思维模式。此外,在笔者看来太极指的是混沌未分的气,"两仪"则指阴阳二气,太极与阴阳之间是包含关系,并不是把太极认为是本体,太极与阴阳二气之间不存在着体用不二的关系。可见,《易传》并没有建构起天←→人的思维模式,它也不可能建构起本体,当然也谈不上以太极等为本体。

四、结语

综上所述,儒家形而上学的产生来源于对《尚书》形而上思想的发展,《尚书》实现了对"中""道"概念的抽象,《论语》形成以"道"为核心的体系。《易传》的形而上学思想延续了对"中"的抽象,同样也形成了"中正之道"。此外,《易传》通过对"道"的阐发提出了"形而上学"这个概念,从理论上来对儒学形而上学进行了构建。如何来评价《易传》的形而上学,这是一个值得探讨的问题。

首先,对"中"的界定,从《易经》到《易传》存在一个逐渐深入的过程。由《易经》所讨论的方位、时间上的"中"以及"射中""正"发展为《易传》的人自身、人内心乃至正中之德以及正中之道,这是一个逐渐抽象的形而上学化过程。这个过程,体现出先秦儒学由对事物本身的探讨发展成对事物蕴含之道的探讨,是儒学不断深化的表现。需要指出的是,《易传》阐发的"中正之道"并不意味着它只是构建了形而上思想,因为"中正之道"只是"易道"的表现而已。此外,"中"成为人自身的正中之德以及正中之道,必然会影响到人的行为活动,使人追求和平,这与"爱好和平"的中华民族精神有着密切的关系。这也体现出先秦儒家与中华民

---

① 《易传·系辞上》,载高亨:《周易大传今注》,齐鲁书社,1998年版,第403—404页。

族精神家园的构建有着密切的关系。

　　其次,《易传》对道的阐发,建立在对前人基础上的进一步阐发上,这种阐发实现了理论上的突破。在《易传》之前,《中庸》《孟子》以及《荀子》等儒家形而上学都有发展,不过各自发展的侧重点有所不同而已。就《中庸》来说,它在《论语》的基础上进一步把道划分为"天道"和"人道",特别是对"天道"的阐发上,实现了从"天命"向"天道之诚"的转变,同时还从"中庸""中和"等入手来构建境界形而上学。《孟子》和《荀子》则分别从不同角度对儒家形而上学进行了发展,《孟子》实现了道的内化,把道同心性结合起来,而《荀子》则实现了道的具体化,把道同"中"、同"仁义"结合起来。不过,它们都没有对形而上学进行理论构建,而《易传》则在这些讨论的基础上进一步抽象,认为卦画是形而下的"器",在其后面蕴含着的法则就是形而上的"道"。后来,"道"与"器"又进一步同是否有形体等联系起来。总之,《易传》与《中庸》等比较起来,在形而上学理论的构建上有了质的突破。

■《周易》与易学史研究

《周易》所见器物考

李小成

(西安文理学院文学院教授)

《周易》古经文本记载了大量的器与物,而未见"器"字。张馨予《〈周易〉经传器论思想研究》:"《系辞上》曰'形而上者谓之道,形而下者谓之器',王弼云'成形曰器',孔颖达认为'体质成形,是谓器物'。这是将道器对举而加以界定,道无形无质,器有形有质。"[1]《周易》所言之器,是具体的、可见的、形而下者的实用之物,而至老子则把它上升为不可见的、抽象的、形而上的哲学范畴,这一转变是人类思维史上巨大的进步。但追本溯源,从这些记载有限的实用器物和服饰中,能对产生于商周社会文明的发展,有一个由具体到抽象的认知。从名物学角度审视古老《周易》文本所载器物,可以洞悉有形世界背后蕴藏的丰富文化信息,也给后人留下了两千多年前美好的记忆。

一、祭祀的礼器、酒器具

自商以来,在自然崇拜意识的主导下,人们认为天地四方到处都有主

---

[1] 张馨予:《〈周易〉经传器论思想研究》,载《周易研究》2023年第2期。

宰的神灵，于是就重视鬼神，祭祀活动繁多。在进献神灵的祭祀过程中，要有盛放祭品的器具，《易经》中所载的器物，最常见的是与各种祭祀活动相关的物品。

《鼎》："郑玄曰：'鼎，象也。卦有木火之用，互体乾兑，乾为金，兑为泽，泽钟金而含水，爨以木火，鼎烹熟物之象，鼎烹熟物以养人，犹圣君兴仁义之道，以教天下也，故谓之鼎矣。'"①《彖》曰："鼎，象也，以木巽火，亨饪也。圣人亨以享上帝，而大亨以养圣贤。"鼎本实用之炊器，后减去其应用性，而上升为一种神器，故其文化性不断加强，成为国家与权力的象征。故《说文》曰："鼎，三足两耳，和五味之宝器也。昔禹收九牧之金，铸鼎荆山之下，入山林川泽，魑魅魍魉，莫能逢之，以协承天休。易卦巽木于下者为鼎，象析木以炊也。籀文以鼎为贞字。"②《杂卦》传曰："革，去故也；鼎，取新也。"王弼云："革既变矣，则制器立法以成之焉。变而无制，乱可待也，法制应时，然后乃吉。"③胡朴安《周易古史观》曰："鼎，为饮食亨饪之器。火化发明以后，鼎是生活不可须臾离之物，视之甚重。为君者，除饮食之外，享上帝，养圣贤，皆赖于鼎，因此为国之重器。"④胡氏之说较为全面。至于鼎的具体形状，许慎说得很明白，《说文·鼎部》："鼎，三足两耳，和五味之宝器也。象析木以炊，贞省声。"钱玄、钱兴奇所编《三礼辞典》云："鼎为盛牲之器。牲烹于镬；

---

① （唐）李鼎祚撰，王丰先点校：《周易集解》，中华书局，2016年版，第307页。

② （汉）许慎：《说文解字·七上》，中华书局，2013年版，第140页。

③ （魏）王弼著，楼宇烈校释：《王弼集校释》（下），中华书局，1980年版，第469页。

④ 胡朴安著，吕绍纲导读：《周易古史观》，上海古籍出版社，2005年版，第167页。

熟乃升于鼎，和其味；食时，从鼎取出牲体，载于俎。其初，鼎或既为烹器，又兼作盛器；其后乃专为盛牲之器。依爵位不同，用鼎之数亦异。"①《周礼·天官》亨人、内饔都言及鼎的作用，《仪礼》的聘礼、少牢馈食礼、士婚礼等中更讲到了鼎在行礼时的功用。

匕鬯：《震》卦象辞"震惊百里，不丧匕鬯"，"匕"，取饭用的勺子；"鬯"，祭祀用的香酒。匕鬯是用来尚牲荐酒的，这一活动需要君王躬亲实践，匕鬯是地位较高的祭器。王弼《周易注》曰："匕，所以载鼎实。鬯，香酒。奉宗庙之盛也。"②王引之在《经义述闻第一·周易上》中专条释"匕鬯"，他是从《说文》生发的，其文云："此以匕为取鬯酒之器也。引之谨案：许说为长。匕谓枇也。《说文》曰：'枇，匕也。'又曰：'匕，一名枇。'祭祀之礼，尸祭鬯酒，则以枇扱之。《天官·小宰》'凡祭祀赞王祼将之事'，郑注曰：'凡郁鬯受祭之啐之奠之。'疏曰：'谓王以圭瓒酌郁酒鬯献尸，后亦以璋瓒酌郁鬯酒献尸，尸皆受，灌地降神，名为祭之。'是尸受鬯酒有祭之礼，祭之则必以枇扱酒矣。《士冠礼》'冠者即筵坐，左执觯，右祭脯醢，以枇祭醴三'，疏曰'三祭者，一如《昏礼》始扱一祭，又扱再祭也'，是其例也。"③王氏于"匕鬯"之释，广征博引，愚以为礼书所释为正矣。关于"匕"的长短、材质及所用之场合，《礼记·杂记上》曰："枇以桑，长三尺，或曰五尺。郑玄注：枇，所以载牲体者，此谓丧祭也。吉祭枇用棘。"钱氏总前人之意，所云简明："匕为从鼎中取牲体之具，亦为取饭食之具。匕有以棘制，或以桑制。长有三尺，或五尺。"④后

---

① 钱玄，钱兴奇：《三礼辞典》，江苏古籍出版社，1998年版，第977页。
② （魏）王弼著，楼宇烈校释：《王弼集校释》，中华书局，1980年版，第474页。
③ （清）王引之著，虞思徵，马涛，徐炜君校点：《经义述闻·周易上》，上海古籍出版社，2016年版，第64页。
④ 钱玄，钱兴奇：《三礼辞典》，江苏古籍出版社，1998年版，第34页。

世人以匕鬯指宗庙祭祀。

樽、簋、缶：《坎》卦六四"樽酒，簋二，用缶"。意为一杯酒，两碗饭，杯和碗都是陶做的。后世于此之解，皆承郑玄、虞翻之说，《经义述闻》第一："郑注曰：六四上承九五，又互体在《震》上，天子、大臣以王命出会诸侯，尊于簋，副设玄酒而用缶也。"虞注："震主祭器，故有尊簋，坎为酒，簋，黍稷器。三至五有颐口象，震献在中，故为簋。坎为木，震为足，坎酒在上，尊就之象。贰，副。坤为缶，礼有副尊，故贰用缶耳。"①唐李鼎祚《周易集解》只引虞翻之释，未言己见。清王引之《经义述闻》引郑、虞之说，复引王弼之说，以为虞说为非，但他的解释亦为牵强。皆不若李镜池之解释通俗恰切。李氏《通义》曰："樽，装酒的器皿。簋贰，二碗饭。簋，盛饭的器皿。《周礼·舍人》郑玄注：'方曰簠圆曰簋，盛黍稷稻粱器。'缶，指陶做的樽、簋。樽、簋有铜制与陶制的两种。贵族用铜制的，这里所说的是给俘虏用的，是陶制的，如《比·初六》说的：'有孚，盈缶。'"②樽，作为酒器，常见于战国秦汉时期，此时已变成一种大型盛酒备饮的容器，在南阳汉画中出现樽的图像较多，常冬萌、柳玉东《南阳汉画中的樽及相关问题探讨》③一文，所论比较详明。

簋：宗庙之器。蔡运章、安亚伟《西周陶簋所见图画、筮数和文字简论》："《周易·损》'二簋可用享'。荀爽曰'簋者，宗庙之器'。这说明陶簋是盛放饭食的祭器。簋，通作轨。郑玄《仪礼·公食大夫礼》注'古文簋皆作轨'，可以为证。《国语·周语下》'度之于轨仪'。韦昭注'轨，道

---

① （唐）李鼎祚撰，王丰先点校：《周易集解》，中华书局，2016年版，第190—191页。

② 李镜池：《周易通义》，中华书局，1981年版，第58页。

③ 常冬萌，柳玉东：《南阳汉画中的樽及相关问题探讨》，载《中原文物》，2023年第4期。

也'。是'轨'有道义。"①关于簋的形状与作用，《说文》竹部云"黍稷方器也"②。《三礼辞典》释之较详，其云："簋为盛黍稷之器，容量为一斗二升。其形圆。字亦作'朹''殷'。簠为盛稻粱之器，其形方。容量或同簋。簋、簠或以竹、木、陶为之，亦以青铜为之。"③簋有陶制的、有竹制的、有玉制的、有铜制的，有方形的，但后世多为铜制，且簋内多有铭文。从出土文物来看，西周时期簋的数量最多，战国以后就很少了。

鼓：《中孚》六三"得敌，或鼓或罢，或泣或歌"。《易经·系辞上》："鼓之以雷霆，润之以风雨"。"鼓天下之动者存乎辞"。又："鼓之舞之以尽神"。"鼓"字最早见于甲骨文和后来的金文，乐器名，同时还是一种生活中实用的器物。《说文》第五下曰："缶，瓦器，所以盛酒浆。秦人鼓之以节歌。"④鼓用在不同的场合有不同的名称，祭天以雷鼓、八面鼓；祭地以灵鼓、六面鼓；享宗庙以路鼓、四面鼓；鼖鼓，大鼓，长八尺，用以军事；鼖鼓，亦大鼓，长一丈二尺，役事用之；晋鼓，长六尺六寸，奏乐用之。《周礼·地官·鼓人》："掌教六鼓、四金之音声，以节声乐，以和军旅，以正田役。"《周礼·考工记·韗人》："鼓长八尺，鼓四尺，中围加三之一，谓之鼖鼓。"《周礼》中的鼓人为职官名，掌教击鼓鸣金之职。中士。属地官司徒。郑玄注曰："教为鼓，教击鼓者大小之数，又别其声所用之事。"⑤按《周礼》，鼓这种打击乐器有多种用途，所以，钱氏云："凡祭神社、享宗庙、军旅、田役以及日月食等均用鼓。"⑥《初学记》卷第十六乐

---

① 蔡运章，安亚伟：《西周陶簋所见图画、筮数和文字简论》，载《考古》，2007年第2期。

② （汉）许慎：《说文解字》，中华书局，2013年版，第92页。

③ 钱玄，钱兴奇：《三礼辞典》，江苏古籍出版社，1998年版，第1170页。

④ （汉）许慎：《说文解字》，中华书局，2013年版，第104页。

⑤ 钱玄，钱兴奇：《三礼辞典》，江苏古籍出版社，1998年版，第979页。

⑥ 钱玄，钱兴奇：《三礼辞典》，江苏古籍出版社，1998年版，第979页。

部、鼓第七，①对鼓的历史及后世诗赋中所言及者，记载甚详。

筐：《归妹》上六，"女承筐，无实；士刲羊，无血。无攸利。《象》曰：上六无实，承虚筐也。"筐本竹编，用以盛物。《诗·召南·采蘋》有："于以盛之，维筐及筥。"《诗·小雅·鹿鸣序》曰："既饮食之，又实币筐篚，以将其厚意。"盛物之竹器，又因其形状不同而有不同的名称，方者曰筐，圆者为筥。本卦言婚姻，"承筐""刲羊"乃夫妇新婚，于宗庙祭祀，以告祖宗，乃古代贵族婚礼之俗。故《礼记·昏义》言："昏礼者，将合二姓之好，上以事宗庙，而下以继后世也。故君子重之。昏礼是以纳采、问名、纳吉、纳征、请期、迎亲，皆主人筵几于庙，而拜迎于门外。入，揖让而升，听命于庙，所以敬慎重正昏礼也。"郑玄曰："宗庙之礼，主妇奉匡米。"②《仪礼·士昏礼》云："妇入三月，而后祭行。"此《归妹》上六意为：处之上终，位穷而无所适，犹如女子承筐无实，男子刲羊无血，无以献享，夫妇祭祀之礼未成，故"无攸利"。孔颖达《周易正义》曰："承虚筐者，筐本盛币，以币为实，今之无实，正是承捧虚筐，空无所有也。"③明代来知德《周易集注》："筐乃竹所成……凡夫妇祭祀，承筐而蘋蘩者，女之事也；刲羊而实鼎俎者，男之事也。今上与三皆阴爻，不成夫妇，则不能供祭祀矣。'无攸利'者，人伦以废，后嗣以绝，有何攸利？刲者，屠也。"④今人高亨从文字训诂出发来研究《周易》，钩稽陈古，多有发挥。他在《周易大传今注》中云："承，捧也。士，男未娶称士。刲，刺也。此指婚礼而言。古代贵族结婚有献祭宗庙之礼，女则捧筐盛果品，

---

① （唐）徐坚：《初学记》，中华书局，1962年版，第398—400页。

② （宋）王应麟著，郑振峰等点校：《周易郑康成注·六经天文编·通鉴答问》，中华书局，2012年版，第50页。

③ （魏）王弼注，（唐）孔颖达疏，卢光明、李申整理：《十三经注疏整理本·周易正义》，北京大学出版社，2000年版，第262页。

④ （明）来知德：《〈周易〉集注》，上海古籍出版社，2013年版，第252页。

以果品献神，男则以刀刺羊，以羊血祭神。"①《周易》古经文所记器物，多与宗庙祭祀相关，反映了商周社会浓厚的鬼神崇拜意识。

二、生活物品

伏羲画八卦的原则是仰观俯察，即"仰则观象于天，俯则观法于地，观鸟兽之文与地之宜，近取诸身，远取诸物，于是始作八卦，以通神明之德，以类万物之情"②。《易经》的卦爻辞是取自于自然和生活，尤其是与人自身相关的生活，所以书中自然就出现了生活中的各种器物。

床：《剥》卦，"初六，剥床以足，蔑，贞凶。象曰：剥床以足，以蔑下也。六二，剥床以辨，蔑，贞凶。象曰：剥床以辨，未有与也。……六四，剥床以肤，凶。象曰：剥床以肤，切近灾也。"《周易正义》曰："床者，人之所以安处也。"③邓秉元《疏证》："郝敬云：'古者坐卧依凭共馔之具通谓之床，即今几案也。盛馔则布筵就地，拜以行礼，常御则就床。一曰机，即几也。'"④李镜池认为床为车厢，他说："床：车厢，这里指代车子。"⑤吾之师辛介夫《周易解读》释床曰："古人跪坐其上，睡则横陈，凡物之低下平展能载物者，恒以床为名，如河床、牙床、车床等。"⑥先秦的床有别于我们今天的高足床，它先是卧具，然后发展到卧、坐分离。在西周时期，床是指卧具，《诗经》中多处写到床，《豳风·七月》"十月蟋蟀入我床下"，《小雅·斯干》"乃生男子，载寝之床"。可见西周的床是卧

---

① 高亨：《周易大传今注》，齐鲁书社，1998年版，第336页。
② （宋）朱熹：《周易本义》，中华书局，2009年版，第226页。
③ （魏）王弼注，（唐）孔颖达疏，庐光明、李申整理：《十三经注疏整理本·周易正义》，北京大学出版社，2000年版，第128页。
④ 邓秉元：《周易义疏》，上海古籍出版社，2011年版，第158页。
⑤ 李镜池：《周易通义》，中华书局，1981年版，第47页。
⑥ 辛介夫：《周易解读》，陕西师范大学出版社，1998年版，第256页。

具。而东周后期床的用途稍微发生了些变化，出现了作为坐具的床，《商君书·画策》："是以人主处匡床之上，听丝竹之声，而天下治。"这里的匡床应该是一种坐具了。《礼记·内则》："父母舅姑将坐，奉席，请何乡？将衽，长者奉席，请何趾？少者执床与坐，御者举几，敛席与簟，县衾箧枕，敛簟而襡之。"最晚应该是在秦汉之际就出现了坐具之床。关于床的最早出土资料是战国时期的，南京大学历史系杜小钰在《考古所见先秦两汉的床及其礼俗初探》文中说："到战国时期，床有了出土资料。1957年，信阳长台关楚贵族墓出土了两件保存完整的的木床①，床由床身、床足、床栏三部分组成。……床长225、宽136、高42.5厘米，尺寸大小可容纳两人卧息。木床通体深黑漆，床身的周围绘以朱色的连云纹，床足镂雕成对称的卷云状，而且每边床栏的上隅附有铜制镶角，工艺精湛，装饰华美。"②从《周易》成书的时代而言，《剥》观中的床是卧具，而绝不可能是坐具。

庐：《剥》卦，"上九，硕果不食，君子得舆，小人剥庐。象曰：君子得舆，民所载也。小人剥庐，终不可用也。"李镜池释庐曰："庐，草房子。《诗·信南山》：'中田有庐。'庐在田中，农民所住，草棚之类。"③邓秉元按："《释名·释宫室》：'寄止曰庐。'毕沅疏证：'《说文》：庐，寄也，秋冬去，春夏居。'庐乃耕作之时农人寄居之所。农耕虽毕，亦不必剥之，欲以待来年之用。小人不知，乃径剥之，终至不可用也。"④综合各说，庐为搭建于田间地头的草棚，为临时性住所，以看护庄稼。刘兴林《先秦田庐

---

① 河南省文物研究所：《信阳楚墓》，文物出版社，1986年版，第42—43页。
② 杜小钰：《考古所见先秦两汉的床及其礼俗初探》，载《东南文化》，2008年第2期。
③ 李镜池：《周易通义》，中华书局，1981年版，第48页。
④ 邓秉元：《周易义疏》，上海古籍出版社，2011年版，第160页。

（舍）辨析》一文在分辨众家之论后认为："总之，简易的田舍形式在战国晚期的秦国确是存在的。杜正胜认为，大概田中简陋的居舍或凉亭之类名曰'庐'，平时供行人或农夫休憩，农忙时节农人也可以在那里过上几夜，非长期居留之地。从秦律文字来看，先秦时期可能确实存在一类因贫困或其他特殊原因久居田舍的情况，但应为数不多，这种人也不可能再有另外的居处。《为吏之道》：'民或弃邑居壄（野），人人孤寡……勿令为户，勿鼠（予）田宇。'此邑可能为里邑、乡邑或更大的聚落。离开邑聚而居于野外，政府明文禁止，不给'居野'者田地和房屋。这应有方便治安管理等方面的考虑。可以推想，分散住在田舍中的人数也应是有限的。先秦时期，田间可能会有一些茅舍，以利劳动间隙小憩或堆放杂物，一般是不住人的，所以也不在农田的规划之内。这样的茅舍搭在田地一角或路边沟旁，以不妨碍农作为前提，绝不会用到二亩半之地。茅舍偶有住人的，也都属非正常状况，并有很多限制。"①这个结论应该是符合历史事实的。

缶：《坎》卦六四"樽酒，簋二，用缶"。《比》卦："初六，有孚，比之，无咎。有孚，盈缶，终来有它，吉。"陆德明云："缶，瓦器也。郑云：'汲器也。'《尔雅》云：'盎谓之缶。'"②李镜池云："缶，装酒饭的器皿。"③《离》九三："日昃之离。不鼓缶而歌，则大耋之嗟，凶。"

车：《贲》卦初九"贲其趾，舍车而徒"。车出现很早，春秋时期已普遍应用，代步、运输、作战，用途很广。《左传·襄公二十四年》："使御广车而行，已皆乘乘车，将及楚师，而后从之乘。"广车，攻敌之车也。乘车，平时所乘的战车。可见，即使是战车也有多种。而且乘车有多种讲究，

---

① 刘兴林：《先秦田庐（舍）辨析》，载《北京师范大学学报》，2009 年第 6 期。
② 陆德明：《经典释文》，上海古籍出版社，2013 年版，第 81 页。
③ 李镜池：《周易通义》，中华书局，1981 年版，第 20 页。

《论语·乡党》曰:"升车,必正立,执绥。车中,不内顾,不疾言,不亲指。"《周礼》中有车人、车六等、车米、车宫、车辕等名,《考工记·舆人·车人》记载工匠如何制造不同种类的车子,不同部位的具体尺寸、夹角数字都有。

舟楫:《易·系辞下》第二章曰:"刳木为舟,剡木为楫。"《中孚·象》:"利涉大川,乘木舟虚也。"古人造舟,历史悠久,《艺文类聚》云:"《世本》曰'共鼓、货狄作舟'。《尔雅》曰'舫,舟也。天子造舟,诸侯维舟,大夫方舟,士特舟,庶人乘泭。'注曰:造,比舡为桥也。维,连四舡也。方,并两舡也。特,单舡也。泭,编木以为渡也。"①清人郝懿行《尔雅义疏》曰:"《说文》云:'舟,船也。'《释名》云:'船又曰舟,言周流也。'通作'周'。《诗》'舟人之子',笺:'舟当作周。'《考工记·总目》云'作舟以行水',郑注:'故书舟作周。'郑众云:'周当为舟。'"②由上而观,船,早已有之。《诗经》《墨子》《左传》《文子》《庄子》《楚辞》等文献都讲到舟船,《艺文类聚》卷七十一舟车部:"《毛诗》曰:'柏舟,共姜自誓也。卫世子共伯早死,其妻守义,父母欲夺而嫁之,誓而弗许,故作是诗以绝之。汎彼柏舟,在彼中河。'又曰:二子乘舟,思伋寿也。卫宣公之二子,争相为死,国人伤而思之,而作是诗也。二子乘舟,汎汎其景,愿言思子,中心养养。又曰:汎汎杨舟,载沉载浮,既见君子,我心则休。又曰:谁谓河广,曾不容刀。《左传》曰:秦伯伐晋,济河焚舟,取王官及郊,晋人不出,遂自茅津济,封殽尸而还。……《庄子》曰:水之积也不厚,则其负大舟也无力,覆杯水于坳堂之上,则芥为之舟,置杯焉则胶,水浅而舟大也。"③《艺文类聚》之舟车部对舟船的阐述,引用了唐

---

① (唐)欧阳询:《艺文类聚》,上海古籍出版社,1999年版,第1229页。
② (清)郝懿行:《尔雅义疏》,中华书局,2017年版,第340页。
③ (唐)欧阳询:《艺文类聚》,上海古籍出版社,1999年版,第1229—1230页。

以前的诸多文献，使后人对古代的船有了深入的了解。

耒、耜：《系辞下》："包牺氏没，神农氏作，斫木为耜，揉木为耒。耒、耜之利，以教天下。"这里记载了古代最早的农具——耒与耜，它是以木为之。后来才在刃端套上金属。汉代武梁祠石刻画像中①，神农及夏禹各执一农具，即耒也。《三礼辞典》云："耒，农具，刃成枝状，柄曲。最古以木为之，后以铜、铁为之。《周礼·考工记·车人》：'车人为耒，庛长有一寸，中直者三尺有三寸，上句者二尺有二寸。自其庛，缘其外以至于首，以弦其内六尺有六寸，与步相中也。'郑玄注：'郑司农云'耒谓耕耒。庛读为其颡有疵之疵，谓耒下岐。'玄谓庛读为棘刺之刺。'"②郑玄也介绍了耒的结构与尺寸，甚为详尽。

耜，农具，是耕作时起土的主要农具。刃宽五寸，或说八寸，长六尺。《周礼·考工记》："匠人为沟洫。耜广五寸，二耜为耦，一耦之伐，广尺深尺，谓之畎；田首倍之，广二尺深二寸，谓之遂。"郑玄注曰："古者耜

---

① 骆承烈，朱锡禄：《嘉祥武氏墓群石刻》（载《文物》，1979年第7期）中说："武氏墓群过去一般称武梁祠，其实这并不只是纪念武梁一人的石刻，而是包括四个石室在内的武氏家族大祠堂。……武氏墓群石刻是汉代石刻画像的代表作。其雕刻方法是将勾出的画面留出，将画线周围部分凿去，使画面在石面上浮起，构成阳文的轮廓，然后在突起的阳文上精雕细刻而成。其画像内容大致可以分为祥瑞图、历代帝王图、民间故事、历史故事及表现当时贵族与平民的生活画面等。其中祥瑞图多刻带翼神人、云龙、异兽、连理枝等，象征神灵降福，吉祥如意。历代帝王图中有伏羲、祝融、神农、黄帝、颛顼、帝喾、尧、舜、禹等古代传说中的帝王。这些传说中的帝王画像各具特色，如神农氏手中拿着铁耜之类的农具，低头耕地，表示教民耕作；夏禹手中执一叉形的工具，表示他率众治水并亲自参加治水活动；肩上扛着一件武器的夏桀坐在两个妇女的身上，形象地表现出其暴虐的情景。"

② 钱玄，钱兴奇：《三礼辞典》，江苏古籍出版社，1998年版，第375页。

一金，两人并发之。"①《三礼辞典》曰："一金，言其一刃，与耒两刃不同。'伐'通'垡'。《说文·土部》：'垡，治也。一臿土谓之垡。'畎为田中之沟。言两耜起土广一尺，深一尺而成小沟。"②《诗经》中农事诗很多，故而言及这两种农具。《诗·小雅·大田》："以我覃耜，俶载南亩。"《诗·周颂·载芟》："有略其耜。"《诗·周颂·良耜》："畟畟良耜。"《毛传》云："覃，利也。""略，利也。"畟畟，亦形容耜之利也。到了西周耜以铜、铁铸之，故而锋利。有人以为耜与耒本是一种农具的两个部分，非也。

三、武器

战争自古有之，如黄帝战蚩尤时之武器比较粗略，有石、石盾，也有青铜制的剑、铠、矛、戟等，刀、剑、弓、矢最为普遍。《太平御览》卷三四四兵部对各种古籍的兵器记载最为详尽，《周易》中记载战争中的武器虽然不多，但很典型，主要兵器是弓箭之类的冷兵器。《系辞》有"弦木为弧，剡木为矢，弧矢之利，以威天下，盖取诸《睽》"之说，言弧矢之器，有威服天下之利。《解》卦上六及其《象》有"公用射隼"语，说明弓箭含在射隼行为中。《周易》记载的兵器应是有了青铜的商周时期，在出土文物中也发现了商朝的铜制兵器。王蔚波的《河南出土夏商兵器管窥》："河南夏商时期铜戈多有出土和发现，如1983年偃师商城遗址出土的商代铜戈，通长26.5厘米，为有阑直内式，援宽而长，中间起脊，前锋钝尖，直刃略弧，有上下阑，内作长方形，有一圆穿。属于商代早期典型器物。……铜钺初见于商代，盛行于商周，一直沿用到战国时期。在鹿邑县太清宫遗址长子口墓，出土的商末周初铜钺，通长17、内长3.8、内

---

① （汉）郑玄注，（唐）贾公彦疏，彭林整理：《周礼注疏》，上海古籍出版社，2010年版，第1673页。

② 钱玄，钱兴奇：《三礼辞典》，江苏古籍出版社，1998年版，第761页。

宽 5、肩宽 8.6、刃宽 12.7 厘米，重 640 克。出土于东椁室南部。内残缺，缺部系随葬前所砸折，内偏向一侧。方平肩，向刃部渐宽呈弧形，宽弧刃。内部有柲木痕，痕宽 4 厘米，内缘残，内中部有一圆孔，器肩部有对称的长方形穿。"①从出土的商代兵器来看，《周易》所载兵器为商周时期无疑。

弧：《解》卦上六及其象辞都讲到了弓和箭，不只是这一处。《小过》卦六五有"公弋取彼在穴"，也是讲到了射箭，王弼训"弋"为"射"②。《睽》卦上九曰"先张之弧"。从《系辞》的"弦木为弧"来看，弧为木弓。《说文·弓部》云："弧，木弓也。"弓作为一种武器，是男人之必佩，又古人风俗尚武，生男则于门左挂一弓，故后世生男而曰悬弧。《礼记·内则》："子生，男子设弧于门左，女子设帨于门右。"又，弓为古人狩猎的工具之一，应用极为广泛。"先张之弧"。虞翻认为"弋，矰缴联也。坎为弓弹，离为鸟。矢弋无矢也，巽绳连鸟，弋人鸟之象。"③高亨《周易大传注》更直言："弋，系缴（细绳）于矢以射鸟也。"④李鼎祚于高亨所言皆为坎弧离矢，合之有张弓射箭之象。

矢：《旅》卦六五"射雉一矢亡"，《噬嗑》卦九四"得金矢"，《解》卦九二"得黄矢"，黄矢是黄铜箭头。这些表述都说明，《周易》所记载的兵器已经处于青铜器时代了，而非更为遥远的石器时代。"《书》曰：'周成王崩，垂之竹矢在东房。'《诗》曰：'周道如砥，其直如矢。'"⑤矢，即今

---

① 王蔚波：《河南出土夏商兵器管窥》，载《东方收藏》，2012 年第 1 期。
② （魏）王弼撰，楼宇烈校释：《周易注》，中华书局，2011 年版，第 328 页。
③ （唐）李鼎祚撰，王丰先点校：《周易集解》，中华书局，2016 年版，第 377 页。
④ 高亨：《周易大传今注》，齐鲁书社，1998 年版，第 368 页。
⑤ （宋）李昉等撰：《太平御览：第 2 册》，中华书局，1960 年版，第 1606 页。

之箭也。《初学记》卷二十二箭第五云："《说文》曰：'箭，矢也。'《释名》曰：'矢，指也。言其有所指向迅疾也。又谓之箭，前进也。'《方言》云：'自关而东谓之矢，江淮之间谓之鍭，关西曰箭。'郭璞注云：'箭者，竹名，因以为号也'。按《世本》：牟夷作矢。《孙卿子》曰：'浮游作矢。'《周官》：'司弓矢掌八矢之法，八矢，一曰枉，二曰絜，三曰杀，四曰鍭，五曰矰，六曰第，七曰恒，八曰庳。凡枉矢、絜矢，利火射，用诸守城车战。杀矢、鍭矢，用诸近射田猎。矰矢、第矢，用诸弋射。恒矢、庳矢，用诸散射。此八矢者，弓弩各有四焉，盖枉、杀、矰、恒，弓所用也。絜、鍭、第、庳，弩所用也。'"①《周易》所讲的"射"，包括了《周礼》中所讲的各种箭，从出土文物来看，证明了春秋战国时期已经有了比较先进的作战武器，不但有弓箭，还有用于发射远程武器的弩机，高至喜的《记长沙、常德出土弩机的战国墓——兼谈有关弩机、弓矢的几个问题》说道："解放以来，我们在长沙、常德、衡阳、安江一带，清理发掘了将近两千座春秋战国时代的墓葬，其中长沙的两座战国墓中出土有弩机、弓矢等随葬品。"②这是在南方的长江流域发现的春秋战国时期的弓弩等武器，当时所谓的南蛮之地尚且有如此先进的武器，具有先进文明的北方就更不用说了。

四、服饰及深解

《周易》中涉及衣裳与衣服上的佩戴之物虽然不多，但也能看出商周时期服饰制度的大致情况。

黄裳：《坤》六五："黄裳，元吉。""黄裳"，人们普遍是想当然地释之为"黄裙"，自汉而今，莫不如此。李镜池《周易通义》："黄裳，染成

---

① （唐）徐坚：《初学记》，中华书局，1962年版，第533页。
② 高至喜：《记长沙、常德出土弩机的战国墓——兼谈有关弩机、弓矢的几个问题》，载《文物》，1964年第6期。

黄色的衣裳。说明穿得满漂亮。"高亨既释之为"黄裙",又以"裳""常"相通,而解为"天子之大旗",高氏曰:"裳,裙也,裤也。周人认为黄裳是尊贵吉祥之服,代表吉祥之征,故筮遇此爻大吉。"①余以为高氏此解不妥,有待以商榷。若追以《说文解字》之解,"常"同"裳",《说文·巾部》:"常,下帬也。"我们知道,《易经》之六爻中,第五爻是最高、最好的爻位,是天子之位,故而此处的"裳"通"常",应解为"天子之旗",而不是黄色的下身穿的裙子。钱玄认为"常"有四个意思,首先为"天子大旗"之意,此解最为妥帖。钱氏《三礼辞典》曰:"常,天子之旗。画日月及交龙,十二斿,以绛帛为之。常为九旗之首,亦称大常。《周礼·春官·司常》:'司常掌九旗之物名,各有属,以待国事。日月为常,交龙为旂,通帛为旜,杂帛为物,熊虎为旗,鸟隼为旟,龟蛇为旐,全羽为旞,析羽为旌。'《仪礼·觐礼》:'天子乘龙,载大旂,象日月升龙降龙。'郑玄注:'大旂,大常也。王建大常,缪首画日月,其下及旒,交画升龙降龙。'是大常画日月,又画交龙。《礼记·郊特牲》:'旂十二旒,龙章而设日月,以象天也。'此亦指大常。"②只有把"裳"字解为同"常"字,进而以"常"为"天子大旗",是为《坤》卦六五爻之正解。

衣裳:《系辞下》曰"黄帝、尧、舜垂衣裳而天下治",这是历史早期对衣裳的记载。刘熙《释名》卷五释衣服曰:"凡服上曰衣,衣,依也。人所以芘寒暑也。下曰裳,裳,障也,所以自障蔽也。"③古人的衣裳上下各有所指,与今笼而统之言曰不同。《尚书·商书·太甲上》有"伊尹以冕服,奉嗣王归于亳"。《诗·齐风·东方未明》曰:"东方未明,颠倒衣裳。"《毛传》:"上曰衣,下曰裳。"《唐风·山有枢》:"子有衣裳,弗曳弗娄。"

---

① 高亨:《周易大传今注》,齐鲁书社,1998年版,第63页。
② 钱玄,钱兴奇:《三礼辞典》,江苏古籍出版社,1998年版,第724页。
③ (汉)刘熙著,愚若点校:《释名》,中华书局,2016年版,第71页。

《艺文类聚》卷六十七衣冠部衣裳类云:"《毛诗》曰:'掺掺女手,可以缝裳。'《楚辞》曰:'制芰荷以为衣,集芙蓉以为裳。'《汉书》曰:'邓通以擢舡为黄头郎,文帝梦上天不能,有一黄头郎推之,顾见其衣后穿,觉而以梦中阴自求推者郎,见邓通衣,其后穿,是梦中所见,因而甚见幸。'"①从文献可见,自《诗经》而后,"衣裳"多不连用,"衣"是"衣","裳"是"裳",上下各言,不再合体为一,且多言"衣"者。亦有"衣裳"作为一个词用的,但是借指他物,非言其实物也。如《后汉书·崔骃传》:"方斯之际,处士山积,学者川流,衣裳被宇,冠盖云浮。"则是以"衣裳"指达官贵人。也有以"衣裳"代指中国者,如扬雄《法言·孝至》:"朱厓之绝,捐之之力也,否则介鳞易我衣裳。"《易·系辞》所说的"垂衣裳而天下治",按郑玄所注,意为黄帝时期出现了衣裳,不再穿鸟羽兽皮了。孔颖达疏曰:"以前衣皮,其制短小,今衣丝麻布帛所作衣裳,其制长大,故曰'垂衣裳'也。"孔颖达重在释"垂",于"衣裳"之解过于粗略。廖名春在《〈周易·系辞下〉"垂衣裳而天下治"发覆》一文中说:"王充的'垂衣裳者,垂拱无为也'说、张载的'君逸臣劳'说、郭雍的'法乾坤易简'说是正确的解释。历来的《周易》注家几乎都视而不见,还以郑玄、虞翻、韩康伯注为据,以'垂衣裳'为创制衣裳、'盖取诸乾、坤'为'衣裳辨贵贱',以致谬种流传,当是不思之过。"②

衣裳作为取暖、蔽体遮羞之物,随着时代的进步发展,由树叶而到兽之皮毛,由上下一体的裙,进而演变为上下分离的两个部分,今天也有上下连在一起的连衣裙,而且衣裳种类繁多,材料逾益精细。

鞶带:《讼》卦:"上九,或锡之鞶带,终朝三褫之。"这里的鞶带为

---

① (唐)欧阳询《艺文类聚》,上海古籍出版社,1999年版,第1187页。
② 廖名春:《〈周易·系辞下〉"垂衣裳而天下治"发覆》,载《周易研究》,2023年第2期。

衣之佩饰，也是区分人之贵贱的标志。按李镜池《周易通义》所说为皮制的带子。于此人们释解不同。明朝来知德《周易》集注云："鞶带，大带，命服之饰。又绅也，男鞶革，女鞶丝。乾为衣，又为圆带之象也。"①李镜池引王夫子《周易裨疏》之释，认为鞶带就是贵族服饰，"总之，鞶带就是代指官职"②。邓秉元《周易义疏》引前人之言："虞翻曰：'鞶带，大带。男子鞶革。'荀爽曰：'鞶带，宗庙之服。'孔颖达引杜预云：'鞶，大带也。'陆德明云：'马云：旦至食时为终朝。'"③由此可见，鞶带为腰间所系之带，按《讼》卦之言，此物为上所赐，又具有了一种显贵的身份性象征，它是商周社会政治生活礼制化和等级化的一种体现，不能简单地当作一般腰间装饰品来理解。

五、结语

人类器物的发展，反映着古人生产力水平的变革，从石器、骨器到土制的陶器，到商周时期，青铜器得到快速发展，人们的生活物品从炊具到饮器多由铜制作而成。《周易》是我国早期文化成果的代表，其中不但有形而上者的道，也有形而下者的器，森文在《道形器——论中国古代器物设计思想的起源》一文中认为《周易》中讲的道与器思想："这就形成了器物设计构思的两大方向：一是偏重表达某种'道'的文化内涵与意识形态的设计方向，产生如礼器、祭器、神器等'文化器'；二是偏重在日常生活中的使用功能的设计方向，产生如餐、饮、酒、茶、渔、耕等民器。"④该文

---

① （明）来知德撰，胡真校点：《〈周易〉集注》，上海古籍出版社，2013年版，第45页。

② 李镜池：《周易通义》，中华书局，1981年版，第17页。

③ 邓秉元：《周易义疏》，上海古籍出版社，2011年版，第71页。

④ 森文：《道形器——论中国古代器物设计思想的起源》，载《民族艺术研究》，2005年第6期。

是从艺术设计的角度来讲器的两种分法，不一定贴切，但很有新意，对于我们考察《周易》中器物有一定的启发作用。同时，我们在考察这个问题时，还应该结合近几年的出土文物进行验证，把名物学研究与社会的历史发展、文明进步作以比照。

■《周易》与易学史研究

试论《周易》的社会管理思想

苏 军

(西安市社会科学院信息传播研究所)

随着社会主义市场经济体制的逐步确立和不断完善,管理在现时代的社会、经济生活中发挥的作用愈来愈大,建设具有适合中国国情和民族风格的现代科学管理体系已成当务之急。要建立中国式的现代科学管理体系,必须从我国当代丰富的管理思想宝库中汲取营养。近几年来,人们纷纷把视角投向了中国古代典籍,《周易》中的管理思想及其在现代的运用问题也成为热潮中的浪花之一。本文拟从社会学的视角对其中的管理思想试作论述。

首先我们简要介绍一下《周易》是一本什么样的书,看它究竟和我们所要讨论的社会管理思想有无关联。在此先追溯一下我们古人对于人生价值追索历程。从包牺氏、神农氏,到黄帝以至尧、舜、禹、汤等古代人君都为追求天下民众的利益而奋斗了一生,做到了当时历史条件下所能做到的一切,实现了崇高的人生价值。到了夏末、殷周之际,历史发生了惊人的变迁,百姓"甘其食、美其服"的恬静的田园诗般的生活被打破了。代之而起的是天下大乱,你征我伐,争权夺利,天下百姓处水火而遭涂炭。在这"剑"与"火"的时代,做君子的应当追求怎样的价值观、实现的途径是什么等等，是时代提出的课题。①《周易》在这一历史时代的需要下产生了，它在总结古代人君价值观的基础上，经过古代哲人的推敲反思，在更高的层次上提出了人们的价值取向、价值标准、实现价值的途径等等。《周易·系辞传》说："易其至矣乎！夫易，圣人所以崇德广业也。"②即是说圣人作易的目的在于推崇高尚的道德，建立为天下人谋利益的事业。又说："备物致用，立成器以为天下利。"③《屯·象》曰："云雷、屯；君子以经纶。"④即是说君子应当像雷雨般地普施恩泽，治理天下为百姓造福。据此，我们可以肯定地说，《周易》所追求的价值观便是为天下人谋福利的社会价值观，《周易》里面所提出的一系列的管理思想、原则和方法也正是在此基础上建立并推演开去的社会管理思想。

一、民为邦本——《周易》的管理主体论

《周易》所倡导的社会管理思想的价值取向是"崇德广业""为天下利"。"崇德"就是使人们的道德高尚，"广业"就是使有益于天下民众的事业光大。可以说"崇德广业"就是周易的管理目标或理念。那么，为了实现这样的管理目标，《周易》是如何看待人在管理中的地位和作用呢？它和现代管理学的思想一致，不仅把人看作是同财、物一起作为管理的对象，也把人看作是社会稳定、发展，使社会得以良性运行的根本之所在。它的主体论思想主要表现在以下几个方面：

1. 民为邦本，重视圣人的作用。《周易》认为易有三道，即天道、地道、人道。其中，天道和地道只有通过人道才能实现其应有的价值。它认

---

① 朱伯崑：《周易知识通览》，中央编译出版社，2018年版，第16页。
② 马恒君：《周易正宗》，华夏出版社，2021年版，第502页。
③ 马恒君：《周易正宗》，华夏出版社，2021年版，第517页。
④ 马恒君：《周易正宗》，华夏出版社，2021年版，第70页。

为圣人是人类的杰出代表，正是"圣人设卦，观象系辞"才"明吉凶，刚柔相推而生变化"（《易传·系辞》）①，而设卦观象系辞主要是"以通神明之德，以类万物之情"（同上），从而"通天下之志，以定天下之业，以断天下之疑"，以便达到"备物致用，立成器以为天下利"（同上），通过圣人而通天地之道，察百姓之情，即"明于天之道，而察于民之故，是兴神物以为民用"（同上），把天地、自然界中规律性的东西总结给天下百姓，让百姓运用它，从而使他们能利用自然开发自然以发展社会。除此外，圣人还通晓人道，能"感人心而天下和平"（《易传·文言》），化成天下，使百姓安于现状而有利于统治阶级的统治。

2. 重视管理者的道德修养。由于圣人、君子是社会管理者的代表，其道德品行的高低直接关系到对百姓的教化、管理和社会的稳定与发展，所以《周易》十分重视他们的道德修养，要求他们崇德，并能坚持不懈地加强修养。特别是《易传》对此问题的认识更高，它曾对近20个卦用道德来解释，并把"履"卦当作树立道德的基础，以"谦"卦为施行道德的根据，以"恒"卦为巩固道德的前提，把"损"卦当作修养道德的途径，把"益"卦当成充裕道德的方法，把"困"卦当作检验道德的标准，把"井"卦当居守道德的处所。②《周易》正是以此为基础对道德的修养与维持提出了自己独到的见解。

3. 要求爱民。由于《周易》认识到民既是管理的对象，又是管理的主体，对社会的发展与稳定具有十分重要的作用，因此，它要求在管理的过程中要有爱民的思想。为达到爱民的目的，《周易》提出了两点：

一是怎样处理好执政者与被领导者的关系。（1）君民之间的关系应当是和谐的、融洽的。《泰》卦《象》曰："天地交而万物通也，上下交而其

---

① 马恒君：《周易正宗》，华夏出版社，2021年版，第492页。
② 马恒君：《周易正宗》，华夏出版社，2021年版，第541页。

志同也。"《象》曰："天地交泰；后以财（裁）成天地之道，辅相天地之宜，以左右民。"①上下意见沟通，志同道合，以努力治理民众为道，以提高民众的生活为出发点，民必乐业，国必安泰。（2）执政者要全心全意为天下民众服务。《井·上六》说："井收勿幕，有孚元吉。"《象》曰："元吉在上，大成也。"②上六爻是井卦的最上位，象征由井中将水汲上来，到达最上位，完全发挥井的功效，并且井口不要加盖，让百姓吃水用水便利，以此说明在高位上的执政者最大限度地满足群众生活的需要，就像水井不加盖一样。（3）执政者一刻也不可脱离群众。《姤·九四》说："包无鱼。起凶。"《象》曰："无鱼之凶，远民也。"③厨房里连鱼也没有了，这是凶险之兆，是脱离民众的结果。《渐·九三·象》曰："夫征不复，离群丑之。"④可以由此爻引申为脱离群众，一意孤行是很危险的，"高而无民"事业必败。《周易》还强调执政者与群众同甘共苦的重要性。《豫·初六》说："鸣豫，凶。"⑤自鸣得意，后果必凶。有作为的执政者与民共乐或让民先乐。孟子说："乐民之乐者，民亦乐其乐；忧民之忧者，民亦忧其忧"（《孟子·梁惠王下》）。

二是怎样处理好执政者与民众的利益。（1）执政者要给民以实惠。《益·彖》曰："益，损上益下，民说无疆，自上下下，其道大光。"⑥减损上方的利益，增加民众的利益，民则欢乐无疆。使民众受益，符合道义，前途光明。《益·九五》说："有孚惠心，勿问元吉。"⑦有普施恩惠于民众之

---

① 马恒君：《周易正宗》，华夏出版社，2021年版，第121页。
② 马恒君：《周易正宗》，华夏出版社，2021年版，第393页。
③ 马恒君：《周易正宗》，华夏出版社，2021年版，第366页。
④ 马恒君：《周易正宗》，华夏出版社，2021年版，第422页。
⑤ 马恒君：《周易正宗》，华夏出版社，2021年版，第153页。
⑥ 马恒君：《周易正宗》，华夏出版社，2021年版，第347页。
⑦ 马恒君：《周易正宗》，华夏出版社，2021年版，第352页。

心，不问卜也是吉祥的。（2）执政者不要做劳民伤财，危害民众的事。《节·象》曰："不伤财，不害民。"①过重的劳役或不义的战争都会增加百姓的负担，劳民伤财，损害百姓的利益。执政者要量财的收入，计民之所用，然后定出税收法度，使之既不过重又不过轻，限制在适中的水平线上，这样既不会损害国家的财政收入，又不会影响民众的生活水平，使百姓安居乐业。

二、科层制——《周易》的管理体制论

严格地说，科层制管理是近代资本主义社会的产物。然而，《周易》管理思想有序性、层次性的基本特点，以及分科执掌各部门，既各司其职又相互配合的主要内容，与近代资本主义科层制管理的特点基本一致。所以我们认为，早在2000余年前，《周易》就已经形成了科层制管理的思想，这比西方近代科层制管理思想早了一千多年。值得指出的是，《周易》产生后我国古代社会的管理体制一直是专制主义集权制即家长制，大权只集中在一个人手中，但这并不能抹杀《周易》的科层制管理思想，这只能说明其思想太超前而难以推广运用，没有适宜生存的环境和土壤。

《周易》的科层制管理思想具体表现在以下两个方面：

第一，有序性。《周易》管理思想的有序性依赖于其本身的有序性，它本身的有序性体现在三点。一是六十四卦的有序性。根据《易经》的通行本，我们可清楚地看到，六十四卦由乾坤两卦所生，在此基础上从屯开始直到既济、未济而结束，秩序严密。二是事物发展演化的有序性。《系辞》讲："是故《易》有太极，是生两仪，两仪生四象，四象生八卦，八卦生吉凶，吉凶生大业。"②"大业"在《周易》中主要是指经济活动，这里泛

---

① 马恒君：《周易正宗》，华夏出版社，2021年版，第459页。
② 马恒君：《周易正宗》，华夏出版社，2021年版，第516页。

指各种事业。这些事物都有严密的逻辑顺序，不可变更和替换。三是六十四卦中每一卦的本身也是一个有序的整体。每个卦基本上都由阴阳二爻组成，而六爻中有上中下的天然顺序或秩序并分别对应着天道、地道和人道。这种有序的结构以及结构的有序性，为社会管理提供了蓝本，从而为管理者进行有效管理提供了方便和可能，由此使最高统治者不必每事必躬，而只要对有关（下一级）部门和人员发号施令即可收到理想的管理效益。

第二，层次性。相对于有序性，《周易》的层次性更为突出和明显，这体现在管理上表现为强调分层管理。其管理的实质是下级要对上级服务，而上级则应保证下级在自己主权范围内的自由性和能动性，同级部门间则强调协作配合。《系辞》指出："天尊地卑，乾坤定矣，卑高以陈，贵贱位矣。"[1]这首先指出了在层次管理中"天"是不同层次的最高点，而"天"在这里就指社会的最高统治者。这一思想在《序卦》中有更为深刻的阐述，"有天地，然后有万物。有万物，然后有男女。有男女，然后有夫妇。有夫妇，然后有父子。有父子，然后有君臣。有君臣，然后有上下"[2]。这使我们清楚地看到《周易》是在宗法制的基础上，由家庭的等级层次推广到社会中去，认为社会中的人各有不同层次，分属不同等级，附属于不同的组织部门，并且在不同组织部门中各负其责、各司其职，即"女正位乎内，男正位乎外。男女正，天地之大义也。家有严君焉，父母之谓也。父父，子子，兄兄，弟弟，夫夫，妇妇，而家道正。正家，而天下正矣"[3]（《易传·彖》）。并特别指出，"雷以动之，风以散之，雨以润之，日以晒

---

[1] 马恒君：《周易正宗》，华夏出版社，2021年版，第488页。
[2] 马恒君：《周易正宗》，华夏出版社，2021年版，第564页。
[3] 马恒君：《周易正宗》，华夏出版社，2021年版，第307页。

之，艮以止之，兑以说之，乾以君之，坤以藏之"①（《易传·说卦》），对雷、风、雨、日、艮、兑、乾、坤等的不同职责进行了明确规范，这体现了它对不同层次的社会组织和管理人员有着不同的要求。

对处在同一层次的社会组织和管理人员，除了要求它们能各司其职，各负其责外，还要求他们之间相互配合，互相协调，体现出层次性管理的整体效益。所以《周易》主张"水火相逮，雷风不相悖，山泽通气"②（《易传·说卦》），认为这样才会"然后能变化，既成万物也"（同上）。它通过八卦变化之多动不息的对立运动和事物交合不悖相统一的思想，要求各部门能通过对立与统一实现配合，能变化而成万物的理想状态。《周易》主张对社会组织和管理人员的职权责任有明确分工，认为这样就会"阴阳合德而刚柔有体，以体天地之撰，以通神明之德"③（《易传·系辞》），才能"持万物而不与圣人同忧，盛德大业至矣哉"（同上），才可以通过管理提高社会效益，实现政治清明、经济富裕、军事强大，百姓安居乐业，才能保证社会系统的正常运转而使自己的国家立于不败之地。

三、天时、地利、人和——《周易》的管理系统论

《周易》的管理系统是指"兼三才"的管理系统，"三才"即天、地、人及由此而来的天道、地道、人道。《系辞》云："《易》之为节也，广大悉备，有天道焉，有人道焉，有地道焉。兼三才而两之，故六。六者非它也，三才之道也。"④这就是说，《周易》是阐述三才之道的宝典，八卦相重每卦六爻，也是对三才之道的阐述。科学管理的前提，就是要从管理的

---

① 马恒君：《周易正宗》，华夏出版社，2021年版，第555页。
② 马恒君：《周易正宗》，华夏出版社，2021年版，第558页。
③ 马恒君：《周易正宗》，华夏出版社，2021年版，第538页。
④ 马恒君：《周易正宗》，华夏出版社，2021年版，第546页。

整体性出发,始终着眼于天—地—人这样一个有机整体的大系统,运用"三才之道"统摄大系统与天、地、人各分系统及分系统之间的各种错综复杂的关系,以达到管理的最佳境界。故云"后(《周易集解》引虞翻解云:'后,君也。')以财(裁)成天地之道,辅相天地之宜,以左右民"①(《泰·象》)。这里涉及现代管理科学的许多问题。以天—地—人这样一个管理系统自身而言,可以称得上是一个开放的巨系统。巨系统与分系统、整体与要素、人系统与天系统、人系统与地系统等的关系问题是管理者必然面对和必须解决的关系问题。如何科学地处理这一系列关系,合理地配置人才资源、物质资源、信息资源,是管理者的主要任务。中国古代管理思想有"天时""地利""人和"之说,讲的也就是信息资源、物质资源、人才资源的最佳配置问题。"天地之性人为贵"(《孝经》),在管理巨系统中,人系统又是管理的核心。管理行为的落脚点,归根结底在于人。现代管理学的一个基本问题,是组织与环境的关系问题,《周易》"三才"观,是人系统与天—地系统之间的关系问题。人系统同样是一个开放的系统,它与天—地系统之间不断进行物质、能量、信息的交换。有效的管理就是"备物致用,立功成器"②(《系辞上》),使人系统在不断交换中由无序走向有序。任何一个管理系统一旦封闭,能量、物质和信息不再输入或输出,那么整个系统必将趋于寂灭,成为一个"死"的系统,故《周易》中更强调了"三才"系统内部由"相通"而"相生"的问题,认为"天地不交而万物不通也,上下不交而天下无邦也"③(《否·象》)。

与"兼三才"紧密相连,《周易》同样强调"和"的观念。如果我们

---

① 胡彦:《周易六十四卦象数集解》,中华书局,2022年版,第203页。
② 马恒君:《周易正宗》,华夏出版社,2021年版,第517页。
③ 马恒君:《周易正宗》,华夏出版社,2021年版,第128页。

把"三才"系统看作是一个以人系统为内核，以天—地系统为外围和保护带的圈层结构的话，内核将是起主导作用的要素，而圈层结构的整体稳定性和趋优性取决于内外结构的和谐与平衡，亦即天人之和与人我之和。"天人之和"指的是内核与外围、保护带之间处于最佳配置状态，管理者"通天下之志"①（《同人·彖》），"与天地合其德，与日月合其明，与四时合其序，与鬼神合其吉凶，先天而天弗违，后天而奉天时"②（《文言》），也就是充分认识和利用天时、地利等客观环境要素，使管理活动及其结果最大限度地满足社会、组织和个人的需要，从而使客观环境要素的管理价值得到最大限度的实现。"人我之和"指的是管理内核中管理主体与管理客体的和谐有序。管理者最重要的职责是对人的管理，只有合理利用人才资源，才能协调和统率某个共同体同心同德为同一宗旨而努力。如何科学地领导人、如何有效地获得人心，是一个管理者成功与否的关键。儒家强调"礼之用，和为贵"（《论语·学而》），把"致中和"作为管理的价值目标。在圈层结构中，外围和保护带的变化对整体系统的变化来说是外因，而人系统或曰内核是内因，当物质与信息条件决定之后，人是决定性的因素，故《孟子》云"天时不如地利，地利不如人和"，《周易》要管理者"顺乎天而应乎人"③（《兑·彖》）。在管理活动中，一个组织最理想的状态，正如美国著名管理学家西蒙所主张的，是它的所有成员由于把个人目标和组织目标最好地结合走来，因而都愿意为提高组织的效率作出贡献。要把个人目标和组织目标统一起来，就要讲究管理的艺术。"君子之道，或出或处，或默或语"④（《系辞上》），完全出自管理的内在要求。《周易》强调

---

① 马恒君：《周易正宗》，华夏出版社，2021年版，第134页。
② 马恒君：《周易正宗》，华夏出版社，2021年版，第54页。
③ 马恒君：《周易正宗》，华夏出版社，2021年版，第449页。
④ 马恒君：《周易正宗》，华夏出版社，2021年版，第505页。

"君子以劳民劝相"①(《井·象》),就是讲的管理者劝谕民众同心协力,以达到"上下交而其志同"②(《泰·象》),"圣人感人心而天下和平"的理想状态的领导艺术。"二人同心,其利断金;同心之言,其臭如兰"(《系辞上》),"人和"的管理效能是巨大的。

四、交易协调——《周易》的管理方法论

在具体的管理过程中,《周易》十分重视管理方法。而其管理方法概而言之主要有二类,一是交易,二是协调。正是通过交易和协调来实现管理,促进社会的稳定与发展的。

1. 交易。"易"就是变化。孔颖达说:"夫'易'者,变化之总名","谓之为《易》,取变化之义"(《周易正义·序》),《易传》也讲"生生之谓易"③(《系辞》),认为易就是变化、交易。交易亦即变化、变通、改革之意,这成为其管理的主要方法。为什么要变易、变通、改革呢?首先,在社会发展中要成就盛德大业就不能墨守成规,或者永远处在一种停滞不前的"稳定"水平上,只有交易、改革,才是社会发展的出路,才能推动社会不断前进,即"通变之谓事",所以交易、变通和改革是事业成功、社会进步的基础。其次,社会发展到一定程度,只有通过变化和改革才能通畅,只有通畅了才能使社会得到进步与发展,并使社会统治得以长久地存在下去。所以《周易》主张对于过时的方针、政策和制度要进行改革,指出"穷则变,变则通,通则久","通其变,使民不倦,神而化之,使民宜之"④(《易传·系辞》)。这就是说只有通过改革过时的制度、政策,才能

---

① 马恒君:《周易正宗》,华夏出版社,2021年版,第388页。
② 马恒君:《周易正宗》,华夏出版社,2021年版,第121页。
③ 马恒君:《周易正宗》,华夏出版社,2021年版,第500页。
④ 马恒君:《周易正宗》,华夏出版社,2021年版,第528页。

使百姓乐于进取而不知懈怠；也只有在管理实践中不断地发展变化，才能使百姓适应改革的社会思潮，从而投身于改革、发展的大潮中去。另外革新和交易也是治国平天下安身保国的必要条件，它指出"君子安而不忘危，存而不忘亡，治而不忘乱，是以身安而国家可保也"①（同上）。那么，怎样交易、革新、变通呢？《周易》提出了几条基本原理：一是要顺天或应天而变。这是说，交易革新要根据客观事物的发展规律来进行，不能违背规律和历史潮流而行，指出是"广大配天地"，主张"火在天上，大有。君子以遏恶扬善，顺天休命"②（《易传·象》）。特别是在《易传·象·革》指出"天地革而四时成；汤武革命，顺乎天而应乎人"③，把商汤推翻夏朝建立商朝，周武王推翻商朝建立周王朝的革命看作是顺应当时的社会发展规律的必然结果。二是要顺时而变。即是说，交易、变革必须根据客观环境的变化选择适当的时机，才能取得成功，否则只会徒劳无益。《易传》指出"广大配天地，变通配四时"④，要求变通、变革适应四时的变化，并特别指出"夫大人者，与天地合其德；与日月合其明；与四时合其序；与鬼神合其吉凶。先天，而天弗违；后天，而奉天时"⑤（《文言》），要求"观乎天事，以察时变；观乎人事，以化成天下"（《象》），认为只有随时而变"与时行"才可见"天地万物之情"（同上），一旦时机成熟，环境允许，就要尽快地实现革命；如果不成熟就不能急于变易，如果已经开始变易，也不应该马上停止。所以，它要求"时止则止，时行则行，动静不失其时，其道光明"（同上），真正做到"君子以治历明时"（《象》），"刚柔

---

① 马恒君：《周易正宗》，华夏出版社，2021年版，第536页。
② 马恒君：《周易正宗》，华夏出版社，2021年版，第140页。
③ 马恒君：《周易正宗》，华夏出版社，2021年版，第395页。
④ 马恒君：《周易正宗》，华夏出版社，2021年版，第394页。
⑤ 马恒君：《周易正宗》，华夏出版社，2021年版，第54页。

者，立本者也；变通者，趋时者也"①（《系辞》）。三是要应乎人。在社会改革的大潮中仅仅顺天趋时是远远不够的，因为改革的目的虽然是为了统治阶级的统治，但改革的结果是社会的进步与发展，所以改革的受益对象也是包括广大的黎民百姓。因此，改革是否符合广大民众的利益，能否满足广大百姓的愿望，是变易改革成败的关键。因为"天地养万物，圣人养贤以及万民"②（《易传·象》），所以，《周易》在顺乎天、顺乎地、趋于时的基础上，还要应乎人，以满足广大民众的愿望、利益和需要。它指出"是故圣人以通天下之志，以定天下之业，以断天下之疑"，主张"明于天之道，而察于民之故，是兴神物，以前民用"③（《易传·系辞》），要求变革变易以明察民情为基础，在此基础之上而"使民不倦"，"使民宜之"，并能充分发挥人道的作用。

2. 协调。无论哪种管理，都是对人财物的管理，实际上，管理就是协调好它们之间的关系，以取得较好的社会效益，其中尤其是处理好人际关系，这是现代管理学的要旨，也是《周易》所推崇的管理方法。《周易》是为统治阶级服务的，它要求协调人们之间的关系，防止各种矛盾激化，从而维护统治阶级的统治。所以它反对在处理人际关系时出现"太过"和"失中"两种情况。并指出太过则反，物极必反，人就会走向反面；而失中则致于凶，会使自己（指管理阶层）处于险的境地。故而它提出协调的中和、平衡思想，认为"保合太和乃利贞"（《易传·象》），这同孔子的和为贵以及《中庸》的致中和思想极其相似。

五、师出以律——《周易》的管理法规论

作为社会管理思想的一个重要方面，《易经》还涉及管理法规在管理

---

① 马恒君：《周易正宗》，华夏出版社，2021年版，第523页。
② 马恒君：《周易正宗》，华夏出版社，2021年版，第236页。
③ 马恒君：《周易正宗》，华夏出版社，2021年版，第515页。

活动中的重要性以及它的继承与变革问题。对此，《易经》虽没有专卦加以阐述，但在《师》《鼎》《蛊》《革》等卦中还是涉及了一些。《师》卦是讲战争问题的专卦。《师》卦初六爻的爻辞是"师出以律，否臧凶"①，意为行军打仗必须有严明的军法军纪，否则就要打败仗。这里已经蕴含了实施管理必须有严明的管理法规的思想。

有了管理法规，管理者还要注意维护管理法规不遭到破坏，这个思想是通过《鼎》卦反映出来的。鼎本为煮饭之器，《易经》的作者在这里实际上是用它来象征管理法规的。《鼎》卦初六爻辞是"鼎颠趾，利出否，得妾以其子，无咎"②。"鼎颠趾"是把鼎翻过来，以倒出鼎中的秽物"否"。"否"，恶，引申为秽物，寓意为破坏管理法规的人。如管理法规遭到破坏，管理者就要清除破坏管理法规的人。九二爻辞是"鼎有实，我仇有疾，不我能即，吉"③。"实"指鼎内煮的东西，寓意为管理法规的内容，所以"鼎有实"实际上是指管理法规的完备、完美。如果管理法规完备、完美，即使管理集团内部出现了一些问题，管理集团的成员之间对某些问题有不同的看法，即"我仇有疾，不我能即"，还是不会出现问题和麻烦的。但如果出现九四爻爻辞所讲的"鼎折足，覆公餗，其形渥"④，问题就严重了。"鼎折足，覆公餗"的寓意为管理法规、管理秩序遭到严重破坏，管理活动无法开展，这对于管理者来说，当然是"凶"了。所以，要保证管理活动的顺利开展，管理者必须注意管理法规的建设与维护，并使下属及臣民执行之。这也就是六五爻爻辞的"鼎黄耳，金铉，利贞"⑤和上九爻

---

① 马恒君：《周易正宗》，华夏出版社，2021年版，第98页。
② 马恒君：《周易正宗》，华夏出版社，2021年版，第403页。
③ 马恒君：《周易正宗》，华夏出版社，2021年版，第403页。
④ 马恒君：《周易正宗》，华夏出版社，2021年版，第404页。
⑤ 马恒君：《周易正宗》，华夏出版社，2021年版，第405页。

辞的"鼎玉铉，大吉，无不利"①。只有这样，才能保证统治活动的成功。

同时，《易经》虽然强调管理法规对开展管理活动有重要意义，要求管理者做好管理法规的建设与维护工作，但并不认为管理法规一旦设立就是一成不变的。相反，认为正确的统治法规应当坚持、发展，错误的管理法规则应当加以纠正。由于《易经》产生的时代是子承父业的宗法制社会，因此《易经》在《蛊》卦中对这个问题的阐述，是通过如何对待"父辈"的成就与错误来展开的。蛊字从皿生虫，即食物在器皿中生虫为蛊，所以蛊在《蛊》卦中的寓意为错误。《蛊》卦初六爻爻辞为"干父之蛊，有子，考无咎。厉，终吉"②。"干"者，正也，为匡正纠正之意。"干父之蛊"即纠正父辈的错误，其中包括了父辈所制定的约束的错误。古有"祖宗之法不可废"之说，但《易经》的作者并不这样认为。相反，他认为父辈的错误必须由其继承者来纠正。虽然纠正父辈的错误会招致别人的不理解甚至攻击，但最终的结果是好的。

纠正先辈管理法规中的某些错误，实际上已涉及了改革的问题。在《易经》中，关于改革的思想是通过《革》卦反映出来的。根据实际情况的发展变化，及时地革除那些已不适合发展变化了的实际情况的规章制度，是领导活动的一个重要内容。《革》卦认为：第一，改革要取得成功，必须有正确的改革方案和措施，即初九爻爻辞所说，"巩用黄牛之革"③；第二，改革要选择良好的时机，正如六二爻爻辞所说，"已日乃革之"④；第三，实行改革前一定要做好充分的宣传和发动工作，采取切实可行的措施，使人们充分认识到改革的目的和意义，对即将实行的改革有较为充分的

---

① 马恒君：《周易正宗》，华夏出版社，2021年版，第406页。
② 马恒君：《周易正宗》，华夏出版社，2021年版，第166页。
③ 马恒君：《周易正宗》，华夏出版社，2021年版，第396页。
④ 马恒君：《周易正宗》，华夏出版社，2021年版，第397页。

思想准备和较强的心理承受能力，理解、拥护和支持改革，否则必将遭到改革的失败，即九三爻爻辞说的"革言三就，有孚"①。只有在这种情况下进行改革，改革才能成功，才能如九四爻爻辞所说的"悔亡。有孚，改命，吉"②。

《易经》所蕴含的社会管理思想是十分丰富的，以上分析只是择其要而言之。《易经》中所涉及的其他管理思想，如"小人勿用"的用人原则、领导者要做好团结工作的思想、领导者要保持勤俭节约的品德等方面并没有涉及。需要说明的是，由于《易经》的社会管理思想是蕴含在《易经》的统治思想和政治思想之中的，同时《易经》的经文又是借助卦、爻辞的形式出现的，其中掺杂了许多迷信和神秘成分，因此我们所要发掘、整理和研究的只是《易经》所蕴含的带有一般性的社会管理思想，对于《易经》中的剥削阶级的思想偏见、迷信成分和神秘色彩，则是要予以批判、摈弃的。

---

① 马恒君：《周易正宗》，华夏出版社，2021年版，第397页。
② 马恒君：《周易正宗》，华夏出版社，2021年版，第398页。

从天人关系的相对性看早期儒者的人格意识

贾若凡

(西北政法大学哲学与社会发展学院)

天人关系是中国哲学主要问题之一,但大都是从理论上疏导推论,忽略了实践上天人关系上可能的转换和各自不同含义的理解,导致对天人关系理解各不相同甚至冲突。如突出天的超越性,难免弱化人的主体性;相反,强调人的主体性,则天的含义势必发生变化。这种天人关系上的相对性在实践上表现得更为充分,进而无疑将引发持续的关注与探讨。

一、早期儒者有关天的属性及其天人相对性

从传统中国人信仰看,天作为信仰对象有超越性和终极性,但天的信仰在殷末周初出现转向,即会导致实践上天人之际殊难深究的现实。在孔子那里,天的含义浑然一体,但人事并非无能为力。子曰:"不怨天,不尤人,下学而上达,知我者其天乎?"(《论语·宪问》)甚至于人可"知天命"。对于大众而言,天更像是默然无言而每件事都在教导人们的客观必然性:"天何言哉?四时行焉,百物生焉,天何言哉?"(《论语·阳货》)天的这种若隐若现难以参透的性质使人们时而感到迷惑时而似又能有某些确证,确有复杂性。但无论如何,天人之间还是有明确界限:"获罪于天,无所祷也"(《论语·八佾》),故"君子有三畏:畏天命,畏大人,畏圣人

言。小人不知天命而不畏也"(《论语·季氏》)。即使如此,孔子也并不否认实践上的人文精神和主体性。第一,天是与人们的生活相关联的,会根据人的行为作出对应的赏罚举措;第二,天鼓励支持那些努力奋进的人,并且圣贤能感受到天的褒奖鼓励与其存在;第三,天如同四时变化,万物生长,自然而然。这样的天,本质上已不能等同于纯粹的超越性存在,而是一个包括自然、社会和人自身在内的有机世界的总体,或包括这个有机总体得以存在和发展的条件。

在孔子思想中,天是每个人行为的知情者,也是自然演化过程的目击者,且能分辨善恶罪过,明显有传统信仰痕迹。显然这是人们能直接与之发生关系的天,而那种所谓外在超越性的天,是人们无法直接企望于之的。孟子则在突出天的道德性前提下提出:"尽其心者,知其性也,知其性则知天矣。"(《孟子·尽心上》)表明天已从传统信仰对象转换为道德含义,《中庸》所谓"天命之谓性"也将自然性与道德性联通。荀子则突出天的自然性,虽有受道家影响,但总体上还在儒家思想范围内,提出人与天"分职"前提下的"制天命而用之",认为社会治乱在人事修为,与天无关。荀子思想有一种从天的神性中解放因而也有将道德还原为人事的倾向。到了董仲舒,因"屈君而伸天"的需要,天重获神性、道德性和自然性的丰富含义,称:"道之大原出于天。天不变道也不变。"(《汉书·董仲舒传》)自此,天人沟通的方式较之孔孟更加多元化,自然天象也可以表达上天对人君的"谴告",此乃所谓"天人感应"。"天人感应"已将早期儒家隐含的"天人合一"思维推进到一个显性的新阶段,表明人与天的交流途径不仅更现实,而且传达或获得信息的内容也增加了。祥瑞或灾异所显示的不仅有自然还有道德内容,更是天的神性的显示。既然多方面的信息需要人自己去领悟,那么不同层次的人所达到的天人交流的层次也必定不相同,即使同一人,也有所谓命、运、数及偶然遭遇种种变化。及至北宋,对唐末农民大起义和五代十国以来混乱反思的结果,理学吸收佛道融合三教,将天人合一的思维理论化为重要哲学思想。张载提出："儒者则因明致诚，因诚致明，故天人合一，致学而可以成圣，得天而未始遗人。"①张载旨在批评佛教之体用殊绝，老子"有生于无"之论，重新打通自魏晋以至佛教东传以来出现的天人分隔体用殊绝的局面，"得天而未始遗人"标志重回儒家理论立场，建立儒学的宇宙本体论。到二程宣布"天人本无二，不必言合"②多少会引起一定误会。因为，它可能导致天人问题上的绝对主义，遮蔽了人的主体性。

概言之，从孔子之畏天、敬天，到孟子将人事修养与天打通，主张"尽心、知性、知天"，再到荀子"制天命而用之"，将天自然化，显示了天人之间既有张力但却又有同构性的联系；从董仲舒"天人感应"重新联通天人，到张载之"得天而未始遗人"，最后二程"天人合一"，基本上从思想理路上疏通了"天人合一"的大致理路。本文不打算讨论哪种思想更具有合理性，也不试图在天的超越性和人的主体性选择某一说法，而是针对实践上天人各自含义的复杂纠缠难免导致的天人关系相对性给人们生存处境所造成的客观情状以及儒者们对自身人格的回护，并以此彰显天的内在性特点。

这里首先需讨论：天人合一思想中，天人关系的相对性是指什么，有何意义？

具体地说，人凭什么可以"知天"？神性的天是超越性的，自然之天是自然界，道德之天则是人类道德生活的根本，三者的认识无疑都是不简单的。所谓"知天命"，是指认识到天对自己的命令，或"知我者其天乎"，都不直接等于"知天"。孟子"尽心、知性则知天"，完全是从道德角度讲

---

① 林乐昌：《正蒙合校集释》，中华书局，2012年版，第945页。
② （宋）程颢、程颐著，王孝鱼点校：《二程集》，中华书局，2004年版，第81页。

的。荀子虽讲"凡以知,人之性也;可以知,物之理也"(《荀子·解蔽》),也只是讲人有能力认识物之理。因此,所谓"天人之际",其实是一个难以确知的问题。即使如此,《中庸》还是明确说:"君子不可以不修身,思修身不可以不事亲;思事亲,不可以不知人;思知人,不可以不知天。"用逻辑思维的话说,即"知天"乃"知人""事亲"的必要前提。

与这种乐观情绪相反,道家却认为知天并不容易。天之难知和道之难知是同等程度的。老子云"天法道"(《老子·第25章》),庄子则说:"知天之所为,知人之所为者,至矣。"(《庄子·大宗师》)他甚至还宣布:"天与人不相胜也,是之谓真人。"能分清天之所为与人之所为,就是至高境界,而承认天人不可能"相胜",才是所谓"真人"。可见,在道家这里,天人之际存在着难以逾越的界限。可反证,在儒家那里天人关系并非静态的,而是动态的相互关联。那种人事主体性所造的天人相对性必定导致道家的逆反心理。庄子云"无以人灭天,无以故灭命"(《庄子·秋水》),又云:"古之真人,以天待人,不以人入天。"(《庄子·徐无鬼》)这说明,天人关系在儒家看是相对的,变动的;在道家看来则应严守天人的界限。实际的情况则是,在一些人看来是人之所为,但在另一些人看来却可能是天之所为,关键在于是否"知"。如此看待所谓"知天命""尽心知性知天",而"知天"又是"知人""事亲"的必要前提,其意义将发生深刻变化。本文将因人的主体性决定的天人关系上人并非绝对被动地位,而是会随着主体性的自觉与发展呈现不同面貌,称为天人关系的相对性。

第一,不同阶层,所谓"天""人"界限是不同的,由此天人关系对于不同人群意义也不同。因社会地位不同,其所谓天人的关联就不同。诚如荀子所谓"士君子安行之,官人以为守,百姓以成俗。其在君子,以为人道也;其在百姓,以为鬼事也"(《荀子·礼论》)。又曰:"日月食而救之,天旱而雩,卜筮然后决大事,非以为得求也,以文之也。故君子以为文,而百姓以为神。以为文则吉,以为神则凶也。"(《荀子·天论》)根本原因在于"百姓日用而不知",而君子却"仁者见之谓之仁,知者见之谓之知"(《周易·系辞上》)。

天给百姓显现的显然不仅仅是仁德礼义,还有"君子"的根本限制。由于等级差别,百姓不可能清楚分辨这些差异,唯一能加以鉴别的可能就是整个社会的承受力。更明显的是:"天有十日,人有十等。下所以事上,上所以共神也。故王臣公,公臣大夫,大夫臣士,士臣皂,皂臣舆,舆臣隶,隶臣僚,僚臣仆,仆臣台。"(《左传·昭公七年》)"惟王建国,辨方正位,体国经野,设官分职,以为民极。"(《周礼·天官冢宰》)此语描述了古代王权制度下,根据官职和地位的不同,名分和职责也有所区别。

第二,儒家特别重视血缘亲疏关系,由此决定了不同身份的人之间其"份"是不同的。如"父子有亲,君臣有义,夫妇有别,长幼有序,朋友有信"(《孟子·滕文公上》)。"父子有亲"明确指出了血缘关系中的亲近以及由之决定的责任和义务关系。"名位不同,礼亦异数"(《左传·庄公十八年》)。每个人皆有其父,人们之间的关系既非直线也非发散的,而是不可更改也不可强加的。"兄弟阋于墙,外御其侮"(《诗经·小雅·常棣》)此语描述了即使兄弟间在家内有争吵和矛盾,但面临外部威胁时,他们仍会团结一致,共同抵御外侮。这体现了血缘关系在家族中的凝聚力和向心力。"父兮生我,母兮鞠我。抚我畜我,长我育我,顾我复我,出入腹我。欲报之德。昊天罔极!"(《诗经·小雅·蓼莪》)此诗表达了子女对父母的深厚感情和感恩之情,也体现了血缘关系中父母与子女之间的紧密联系和深厚情感。"同姓从宗,合族属;异姓主名,治际会。名著而男女有别。其夫属乎父道者,妻皆母道也;其夫属乎子道者,妻皆妇道也。谓弟之妻为妇者,是嫂亦可谓之母乎?名者,人治之大者也,可无慎乎?"(《礼记·大传》)这里阐述了血缘关系在家族、婚姻中的角色和名分的不同,强调血缘远近亲疏在家族关系中的重要性。"亲亲之杀,尊贤之等,礼所生也"(《中庸》)。血缘亲疏与政治身份的等级并非对应的,却是相交的。

第三，因修为所达之境不同导致天人关系的相对性。孔子曰："生而知之者，上也；学而知之者，次也；困而学之，又其次也；困而不学，民斯为下矣。"（《论语·季氏》）此语阐述了不同智力水平和学习态度导致的社会地位差异，也可以类比理解为不同身份不同导致的名分差异，由此其认知也有差别。人是成长变化的，天人关系不可能静态显现。但"一物治而万物不乱者，以身为本者也"（《大戴礼记·子张问入官》）。《大学》云："自天子以致庶人一是皆以修身为本。"人虽皆应修为，但所达到的程度是相对的。董仲舒"天人感应"的确表明天人之际人天互动的情形，至少说明因人事介入，天道运行中并非无人的影响。"犹天回日转，大运推移，虽曰遇祸福，亦在其中矣"①。天人之际存在彼此互动而发生改变的状况。周人已意识到天命是因人事改变的。

第四，根本上说，人本身就是集天人于一身，只因身份不同有所差异而已。《泰誓》云："天矜于民，民之所欲，天必从之。"《大学》云："民之所好好之，民之所恶恶之，此之谓民之父母。"因之，民之父母们一面代表天，另一面亦是人。换言之，表面看，权力构成对大众遥不可及的社会控制力，但权力却是掌握在人手里的。另一方面，大众中任何个人虽不能代表天，但整体好恶却代表天意。这种既相分别又存在不可分割的关联的关系，在实践中难免会呈现出相对性。二程"天人本无二，不必言合"正合其意。

天人关系的相对性还可以从《诗》《书》等相关典籍的记述得到证明。如《诗经·小雅·何人斯》云"不愧于人，不畏于天"，所谓"先王顾諟天之明命，以承上下神祇"（《尚书·太甲上》）。孟子则曰："天不言，以行与事示之而已矣。"（《孟子·万章上》）虽然，它们都暗示天人合一的预

---

① （汉）荀悦著，张烈点校：《两汉纪》上册，中华书局，2002年版，第86页。

设，但其中的核心还是天意是通过人事来显示的，正如太史公也暗示"究天人之际"的认识其实离不开"通古今之变"历史。因此，天人之际实际显现为可以进一步深入认识和探究的领域。无疑，这一思想很大程度上已脱离天的神圣性而转回到人事之中来了。然而，因为人事不同，导致天人关系的相对性，人们实现天赋的程度必然有很大差异。有些人可能"尽人之性""尽物之性"，乃至"穷理尽性而至于命"，有些人却没有实现天赋的最大可能，这当然并非一定的个人的责任，也有社会乃至时运的作用。

二、从物的中介看天人关系的相对性

一般而论，天是形而上者，人不能简单而直接地与之发生关系，故儒家天人合一观念的现实显现必定曲折而复杂。实践上看，天的形而上性质是现实地显现的。与天相对的地，必然显现为其所生成的万物，在这个意义上，天地万物又是具体物。要说明儒家天的自然性对于天人关系的相对意义，就需要先说明包括作为具体之物对天人关系的不同意义。

天道与人伦的关系中贯穿着深层的人和物的关系，天人关系因物的介入，通过"验""效""征"及"功"等得到实际的效验并得到验证，这和宗教信仰并不一定需要在尘世得到功效，和实证不大相同。所谓"占大以小，明物事之喻，足以审天"[①]。形而上的天意既然可为人所知，也可以审，那么结论五花八门便是自然的。

关于"物"，《郭店楚简·性自命出》云"凡见者之谓物"，庄子云："凡有貌象声色者，皆物也。"（《庄子·达生》）但是，这些物，很少被当作独立的存在去进行思考和研究，即使它们都有其本末和发展过程，但都

---

① （汉）王充著，黄晖撰著：《论衡校释》，中华书局，1990年版，第636页。

不免是有道德性的。人是身心统一体，外在地看，人之身亦不过是一物。《大学》云："物有本末，事有终始。"《中庸》云："诚者，物之终始，不诚无物。"因此，所谓"格物"，便很难不是从现象去"格"物之意义。一方面，从"物"之"本"看，其运行难免与超越性的天道相关。《礼记·哀公问》云："无为而物成，是天道也。"另一方面，从物之"末"来看，它并无自身的目的与价值，其价值是人赋予的。"欲察物而不由礼，弗之得也。"（《礼记·礼器》）又云："无节于内者，观物弗之察矣。"对其价值的认识，需借助社会规范系统和主体的修养才能完成，这就将物的意义限定在道德之上了。其实，所谓"大德"必得的"禄"与"位"（《中庸》）同样是一物，但却依赖于制度性设施的征验。

然而，物介入人世间，因人际关系的特殊性及传统"广大高明而不离日用"或形上形下不即不离的致思方式与交往方式，导致社会关系的曲折而可能遮蔽诸多事实。要厘清其中的奥秘，当然便不得不了解礼的结构及其重要的社会作用。

礼包含礼仪、礼义、礼物（器）等要素，其中，礼仪和礼物都是客观形态的，却是可以充当形上的精神即礼义的表现的形式。形上超越的精神、情义，需要通过形下的物质形式来表现，本来"天下之物，无可以称其德者"（《礼记·礼器》），但却须通过物来表达，否则就是没有"征""验"和"功""效"的。与此同时，人与人之间，并非只有独立的关系，而是在很大程度上是相互依存的。人们因血缘、伦理、利益乃至信仰等多种途径和方式相互联结在一起，这样，那些原来可能没有什么道德价值之物也可能获得了价值，有些本来可以拒绝的，但却可能在复杂的关系中无从拒绝。

首先，人与人之间横亘着人道、天道（地道）交互的原则，即使具体之物，都可能因天人关系的相对性相对别人而言就是天。作为自然和社会法则，天道遵循时空原则，社会遵循不同时代所认可的道德规范；作为可

从天人关系的相对性看早期儒者的人格意识

以显现道德的中介物,可能在不同人那里有不同意义。人际间存在各种联结,其中重要的不外乎血缘与利益。形上的精神显现为形下的物之时,会因时代风气与社会状况的不同出现形式与内容的多种变化。在个人与群体之间、利与义之间、人与人之间发生适应社会风气却可能不利于即破坏道德原则的事,但却可能为人们司空见惯。"乡为生死而不受,今为宫室之美为之;乡为身死而不受,今为妻妾之奉而为之;乡为身死而不受,今为所识穷乏者得我而为之。"(《孟子·告子上》)这里其实发生的就是义利关系的转换,个人之利为私利,当利乃为他人、为群体时,就可能被当作义。从"物"之"末"看,为形而下,但却可能成为形上内含而显现。

其次,天意通过人事来显现时,其义深宏难识。就功效而言,仁者之安仁、知者之利仁、畏罪者之强仁虽可能是同样的,但就其道德而言,其实有很大区别,于此,天人关系的相对性便可能遮蔽真相,不仅畏罪者可能与仁同功,甚至有罪者都可能冒领成功,所谓"冒领良知"。"夫事物之性,有自然而成者,有待人事而成者,有失人事不成者,有虽加人事而终身不可成者"①。这里,除了自然而成之事外,其他几种情况并不容易区分开来。因成功与否,除人事外,还需许多其他的条件,其中一个条件不能满足都不可谓成功。同时,即使有许多次失败,甚至终身都没有成功,也并不能证明这是天意。既然人事不到位即不能成功,人事到位就能成功,那么,说明成功与否在这里本来无关乎天的问题,而由于人们通常会担心不能成功,从而扩大人事活动的范围,仿佛人事即是天意了。比如,在一些资源垄断行业,只有少数人控制着稀缺之物,体制性弊端在巨大需求的哄抬下必定导致天人关系相对化推向极端。传统社会为了调节阶层固化,使社会上的人才可以上下流动,产生了科举制

---

① (汉)荀悦著,张烈点校:《两汉纪》上册,中华书局,2002年版,第85页。

度，以使社会合理化，防止生锈腐化，但是，这种在当时很先进的制度，后来却造成所谓"千军万马过独木桥"的现象，资源垄断致使合法机构可能利用体制一面腐败，另一面诱导人们走上希望渺茫的人生道路，最终形成社会危局。如唐朝黄巢、李振，清末洪秀全，无不是因体制之路断绝，心生绝望而走上铤而走险的路。

可见，天人之际玄深而微妙，天人关系的相对性更加深其神秘性，从而衍生一些与此有关的其他概念来进行描述。所谓命，亦即人事无能为力者，"穷理尽性以至于命"（《周易·说卦》），虽然人们会尽力，但有些不需要努力也能成功，或无论如何都不能成功者，但大都需要人事验证。即使有些看起来是"命"，如"终始，运也；长短，数也；运、数，非人力之为也"①。但如果跳出特定的限制就会发现，有些所谓"天"，其实只是人事而已。

正因天人之际微妙，庄子强调"天之所为"与"人之所为"的界限，提出"天与人不相胜也"，甚至说"无以人灭天，无以故灭命""以天待人，不以人入天"，表面上看，道家主张无为，任性自然，彻底否定了人事的意义，显然只能提供消解文明之风险与积弊之作用，对于社会难发挥积极的建构功能。但若深层地看，庄子骨子里反对德性的量化，否定物之间的差异所导致的社会层级对人性的宰制和切割，是给人留下作为人的尊严的重要努力。继承与发挥道家思想的韩非限制人事扰乱，认为国家治理只有见必行之道，"从事也不疑"（《韩非子·解老》），才能"乘必胜之势"（《韩非子·五蠹》）。他将道家思想往形下方向发展，提出法治主义主张。不过他完全否认人文道德的意义，结果是将人仅看成趋利避害的动物，认为利

---

① （汉）荀悦撰，（明）黄省曾注，孙启治校补：《申鉴注校补》，中华书局，2012年版，第121页。

益才是"必行之道"。最终,"必行之道"与"必胜之势"作为事物客观轨迹在人那里只是以底线形式出现的。其被当作唯一的行为规范,势必导致法的规范作用扩大化,法势必成为迫使人们就范的铁律,作为精神价值的人文道德不复存在意义。事物的自然必然之道从本质上虽也是天道的显现,但它本身不能等值于天道。二者等同则归结为人道异化的物治主义。

当从物的运动轨迹来考虑时,其必与天道和人道发生关系。从主体方面说,人与物、天(地)也必发生关联。物作为孤立体和一个相互关联的连续体,及作为与人发生互动关系的价值体,意义是不同的。作为孤立物,并不能作为判定道德价值的标准,而是暂时的偶然存在;而作为经历"终始"过程和能表现"无为而成"之"物",即作为"本"之"物",则与道德价值的根源"天道""诚"直接连通;作为人活动对象的物,虽不可能是一个连续整体,而只是一个部分或具体物,但因物有其终始关联,故看起来偶然和暂时的物,却可能是一个连续过程之重要环节。如果把形上的情意通过物来表达视为物的"人化"的话,那么,也存在人的"物化"。如(《礼记·乐记》)孟子所深嫉的便是人作为单纯物与外物的关系,谓"耳目之官不思",而"夫物之感人无穷,而人之好恶无节,则是物至而人化物也。人化物也者,灭天理而穷人欲者也""耳目之官不思而蔽于物,物交物则引之而已矣。"(《孟子·告子上》)董仲舒力图避免这种"物交物"的"物化"现象,而提出"天人感应"的新思想。所谓天人感应,就是认为自然必然的事物间的关系,和人类行为以及道德观念构成了相互关联,不仅将可能的关系认为是必然的关系,而且事实关系同时又是价值关系。而上述天人之间的关系因其相对性又可转换为人与人的关系,在自然、社会乃至人事修为之间依然渗透着天与人之间微妙而玄奥的联结,其中却又介入了具有多种意义的"物"。虽然人们日常与之打交道的似只是具体物,但这些物之间必然构成连续体,需要在一定规范系统中才能评价其意义。"格物"作为《大学》八条目之首便有充足理由。"物"在此成为天人之间交换信息、传达各自意愿的中介。当然，因人自身的气性，必定也可能因经与权、义与利、群体与个体之间的交错关系而遮蔽、扭曲其中的含义。可见，不仅人与人之间的"感通"，即使天人感应都并非神秘经验，而是以"本末""终始""先后"为结构的。所谓"见微知著""见小知大"，乃至"戒慎乎其所不睹，恐惧乎其所不闻"（《中庸》），均于此得到解释。作为"本"与"末"的"物"既是相互关联的也是彼此区别的。物既可传达情谊，也同时可能遮蔽乃至扭曲形上精神价值。因之，天人关系的相对性，因物介入其中，人格因此可能发生转换或扭曲。即使天人感应一说，也有夸大道德价值的范围之嫌。

因此，人道与天道并非平行不相交的两条直线，而是彼此交织和关联的；这种情形导致人需借助文化乃至政治实现人道。从价值论角度，物可成为人道得以实现的方式，即情意必须通过物得到表达；同时，自然之道也限制和规定着人道的性质和方向。从社会角度看，差异和等级的存在才能使其有整体行为，但等级存在无疑强化在社会层级之间充当信息传递中介物的价值，为了限制其无限膨胀，才有所谓伦理或天理。朱子云："论万物之一原，则理同而气异。观万物之异体，则气犹相近，而理绝不同。"[①]其中，"理同气异"颇受到人们关注，所谓心同理同，但"气相近""理不同"却很少受到关注。他发挥格物穷理思想，其"物"就有气与理两个层面。虽然他突出理的有限性，但无论是从"理在气中"还是"由气见理""以气显理"，都要么显示了一种"逻辑上的关系"或"因果律意义下之原理、规律而言的充足理由"，要么以实然的物理和历史运动过程作为"理"得以深刻和鲜明的表现和补充。然而，物理与人的理解终是两回事情，并在人的意识之外、往往超出人的预期。

---

① （宋）朱熹：《朱子语类》，中华书局，1986年版，第57页。

可见，在儒者看来，天道向人们显现，却不免以自然之道或物的形式显现；人道既包含人的共性，也应包含其个性；天、地、人、物是相互渗透交织而彼此互动的；人道既有社会发展所决定的底线，也有其理想性质。但是，事实上，自然血缘的先天性与人的后天主体性并不同步，个体天赋智能与政治地位往往也不是匹配的，个体禀赋的多样性与特定文化传统背景形成的制度的单一性之间也不对称，这些现实既形成生活的丰富多彩，也酝酿着危机。

与西方外在超越观念相比，儒家内在超越是或然的；孔子虽曾言"我欲仁斯仁至矣"（《论语·述而》），但其真的实现并非一蹴而就；天命要成为人受，需要诸多条件：天命是客观的、先天的，人和人都普遍必然地拥有，人受是主体性的、人为的，最终是"理一分殊"的。因而，尽管人皆可为尧舜，但他们只能在身份决定的角色所限定的轨道上为尧舜，各自会遭遇不同的阻碍，客观上大多数人不可能修成尧舜。因尧舜不仅是道德楷模而且政治加持的遥不可及的圣王。最明显而深刻的困惑是：在道德人格上，身份地位外在因素都是可以忽略不计的，"君子无入而不自得"（《中庸》），但从其现实的社会性上看，他们的道德只能通过伦理行为得到客观的确定性，也只能由此得到评价，这无疑是偏狭的。

三、天人关系的相对性与人的尊严

然而，即使天人关系上存在相对性，即使在自然血缘关系、个人天赋与身份地位之间存在着不对称，儒家亦仍不乏独立与生命尊严意识，这是人之为人的本质决定的。而天人关系的相对性无疑在物的人化的同时也有人的物化的过程。传统的宗法社会要求人们在既定的轨道上安分守己，法家以法术和权势驱迫人们成为军国的工具，然而，即使普通人也要抗拒物化，古有饿死不食嗟来之食（《礼记·檀弓下》），何况有人格尊严的儒者面对残酷的权势？故有"不婉言而取富，不屈行而取位"（《大戴礼记·曾子制言》),"君子不諂富贵以为己说,不乘贫贱以居己尊。凡行不义,则吾不事;不仁,则吾不长"(《大戴礼记·曾子制言》)。无独有偶,对于不仁不义之主,儒侠更是"上不臣天子,下不事诸侯"(《礼记·儒行》),"虽分国如锱铢,不臣不仕"。作为儒者,其"可亲而不可劫","可近而不可迫",及至"可杀而不可辱"。《孔丛子·抗志》记载:"曾申谓子思曰:'屈己以伸道乎?抗志以贫贱乎?'子思曰:'道伸,吾所愿也。今天下王侯,其孰能哉?与屈己以富贵,不若抗志以贫贱。屈己则制与人,抗志则不愧于道。'"①所谓"匹夫不可夺志",就是这个意思。儒者也尽力避免被人利用而遭愚弄的情形。《论语·雍也》载:宰我问曰:"仁者虽告之曰:'井有仁焉。'其从之也?"子曰:"何为其然也?君子可逝也,不可陷也;可欺也,不可罔也。"可见,面临人格危机,先秦儒者有其原则和立场。子思一改儒家通常的低调,主张在社会变化,诸侯以力争之时应"高其行",其谓:"伋于此时,不自高,人将下吾。不自贵,人将贱吾。"②孟子将个人的尊严进一步普遍化,上升为相对的政治原则,其云:"君之视臣如手足,则臣之视君如腹心;君之视臣如犬马,则臣之视君如国人;君视臣如草芥,臣视君如寇仇。"(《孟子·离娄下》)这里,孟子解释了人们互为天人的事实。权力虽仿佛乃不可逾越的"天",但一旦被滥用,且被大众所知,人的尊严感必然出现危机。

尊严感既是人相对其他动物以及客观物体所具有的独特生命体验,更是个人不同其他人的独特生命存在体认。所谓"观天下之物无可以称其德也","人有气有生有知亦且有义",孟子"大丈夫精神",乃至当今人类面

---

① (秦)孔鲋:《孔丛子》,上海古籍出版社,1990年版,第27页。关于《孔丛子》的真伪,不在本文讨论范围,但其中有关论述与早期的其他儒典相近,本文认为其思想代表了儒者思想,是可信的。

② (秦)孔鲋:《孔丛子》,上海古籍出版社,1990年版,第21页。

临人工智能的发展提出的新挑战,均说明人的尊严问题的确是一个值得关注的大问题。只不过,儒家并没有从个体独立角度讲个人的尊严,而是从社会和谐、天人合一的脉络讲人普遍的尊严。特别是它大都是以规范而非权利角度讲的,但只要我们明白规范并非单方面的,而是"互相提出要求"①,那么,其中对人的普遍尊严的关注就凸显出来。比如,我们可将儒家对宇宙的根本态度看成"敬",所谓"敬尽然后可以事神明"(《礼记·祭统》),"敬"包含谨慎、温恭、无肆无慢在内,既祭祀中的"上帝临汝,无二尔心",也有威仪中的"颙颙卬卬,如圭如璋",还有面对万民之"匹夫匹妇,一能胜予"。②敬所表达的就绝不仅是支离破碎的谦卑和臣服的意思,同时还是对祭祀的敬重和在社会上人的尊严的尊重。这种尊重也是对人永远高于其他存在物,永远具备成圣成德的可能性上说的。即使在《荀子·宥坐》中被孔子所斥比盗贼更可怕的五种人"心达而险,行僻而坚,言伪而辩,记丑而博,顺非而泽",其实也可以被视为是宗法社会的衍生物。他们既要绕过繁密的规章制度,又急切地要出人头地,如此而已。

一个社会的文明程度,并不取决于极少数个人。而是绝大多数群体,这个群体在什么样的精神支配下生存和发展才是一个较为客观的标尺。每个人的思想、观念和情感意志,通常都有区别,那么怎样判断其精神状态就是特别重要的。一般而言,那个持续稳定影响人们思想行为并不断再生有生命力的现实的东西就是最可靠的尺度。因为意识虽有继承性和超前性,有怀旧滞后也有白日梦,但最终影响最大的还是现实。只有鲜活的现实每天日复一日地生成并反复教训耽于幻想或怀旧的人们。那么,什么东西又

---

① 〔美〕克里斯蒂娜·科尔斯戈德:《规范性的来源》,上海译文出版社,杨顺利译,2010年版,第9页。

② (清)唐甄:《潜书》,中华书局,1963年版,第42页。

决定这个坚硬的现实呢？显然，是制度，只有制度复印着现实，生产着人们习以为常和难以自拔的现实。现实即使每天在更新，但其基本样态却是制度的硬核。多数人必定是受制于制度建构的现实。这样，现实的生命力和价值很大程度上取决于制度，故制度合理性、稳定性、先进性决定着社会文明程度。

因天人关系的相对性，天人之间物作为中介的介入，其或传递或遮蔽形上精神，或者终极关怀转换为群体现实的关怀，个人的尊严可能被群体的利益所替代，"鬼事"在一些人看来只是"人道"，神圣也不过是虚伪，一些人的身家性命可能在其他人随意谋划中即被决定了。更糟糕的是，此事被人所知。这样，人的尊严会因种种人际间物与权的介入而发生转换或扭曲。"以人入天"而非以天待人，若又为人所广泛认知，被人愚弄，必导致人的尊严感丧失。虽然实际的动乱和思想上的洗脑在很大程度上都可以完成"重新估计一切的价值"，但长期频繁如此，必将使人要么内心不服，要么精神麻木无动于衷。

人的精神有层次性，最基本的就是意志自决。荀子云："心者，形之君也，神明之主也；出令而无所受令，自禁也，自使也，自夺也，自取也，自行也，自止也。"（《荀子·解蔽》）庄子也曾曰："（神全之人）非其志不之，非其心不为。虽以天下誉之，得其所谓，謷然不顾；以天下非之，失其所谓，傥然不受。天下非誉勿损益焉。"（《庄子·天地》）这种"出令而无所受令"的状态也是"气意得""心意定"的状态，这是外力的逼迫所不能剥夺和施与的。孟子曰："天下不心服而王者，未之有也"。（《孟子·离娄下》）人心即天心。"天"为人的生命尊严撑起广阔的空间。可见，尊严是儒家道德人格的本质特征，是任何物不可代替、任何人不可以褫夺的个人自主权益。所谓"可亲而不可劫""可近而不可迫""匹夫不可夺志"等说法，恰恰是针对儒家伦理容易引起这些现象产生而维护自身尊严的意识。从这个意义上说，道德上的尊严也即是君子的自尊。即使这种自尊

"是一个更高级或理想的自我的尊重"①，但它仍不能被任何外力所剥夺。否则，就只能靠自上而下的伦理支撑具有天人两面性的人去完成天职。

不可轻视儒家人格尊严所面对的现实处境。诚如前述，因身份和社会地位差异导致天人关系对于不同的人群有不同的意义，或因修为所达之境不同导致天人关系相对性，以及因资源垄断体制性弊端导致社会危机，必定加速行为失范，人们的尊严感会受到严重挑战。太多的幸偶，必定会引发社会的不安与怀疑，岂非"朝常幸位，民多幸生"？正是因为要清洗生锈的社会汰除渣滓，才会出现动荡，这就是一种代价。

总之，天人之际微妙深邃，甚至对不同人都会有不同呈现。面对形而上却又往往现实的显现的天，如何能在自觉其超越性的同时，又能推进人间事业满足人类价值关照，确实是一个严肃的问题。针对天人关系上人可能逾越底线，道家看到的是过度的人为背离天道，法家看到必然之势被扭曲或遮蔽故强调自然必然的不可抗拒。在儒家内部，却存在着不同的思想倾向。虽有荀子"制天命而用之"，刘禹锡"天人交相胜"这样的主张人的主体性的儒者，但也有董仲舒"天人感应"，张载"天人合一"的不同观点。总体上，儒家的天人合一思想的本质在于达成人事与天道合一的目标。因此，无论是这种"伸天"之论或曰"天学"无疑是对"以人入天"倾向的纠正。

---

① 〔美〕查尔斯·霍顿·库利：《人类本性与社会秩序》，包凡一等译，华夏出版社，2015年版，第170页。

下篇

易学史研究

马融与费氏《易》的传承①

李小成

（西安文理学院文学院教授）

汉《易》立博士四家，施雠、孟喜、梁丘贺、京房，此皆今文学家。今文经学虽盛于西汉，后则逐渐消亡，以至佚失。而古文经学从西汉末年逐渐抬头，至东汉而盛于时。费氏易学派是西汉费直所创立的古文学派。费直，字长翁，西汉东莱（今山东掖县）人，长于卜筮，他不以章句形式传注《易经》，只以象、彖、系辞十篇文言解说上下经。费氏传授的《易经》，是用古文字所撰定，故称《古文易》。费氏《古文易》未被列为官学，只在民间流传，西汉末，刘向用古文校勘今文经学施、孟、梁丘各氏《易》书，发现此四家解《易》之书，有经文脱漏现象，如脱"无咎""悔亡"之字，而费氏《易》则与古文相同。费氏《易》在东汉的传承马融是功不可没，陈元、郑众、贾逵之后的马融乃经学大家，遍注群经，传《易》于郑玄，加之荀爽《易传》，汉末费氏《易》遂盛。《后汉书·儒林传》所言线索极明，马融为郑玄之师，师徒于《易》之传授承传不言自明矣。

---

① 2015年国家社科基金项目：《马融经学佚著整理研究及阐释》（15XZX019）。

一、费氏《易》的传承

关于《易》之传授，《史记·仲尼弟子列传》曰："孔子传《易》于瞿，瞿传楚人馯臂子弘，弘传江东人矫子庸疵。疵传燕人周子家竖。竖传淳于人光子乘羽。羽传齐人田子庄何，何传东武人王子中同，同传菑川人杨何。何元朔中以治《易》为汉中大夫。"自孔子传《易》于瞿之后，六传而至田何，田何乃齐王室之后，故西汉初而迁至杜陵，①遂号"杜田生"。田何传弟子丁宽、王同。丁宽学成后东归，至洛阳又随田何的弟子周王孙学习古文《易》，著有《易传》，又著《易说》三万余言。丁宽授田王孙，田王孙授施雠、孟喜、梁丘贺。王同，著有《易传》，王同授杨何，汉武帝时，杨何所传之《易》立为官学。以上为今文《易》学之传承脉络，至于费氏之古文《易》学，皮锡瑞在《经学通论》中说"不知其所自来，考其年当在成、哀间，出孟、京后"②。皮氏所说费氏《易》来历不明，原因在于古文经学未立于学官，不为显世之学也。

费直之古文《易》，起于西汉末年，关于传授情况，史有所载。《汉书·艺文志》卷三十《艺文志》第十："汉兴，田何传之。讫于宣、元，有施、孟、梁丘、京氏列于学官，而民间有费、高二家之说，刘向以中《古文易经》校施、孟、梁丘经，或脱去'无咎''悔亡'，唯费氏经与古文同。"《汉书·儒林传》（卷八十八第五十八）："费直字长翁，东莱人也。治《易》为郎，至单父令。长于卦筮，亡章句，徒以彖、象、系辞十篇文言解说上下经。琅邪王璜平中能传之。璜又传古文《尚书》。高相，沛人也。治《易》与费公同时，其学亦亡章句，专说阴阳灾异，自言出于丁将军。传至相，

---

① 《后汉书·光武帝纪第一上》唐李贤注曰："杜陵：县名，属京兆，周之杜伯国，在今万年县东南。"今地在西安市东南。

② （清）皮锡瑞：《经学通论》，中华书局，1954年版，第23页。

马融与费氏《易》的传承

相授子康及兰陵毋将永。康以明《易》为郎，永至豫章都尉。及王莽居摄，东郡太守翟谊谋举兵诛莽，事未发，康候知东郡有兵，私语门人，门人上书言之。后数月，翟谊兵起，莽召问，对受师高康。莽恶之，以为惑众，斩康。由是《易》有高氏学。高、费皆未尝立于学官。"《后汉书·儒林传》（卷七十九上第六十九上）："《前书》云：田何传《易》授丁宽，丁宽授田王孙，王孙授沛人施雠、东海孟喜、琅邪梁丘贺，由是《易》有施、孟、梁丘之学。又东郡京房受《易》于梁国焦延寿，别为京氏学。又有东莱费直，传《易》，授琅邪王璜，为费氏学。本以古字，号《古文易》。又沛人高相传《易》，授子康及兰陵毋将永，为高氏学。施、孟、梁丘、京氏四家皆立博士，费、高二家未得立。……建武中，范升传《孟氏易》，以授杨政，而陈元、郑众皆传《费氏易》，其后马融亦为其传。融授郑玄，玄作《易注》，荀爽又作《易传》，自是《费氏》兴，而《京氏》遂衰。"可以看出，《费氏易》传承的大致情况，基本线索是明晰可鉴的。

《隋书·经籍志》载："单父长费直注《周易》四卷，亡。""汉初又有东莱费直传《易》，其本皆古字，号曰《古文易》。以授琅邪王璜，璜授沛人高相，相以授子康及兰陵毋将永。故有费氏之学，行于人间，而未得立。后汉陈元、郑众，皆传费氏之学。马融又为其传，以授郑玄。玄作《易注》，荀爽又作《易传》。魏代王肃、王弼并为之注。自是费氏大兴，高氏遂衰。梁丘、施氏、高氏亡于西晋。孟氏、京氏有书无师。梁、陈郑玄、王弼二注列于国学。"志书只著录梗概，不载其书。徐复观《中国经学史的基础》中认为费氏易并不是古文，①首先在于《汉志》未录费氏之书，而到了《隋志》则云其"费直《注》四卷，亡"，这明显是后人的伪作。徐氏以为最大的问题是，范蔚宗《后汉书·儒林传》"又有东莱费直作《易》，

---

① 徐复观：《中国经学史的基础》，九州出版社，2014年版，第93—94页。

授琅琊王横，为费氏学。本以古字，号古文《易》。"他以为后人说费直易为古文者，皆缘于此，而这是一个误会，后人则相沿不改，则愈传愈谬。《旧唐书·经籍志》：《周易》"又四卷，费直《章句》。又十卷，马融《章句》。又九卷，郑玄《注》。又十卷，荀爽《章句》。又十卷，王肃《注》。又七卷，王弼《注》。又十卷，马、郑、二王《集解》。又十卷，王弼、韩康伯《注》。又十卷，二王《集注》。"《新唐书·艺文志》："费直《章句》四卷。马融《章句》十卷。荀爽《章句》十卷。郑玄注《周易》十卷。"《后汉书》而后至隋之不载，因其时乱世荡，文籍辗转不定，故著录未必全面。

源于西汉末的费氏易到了东汉绵延传承。费直弟子琅邪人王璜（横），传授其说。韩歆在东汉初上疏主张将《费氏易》列为官学，未成。经学家陈元、郑众都传授《费氏易》，门徒四百多人。后经学大家马融（79—166）亦传授《费氏易》，并为费氏《古文易》作"传"，并传授给其高足、汉代经学家集大成者郑玄。郑玄（127—200），字康成，先是在太学向老师第五元先学习《京氏易》《公羊春秋》《三统历》《九章算术》，后又向东郡张恭祖学习《周官》《礼记》《左氏春秋》《韩诗》《古文尚书》。再后，玄又向马融学习《费氏易》，并作有《周易注》。郑玄的弟子有郗虑、王基、崔琰等。之后，荀爽又作《易传》，魏王肃、王弼并为之注，费氏《易》学大兴。据《七录》记载：《费易章句》四卷，残缺。现在流传的《周易》与《费氏易》有很深的渊源。清代学者马国翰《玉函山房辑佚书》中辑有《费氏易》一卷、《费氏易林》一卷和《周易分野》一卷。

马融稍后，与郑玄同时代的荀爽亦研习《费氏易》。荀爽（128—190）字慈明，一名谞，著有《易传》，根据爻象象征的阴阳变化之义解释经文，于是兖州、豫州凡是学习《易经》者都学习《荀氏易》学。《荀氏易》对某些命题有自己的见解。例如"万物资始"，荀氏认为，意思是分为六十四卦，一万一千五百二十册，都开始于乾卦；说"册"开始于"乾"，就好像说万物生长的本源是天。"大明始终",谓"乾"起于"坎",而止于"离";"坤"起于"离"而止于"坎"。"离""坎",分别为"乾""坤"的家,即阴阳之府,所以说"大明始终"。荀氏说,"龙喻王者,谓'乾'二之'坤'五为'坎'也。虎喻国君,谓'坤'五之'乾'二为'离',而从三也。"清人唐宴说:"荀氏易学盖得费氏之传,以《翼》解《经》之法最合,固远胜王弼之玄言,亦不同于虞翻之消息,是为费氏巨子。"(《两汉三国学案》卷二《周易》)《费氏易》大兴后,《京氏易》则衰落下去。费氏易学派的著述有《周易郑玄注》《周易荀氏注》。

二、古文费氏《易》辨证

《费氏易》不传,但后人有所辑佚。清人马国翰《玉函山房辑佚书》辑佚少许内容,董治安主编的《两汉全书》予以收录,①分《费氏易》《费氏易林》《费氏分野》三书。《费氏易》,按《隋书·经籍志》有四卷,新旧《唐志》亦著录其《章句》四卷,而《汉书·儒林传》则记"亡章句,徒以彖、象、系辞十篇文言解说上下经",前后不符。马国翰《玉函山房辑佚书》所辑佚基本上来源于陆德明《经典释文》。

《费氏易》分周易上经、周易下经、系辞上传、系辞下传和说卦传五个部分,周易上经,涉及乾、屯、需、师、小畜、泰、否、同人、大有、谦、豫、随、蛊、噬嗑、贲、剥、复、颐、大过、坎、离;周易下经涉及咸、恒、豚、大壮、明夷、家人、睽、解、损、夬、萃、困、井、革、鼎、艮、渐、归妹、丰、旅、巽、中孚、既济卦;系辞上传仅七句,系辞下传仅二句,说卦传也仅得四句而已。《费氏易》解卦很朴素,多是字的考释,如:

---

① 董治安著,唐子恒、李士彪整理:《两汉全书》第八册,山东大学出版社,2009年版。

屯，般桓。晁氏曰：磐桓，案：古文作"般"。

乘马班如，匪寇婚冓。晁氏曰：郑本作"般"，古文作"班"。马本作"冓"，案："冓"古文。

及鹿无虞。晁氏曰：王肃作"麓"，云山足。案：鹿，古文。

求婚冓。同上。

小畜，血去惕出。晁氏曰：马云当作"恤"，忧也。案：血，古文。

噬嗑，屦校灭止。《释文》：止，本亦作"趾"。晁氏曰：案：止，古文。①

由此可见，《费氏易》字从古文，这也是人们以古文易名之的缘由。然尚秉和云："徒以刘向云以中《古文易》校三家，或脱去'无咎''悔亡'，惟费氏经与古文同。夫曰'与古文同'，明费氏非古文也。'同'者，言其字多寡同于中古文，无脱缺也。其校《尚书》，亦专重脱简，岂谓其字皆从古文乎？如《费易》字皆从古文，凡东汉马融、荀爽、郑玄皆习《费易》者，何为其读不尽同，且不尽用古文乎？"②尚氏以逻辑推之，而非情理如此。而杨树达认为《易》无今文，只有古文。他在《说文引经考序》云："以余考之，五经中《书》《诗》《礼》《春秋》皆兼有今古文，而《易》则只有古文，而无今文也。何以言之？盖所谓古文者，经文之以古文字书之者也；今文则隶定之本，犹宋以来治钟鼎款识之有释文也。秦人焚书，至汉文景间，老师宿儒凋零殆尽，诸经乍出，文字训诂皆失其传，故其时儒者必以识其字、通其读为先务。孔氏有古文《尚书》，孔安国以今文字读之，是其一例也。以今文字读之者，以隶释而写之也，此今文经之所由起

---

① （清）马国翰：《玉函山房辑佚书》（1），广陵书社，2005年版，第104—105页。

② 尚秉和：《易说评议》，光明日报出版社，2006年版，第8页。

也。至如《易》本经者，不在秦焚之列。《艺文志》云：'秦燔书，《易》为卜筮之事，传者不绝。'是其说也。其时《易》本就那个具在，文字训诂诸师皆能言之，不必特如孔安国之于《尚书》者为之隶定，故《易》无今文，既无今文，则皆古文也。此据当时情事推论，知其当尔者也。"①杨氏所论，虽无其他证据，然于理合，可备一说。

《费氏易林》，《隋书·经籍志》著录为二卷，旧《唐志》亦著录二卷，而新《唐志》则为"《费氏周易逆刺占灾异》十二卷，又《周易林》二卷"，马国翰以为《费氏易林》早于《焦氏易林》，并略有辨析录于所辑佚的《费氏易林》前。《费氏易林》辑佚于《礼记·月令》正义本，其文为：

> 六十四卦变占者，王莽时健信天水焦延寿之所撰也。夫《易》广矣。以言乎远则不御，以言乎尔则静而正，以言乎天地之间则备矣。然《易》谓六十四卦也，推而言之，则爻说卦之所未尽，故《连山》《归藏》《周易》皆异词而共卦，虽三家并行，犹举一隅耳。赣善说于阴阳，复造次以致《易》未见者。其射存亡吉凶，遇其事类则多中。至于靡碎小事，非其类，则亦否矣。赣之通达，隐几圣人之一隅也。震主庚子午，巽主辛丑未，坎主戊寅申，离主己卯酉，艮主丙辰戌，兑主丁巳亥。

《周易分野》，史志不载，《晋书·天文志》引十二次所起度数，唐《开元占经》亦有引述，均称费直《周易分野》，如："寿星起轸七度（《晋书·天文志上》），自轸七度至氐十度为寿星之次（瞿昙悉达唐《开元占经》卷六十四）"，马国翰据此辑佚而入《玉函山房辑佚书》。《周易分野》，虽说史志不载，也不能完全断定即无此书。书籍流传很复杂，官方不见得藏尽天下之书。正如本人参与贾三强先生编辑整理的《陕西古代文献集成》

---

① 杨树达：《说文引经考序》，载其所著《积微居小学述林》，中华书局，1983年版，第291页。

时，发现有些经书类的书，各大图书馆均无著录，而在你想不到某些县图书馆甚或是榆林图书馆居然收藏，也许私人藏书者也会有，只是我们不能搜尽天下图书而已。所以，也不能以史志不载为由而完全武断其伪，存疑是审慎的态度。

于《费氏易》问题，学界有不同声音。徐复观就否定《费氏易》为古文，他认为一切错误皆源自范蔚宗《后汉书·儒林传》。徐复观在《中国经学史的基础》中说："一系列的错误，皆来自范蔚宗一时的错觉。他不了解东汉的今文学家皆排斥古文，但习古文者并不排斥今文的事实，更忽略了在西汉今古文之争中，《易》根本不曾介入。他以为凡习一经的古文，其他所习之经亦必为古文。他因《汉书·儒林传》传费氏《易》的王横（璜）'又传古文《尚书》'，便推定王璜所传的费氏《易》亦必为古文，便凭空添上'本以古字号古文《易》'八字。"①费氏《易》为古文，《隋书·经籍志》已经明言，不必赘述。李才朝《费氏易史献考实》一文②，作者态度谨慎，从事实出发，细心梳理史事，发现是前辈学者误读史献，而疑费氏《易》不传古文。有些人则纠结于一个"号"字，而否定费氏为古文。梁敢雄的《〈周易〉古文经本亟待建立刍议——从费氏易不传古文经谈起》，该文对费氏古文的否定就显得粗率。文中所引《费氏易》文，不明出处，在马国翰《玉函山房辑佚书》和《两汉全书》本中均无，文中所言"今本费氏易"不知在何处，既为考证之文，细节就应谨慎，如此随意否认费氏古文，让人难以信服，其他所论，亦为草率。③钱穆在《两汉经学今古文平议》中道："刘向以中《古文易经》校施、孟、梁丘经，或脱去'无咎'

---

① 《徐复观全集》，九州出版社，2014年版，第96—97页。
② 李才朝：《费氏易史献考实》，载《周易研究》，2016年第5期。
③ 梁敢雄：《〈周易〉古文经本亟待建立刍议——从费氏易不传古文经谈起》，载《古籍整理研究学刊》，2002年第5期。

'悔亡',惟费氏经与古文同,此其相异甚微,故当时亦不特称费氏《易》为'古文易'也。至费氏治《易》无章句,此则学派之异,可谓之'古学'。自后不辨,专重文字,乃称费氏《易》为'古文易'。"①作为"古学"的费氏易,在当时影响并不大,只因今古文门户之争日剧而逐渐受到人们的抬爱,至东汉因符合学术发展大潮而日渐兴盛,尤其是得到马融的重视。

三、马融《易》注对费氏《易》的发展

马融注《易》虽已佚,据四川大学古籍所编辑的《经学辑佚文献汇编》记载,清人有六种辑本:朱彝尊辑《马氏周易注》,孙堂辑《马融周易传》一卷,张惠言辑《周易马氏》,黄奭辑《马融易传》一卷,马国翰辑《周易马氏传》三卷,胡薇元辑《周易马融传》。

马融是费氏学得以流传的重要人物,马融注《易》与《费氏易》有许多相同之处,再与后世其他本子比较,多有相似。今本《易经》源于孔颖达的《周易正义》,而《正义》则本于王弼之注本,王弼注本又出于郑玄,郑玄则源于马融,马融接于费氏易。马融在古文易的传承中起着举足轻重的作用,其贡献是不言而喻的。皮锡瑞《经学通论》云:"费氏之《易》,不知所自来,考其年当在成哀间,出孟京后,王璜即王横,与王莽同时,为费氏一传弟子,则必在西汉之末矣,费氏无章句,故《艺文志》不载,《释文》有费直《章句》四卷,当属后人依托。费氏专以彖、象、系辞、文言解经,与丁将军《训故》举大谊略同,似属《易》之正传,而汉不立学者,汉立学皆今文,而费氏传古文。汉人重师授,而费氏无师授,故范升曰:京氏既立,费氏怨望。则东汉初有欲立费《易》者,而卒不立。陈元传费《易》,或即欲立费《易》之人,正与范升反对者也。陈元、郑众、马融易学不传,郑、荀二家稍传其略,王弼

---

① 钱穆:《两汉经学今古文平议》,商务印书馆,2001年版,第252页。

亦传费《易》，而其说各异，费氏亡章句，止有文字，东汉人重古文，盖但据其本文，而说解各从其意，此郑、荀、王所以各异也。刘向以中古文《易经》，校施、孟、梁丘经，或脱去无咎、悔亡，唯费氏经与古文同，此马、郑所以皆用费氏。《释文》以为费易人无传者，是不知马、郑、王之易即费《易》也。王弼尽扫象数，而独标卦爻承应之义，盖本费氏之以彖、象、系辞、文言解经。"①马融如何注《易》？其注与费氏有何相似之处？这里举马国翰《玉函山房辑佚书》本所辑费氏《易》，以观其貌。

屯

初九：盘桓。

盘桓，旋也。《释文》。又见胡三省《资治通鉴音注》卷八十八。

屯如邅如。邅，张迎反。《释文》。乘马班如，匪寇婚媾。《释文》："媾，马本作'冓'。"

邅如，难行不进之貌。《释文》。班如，班旋不进也，言二欲乘马往适于五，正道未通，故班旋不进也。重婚曰冓。孔颖达《正义》。李按②：此六二爻爻辞。

以往，吝。李按：今本《易经》六三爻爻辞是"往吝"，无"以"字。

吝，恨也。《释文》。

蒙

上九：击蒙。《释文》："击蒙，马、郑作'系'。"

需

需，有孚，光亨，贞吉。《释文》云：马、郑总为一句。李按：此《需》卦卦辞。

---

① （清）皮锡瑞：《经学通论》，中华书局，1954 年版，第 23 页。

② 按：为本文作者所释。

上六：入于血，有不速之客三人来。

速，召也。《释文》。

讼

有孚咥惕，中吉。中，丁仲反。《释文》。

咥，读为躓，犹止也。《释文》。李按：此《讼》卦卦辞。《黄氏逸书考》为"有孚咥惕，中吉。咥，读为躓，犹止也。"

其邑人三百户，无眚。李按：此九二爻爻辞。

眚，灾也。《释文》。

渝，安贞吉。渝，以朱反。《释文》。李按：此九四爻爻辞。

渝，变也。《释文》。

上九：或锡之鞶带，终朝三褫之。

鞶，大也，旦至食时为终朝。《释文》。鞶带，大带衣也。《口诀义》。

师

师，众也。李按：此彖辞中语。二千五百人为师。《释文》。

以此毒天下。李按：此彖辞中语。

毒，治也。《释文》。

否臧。李按：此初六爻爻辞中语。否，方有反。《释文》引马、郑、王肃。①

马融所注之《易》失传，清人虽有辑佚，但亦不足呈现整体思想。弟子郑玄注《易》虽无完本，但以爻辰法解《易》仅存其一家。清儒以为郑玄独创，其实不然，看《汉书·律历志》即可明白，西汉亦有此说。刘大钧《周易概论》说："用'爻辰'与天上星宿相值，此法更不会是郑玄自造，若考其渊源，郑玄此说恐怕必有传授。我们知道，郑玄从马融学《易》，

---

① 《两汉全书》（第21册），第12312—12314页。

而马融即以天象注《易》文。例如《经典释文》引马融注《彖·无妄》之'天命不祐'一句,曰:'天不右行。'注《明夷》六二爻之'明夷,夷于左股'一句,曰:'日随天左旋也。'《周易正义》孔疏引马融注《系辞》之'大衍之数五十,其用四十有九'曰:'《易》有太极谓北辰也,太极生两仪,两仪生日月,日月生四时,四时生五行,五行生十二月,十二月生二十四气。北辰不动,其用四十有九,转运而用也。'虽寥寥数条,但郑氏'爻辰'的天文星象、五行、十二月都有了。故郑氏'爻辰'之说,可能源于马融。而马融传费氏《易》,故其说可能自费氏来。"①《费氏易林》《周易分野》,其内容就是以八卦与干支相配合,从刘氏所论来看,今本《周易》与《费氏易》有很深的渊源。

东汉虽然还有人在传授梁丘《易》,但总的来说已经没落,而马融为费氏古文《易》作传,弟子郑玄作作注。荀爽又为之作传,故费氏《易》在东汉的传授盛极一时。之后王弼以道家思想注释费氏《易》,风行天下,使得西汉施、梁丘二家之《易》随后消亡,永嘉之后不见其传。至唐,虽有孟氏、京氏之《易》,书虽存而无传授者,孔颖达统修《五经正义》,惟取王弼所注费氏《易》为底本。今天所流行者《易》注之本,实乃源于费氏,而马融由于其释经著作不传,故而后人忽视了他的桥梁作用,实属不该。在汉代古文易学发展史上,马融易学是一个不可或缺的重要环节。清末人廖平在其《古学考》中也说:"马融以后,古乃成家,始与今学相敌,许、郑方有今古之名。"②古文经学之确立而能与今文经学相抗衡,马融就是一个标志。

马融之易学传于康成,清人陶方琦作《郑易马氏学》(一卷)就持此观点,其文见《丛书集成续编》经部易类,陶氏于《自序》中云:"刘向

---

① 刘大钧:《周易概论》,巴蜀书社,1999年版,第155—156页。
② (清)廖平:《古学考》,景山书社,辨伪丛刊之一,1935年版,第32页。

以中古文《易》校'三家',惟费氏《易》经与古文合,《隋书·经籍志》:梁有汉单父长费直注《周易》四卷,亡。与《汉书·儒林传》所称:无章句,徒以《彖》《象》《系辞》十篇、《文言》解说上下经者不合,大抵为费学者附益之。东汉之世,其学独盛,陈元、郑众皆传费学,马融、郑康成诸儒皆为之注,故今《易》乃费氏经也。《马氏易传》,《七录》云九卷。《隋书·经籍志》:梁有汉南郡太守马融《注》一卷(一乃十字之误也),亡。《释文·叙录》及唐《艺文志》皆有马融《传》十卷,其书久佚,见于《释文》《正义》《集解》,三书者犹可略见,马氏之易授于郑君,'吾道其东'。自循师训,马、郑皆为费氏之学,立说必合,惜两书并亡,鲜可演阐。荀悦《汉纪》云:'马融著〈易解〉,颇生异说。'故郑君注《易》,多遵费氏古文,而解义每遵马氏,当仁不让,折衷于是,故郑易为大成,而马氏乃其先彠也。《系辞》:'大衍之数五十,其用四十有九。'马君解曰:'易有太极,谓北辰也。太极生两仪,两仪生日月,日月生四时,四时生五行,五行生十二月,十二月生二十四气。北辰居位不动,其余四十九转运为用也。'其注《无妄》:天命不右,谓天不右行。明夷:夷于左般,谓天左旋。皆与郑氏爻辰之义相合,稽述渊源,必有授受,遂为《郑易马氏学》一卷。"①由此可见,费氏易学、马氏易学和郑君易学相承关系,有些不是文字上能证明的那种传承,而是一种思想甚或是一种治学方法的传承。马融彻废了今古文的界限,兼注三礼,而且突破了儒家经学的藩篱,注《老子》《淮南子》,更为实际的是于"绛帐""女乐"之中讲学,开魏晋清谈之风。弟子康成注《易》,同于马融之处甚多,陶方琦在《郑易马氏学》中一一列出郑玄同于马融之处。如"革,方琦谨案:《释文》引《马氏易传》曰:'革,改也。'郑同。《集解》引《郑易注》:'革,改也。水火相息

---

① 陶方琦:《郑易马氏学》,摘自《丛书集成续编》(第 4 册),上海书店,1994 年版,第 1 页。

而更用事,犹王者受命改正朔,易服色,故谓之革也.'郑义依师说。"①康成为学择善而从,陈澧《东塾读书记》(卷十五)曰:"郑注《周礼》,并存故书、今书;注《仪礼》,并存古文、今文。……从今文,则注内叠出古文;从古文,则注内叠出今文。……段懋堂《周礼汉读考》云:'郑君择善而从,绝无偏执。'"②为什么郑注行而他经废?原因就在于他从马融那里继承的网罗众家,择善而从之。

四、马融所承《易》注对学风之扭转

马融通今古文经学,能把今文经学的章句之学和古文经学的训诂之学结合起来,但整体治学风格是力倡古文经学的。许慎就受到马融的敬重,他撰《五经异义》,尤其是所撰《说文解字》十四篇,为汉代古文经学训诂之集大成者,对中国文字学的研究起到了极大作用。钱穆在《两汉博士家法考》中有一个观点:"许慎既从学于逵,则其所称《尚书》古文,亦当与马、郑相同,盖同本之于杜林也。"③马融在给《易》作注时有自己的特色,采用古文本,亦用今文之学,追求朴素求实的学风,体现了今古文融通的大家风范。从现存的易学典籍看,以易例注《易》,是很多易学家均采用的方法之一,京房、马融、郑玄、荀爽、虞翻等皆使用过爻位注《易》,王肃更是继承了马融的许多易学成果,在其《易注》中有许多注释,都是直接沿用马融之说。马融于古学还有一个贡献,就像张惠言所说的:"传《费易》者,前汉王璜、后汉陈元、郑众皆无书,有书自马融始。"④古文经学以前都是口授以传,自马融始而有书传世了,此亦为大功一件,值

---

① 陶方琦:《郑易马氏学》,摘自《丛书集成续编》(第4册),上海书店,1994年版,第4页。

② 陈澧:《东塾读书记》,上海古籍出版社,2012年版,第258页。

③ 钱穆:《两汉经学今古文平议》,商务印书馆,2001年版,第253页。

④ 吴承仕:《经典释文序录疏证》,中华书局,1984年版,第37页。

得表彰。

　　清代学术史上有汉学与宋学之分，宋学长于义理，汉学长于考据训诂。其实所谓汉学，初实指马融、郑玄之学，马、郑同为训诂大家，汉学之泰斗，对后代的注疏影响，至为深远。马融之所以为训诂大家，是谓有容乃大之使然也。正像章权才的《两汉经学史》所说："马融注《易》本源费氏，但又杂有子夏、孟氏、京氏、梁丘之说；注《尚书》则有取郑兴父子与贾逵之说者；注《春秋》则对贾逵、郑众之说颇有取舍；注《论语》亦兼用《韩诗》说。""可见马融释经兼采今古文。"①比如，《易·革》九五"大人虎变，未占有孚。"李鼎祚《周易集解》引马融注曰："大人虎变，虎变威德，折冲万里，望风而信，以喻舜干羽，而有苗自服；周公修文德，越裳献雉。故曰未占有孚矣。""周公修文德，越裳献雉。"出自伏生《今文尚书大传》。比如，《豫》六二："介于石。"陆德明《经典释文》卷二云："介音界，纤介，古文作'砎'。郑古八反，云谓：磨砎也。马作'扴'，云：触小石声。"此马融不同古文也。还有一条能说明问题的材料，是台湾学者李威熊在《马融与东汉经学》说到的，关于对《诗经·周南·樛木》的解释，《释文》云："马融、韩诗本作朻。"陈奂《毛诗传疏》云："马治毛诗，其所据作朻木，与韩诗同。"胡承珙《毛诗后笺》亦云："马习鲁诗，疑鲁本作朻，与韩同也。"由此可见，马融释经是兼采今古文之说，实为郑玄注经融汇今古文之先导，其注经重视考据训诂的严谨学风，对明后期到清代的治学风气扭转也起到了至为重要的作用。

　　马融在整个汉代经学的转变中起着非常重要的作用，古文易学的阐释只是其中的一个方面，他之所以能遍注群经，也是由于他受到各方面思想影响，并对后代学术的发展起到引领的作用。侯外庐在《中国思想通史》中说："两汉经学的结束的显明的表现，就是经今古文学的合流。而时代

---

① 章权才：《两汉经学史》，广东人民出版社，1990年版，第246页。

思想的主流,则已经开始向着玄学方面潜行了。在这一点上,马融恰是这一时代思潮转捩的体现者。……马融是'外戚豪家','才高博洽','达生任性,不拘儒者之节','终以奢乐恣性,党附成讥'(指'为梁冀草奏李固');证以他告友人语,这记载是没有错的:'融既饥困,乃悔而叹息,谓其友人曰:"古人有言,左手据天下之图,右手刎其喉,愚夫不为。所以然者,生贵于天下也。今以曲俗咫尺之羞,灭无资之躯,殆非老庄所谓也。"故往应(邓)骘召。'(《后汉书·马融传》)'老庄所谓',即指'生贵于天下'。由此观之,他不但撤废今古文学的限界,兼注三礼,而且突破经学的藩篱,崇奉老庄(他也注《老子》《淮南子》);不但他谈的老庄之学为后来清谈的主要内容,而且于'绛帐''女乐'之中讲学,也开魏晋清谈家破弃礼教的风尚。这里,由儒家的经学大师口里提出了'老庄所谓'的'生贵于天下',实足以指示社会思潮正将转向的步骤!"①可见,东汉后期学风转变,也与马融崇尚老庄有一定的关系,这也是魏晋玄学的先声。马融除受庄子思想影响而外,还有谶纬思想的影子,《后汉书·马融传》说"融集诸生考论图纬,闻玄善算,乃召见于楼上"。其实,马融训诂的成就,其源在于思想的引领。

---

① 侯外庐:《中国思想通史(第二卷)》,人民出版社,1957年版,第328—329页。

从"寂然至无"到"备包有无"
——论《周易正义》对王弼易学承用和转化

吴泽林

(西北大学中国思想文化研究所)

由孔颖达等人修撰的《周易正义》一书是唐代官方经学代表著作《五经正义》的重要组成部分,也是唐代易学诠释学的代表作。与五经其他诸疏多依旧注且杂出众手不同,《周易正义》(以下简称《正义》)于《易》上、下经取魏王弼注,《系辞》上、下传以及《说卦》《序卦》《杂卦》各传则取王弼弟子韩康伯注。《周易正义》疏王弼《周易注》可谓易学史上的第五次变革,探讨这次变革的实质内容对于《易》学发展史研究具有重要意义。

学术界已经有许多成果涉及了《正义》相对于王弼《易》学之改变,相关的奠基性研究著作主要有朱伯崑先生的《易学哲学史》。朱先生认为,《正义》一书在易学史上具有调和象数和义理两大流派的倾向。一方面,孔氏承续王弼《易》学的义理学特征,从王弼派《易》学的角度总结两汉以来易学发展的成果。另一方面,孔颖达的致思理路又企图用汉人的元气说去扬弃(他有时又用"纠正"一词)王弼玄学易中的贵无贱有思想,并最终完成了从汉易到宋易的过渡。因此在《正义》中包含着两个方面的因素:"汉易中的元气说和王弼易学中玄学观"。朱先生的整体论述就是以此为基调而展开的，他的这种学术观点在此后的《正义》研究中影响深远。

潘忠伟的论文《从〈周易正义〉看崇无、贵有、独化三说之融合》，着眼于《正义》对玄学派《易》学的总结和梳理之功，将其视为玄学派《易》学的终结和统一，认为《正义》的学说可视为王弼贵无论、裴頠崇有论和郭象独化论三说之融合，并且受到了郑玄"易之三名"与"易之三义"的深刻影响。但潘文并未就这些玄学代表人物的《易》学文本，分析总结出《正义》这种融合所体现出的新《易》学理论取向，只是指出了这一融合的要点聚集于《正义》对"易"与"几"的阐发。

张克宾的论文《论孔颖达"备包有无"的易道观》认为，《正义》中的"无"是对汉易元气发生论和玄学易无本论的融合创造，其意义在于把贵无论的本体的无转化为生成性的元气，并进一步以存在的原初发生结构及"无为任自然"的根本性描述，对本根性的"无"作出了创造性的转换和发挥，从而将汉魏易学在形而上学层面上融合在一起；"有"则是易学六十四卦系统所展现的宇宙万有世界，是《正义》独特的发挥，其意义在于将《周易》以象数来呈现宇宙万有的思维方式重视起来，调和取象说和取义说，以求更好地理解《易》的精神。

学界目前的这些解读，多重视《正义》对玄学易和汉易的融合，宏观整体地探寻《正义》与两派易学的关系。然而各学派内部也分有不同的诠释方法，比如玄学派易学就有王弼贵无论、裴頠崇有论、郭象独化论等三说之分，需要注意辨析。王弼易学针对两汉象数易学之流弊，在魏晋时期率先以"扫象"的主张成家立说，推崇"时""理""无"等概念的主导地位，开辟了儒家形上学的新义[①]，同时在《正义》中占有很大分量，应该专门探讨《正义》的王弼易学渊源。《正义》继承了王弼易学重视"义理"的传统，又不尽认同王弼易学中的玄学理思，因而从理论的根源处，对易

[①] 汤用彤：《魏晋玄学论稿》，上海古籍出版社，2001年版，第77页。

从"寂然至无"到"备包有无"——论《周易正义》对王弼易学承用和转化

学进行了从玄学易到儒学易的转化。本文主要以王弼易学与《正义》中的"有""无"观念为线索,结合《正义》若干句例,探究《正义》对王弼《易》学理论的继承与转换,同时对王弼《周易略例·明象》《周易正义》卷首等篇的内容也有进一步的廓清。

一、王弼的易学无本论

"寂然至无"一词来源于王弼对《周易》复卦的注文:"寂然至无,是其本也"(《周易注·上经·复》),他认为在天地万物之中存在一个"寂然至无"的本体,以"无"为"天地之心"就能获得洞悉万物运动变化的方法。这代表了他对《易》的一种看法,认为《易》中描述了一种"至理",它不属于有形象的"有"这一层面,且高于这一层面,统御着诸多物理。这种认识源于王弼从道家著作《道德经》中引入的本末、有无哲学思想,表现在他的易学理论中,就是主张从纷繁的卦爻变化中寻找变化的节点[①],因为这些节点总是影响着卦爻的吉凶悔吝。王弼认为,这种变化的节点就是一卦、一爻之"义",而体会这些节点,并以此为准寻找适当的行为法则,则是王弼提出义理易学的根本目的。

《周易》表达了其作者对吉凶祸福的思考与预测,体现出作者对行动的吉凶悔吝的强烈关注。而两汉的象数易学有一个突出特点,就是将《易》所体现的人事的吉凶祸福、政治的成败兴衰归因于自然天象,以象数体例进行注经。这一点在东汉以降形成的"汉代象数易注之学"[①]中体现得尤为明显。王弼义理易学则一扫两汉象数易学中弥漫的阴阳灾异神秘气息,不再从超人间的神秘力量去寻求吉凶祸福的原因,而是把《易》所

---

① 李泽厚则认为:"魏晋玄学的关键和兴趣……在于如何从变动纷乱的人世、自然中去抓住根本和要害。"(李泽厚:《中国古代思想史论》,生活·新知·读书三联书店,2008年版,第204页。)

体现的人间吉凶祸福、成败兴衰归之于由生活实践及实用理性可以把握的"义理"。

他在《周易略例·明象》中提出了对"象"和"义"（"意"）的具体看法：

> 夫象者，出意者也。言者，明象者也。尽意莫若象，尽象莫若言。言生于象，故可寻言以观象；象生于意，故可寻象以观意。意以象尽，象以言著。故言者所以明象，得象而忘言；象者，所以存意，得意而忘象……是故触类可为其象，合义可为其征。义苟在健，何必马乎？类苟在顺，何必牛乎？爻苟合顺，何必坤乃为牛？义苟应健，何必乾乃为马？而或者定马于乾，案文责卦，有马无乾，则伪说滋漫，难可纪矣。互体不足，遂及卦变，变又不足，推致五行。一失其原，巧愈弥甚。纵复或值，而义无所取。盖存象忘意之由也。（《周易略例·明象》）

在这里，王弼梳理了言、象、意之间的区别与联系，指出了汉代象数易学的误区。总的来说，他认为卦义（如"乾"）与卦的文辞并非构成一个一成不变的对应体系，二者更多是一种非固定的象征关系。如果更进一步，为了使卦的本义与卦辞所述之象一一对应而使用诸如互体、卦变之类的方法，其结果必然是在解读中为了迎合对应而穿凿附会，进而有违卦义

---

① 李元骏提出：汉代象数易学包含两种不同的形态，其一可被称为"汉代象数易占之学"，其二可被称为"汉代象数易注之学"。孟、京、《易纬》之学主要以基于易学符号建立占卜体系为务，他们的这部分学问，可被称为"汉代象数易占之学"（或"汉代《易》阴阳之学"）；而荀爽、虞翻等人在其易学著述中则注重以象数体例来解释经传文本，这部分学问可被称为"汉代象数易注之学"。（李元骏：《汉代象数易学的两个面向——以王弼对"存象忘意"的批评为例》，载《周易研究》，2018年第5期，第7页。）

从"寂然至无"到"备包有无"——论《周易正义》对王弼易学承用和转化

的思想实质。① 可见王弼所根本反对的，是汉末象数易学体系对于易象的过度诠释，因此他纠正了"汉代象数易注之学"以卦辞所述之象为基准阐释卦义的颠倒思维，认为"义"才是第一位的，具有"本"的属性，是最接近解读对象思想实质的。与此同时，被王弼解读为仅具有工具属性的"象"也就失去了"本"的属性。

那么王弼将要面对的学术任务有二，一是如何推导卦"义"，也就是一卦之中最接近"本"的东西；二是如何刻画"义"与"象"（或说"无"与"有"）的关系。他在《周易略例·明卦适变通爻》中说：

> 夫卦者，时也；爻者，适时之变者也。夫时有否泰，故用有行藏；卦有大小，故辞有险易……用无常道，事无轨度，动静屈伸，唯变所适……寻名以观其吉凶，举时以观其动静，则一体之变，由斯见矣。

关于何为卦"义"，他提出了"名""时""体"等概念。
王弼在注解复卦时说：

> 然则天地虽大，富有万物；雷动风行，运化万变，寂然至无是其本矣。故动息地中，乃天地之心见也。若其以有为心，则异类未获具存矣。（《周易注·上经·复》）

王弼此一段注文意在辨析"本"（"寂然至无"）与"有"的主次地位，在论证时引入了《老子》第四十章的"有无"思想："天下万物生于有，有生于无"。显然，他认为应该以无为本，以无为重。"有"和"无"的关系体现为"有以无为本""全有必反于无"。因为在他看来"寂然至无"是天

---

① 根据楼宇烈的校释，以卦而言，"象"指卦象，泛言之则指一切可见之征兆。"意义"指卦象或事物所包含之意义。如乾卦所含之意义为刚健。（楼宇烈：《王弼集校释：下册》，中华书局，1980年版，第604页。）

地之本（心），"无"具有整全性、绝对性，是天地万物的归依。①即天地间万象得以共存的原因在于其以无为心，此乃"寂然至无"之义。

由此可知，王弼所谓卦义、爻义等概念，指的都是以整全性、绝对性的"无"为先导，以"无"为天地万物归依的有无世界。以"无"为天地万物依归，不是对具体的事物的回答，而是想要提出一种从哲学（本质）层面把握生活实践的原则性法则。

王弼对获取"意（义）"提出了"忘言""忘象"的方法：

> 然则，忘象者，乃得意者也；忘言者，乃得象者也。得意在忘象，得象在忘言。故立象以尽意，而象可忘也。重画以尽情，而画可忘也。（《周易略例·明象》）

另外，关于如何认识"义理"，王弼对《周易·系辞》"大衍之数"的解释也可作为一个较有代表性的例子。他借助《系辞》中天地之数的说法，提出了"有物之极"而"明其所由之宗"，也就表明了他认为无形象、无功用的"无"，乃是可以借助有形象、有功用的"有"获知的。

从王弼的解释我们可以看到，他对卦体的理解已经不是汉易那种宇宙生成论的方式，而是一种近似于本体论的解读，"无"作为万物运行的根据，其与万物的关系不再是"母与子"的生成关系，而是"体与用"的融摄关系。王弼在《复》卦中所言的"无"并非普通意义上的空无，作为一种存在，其内涵近似于"时"、大衍之数中的"一"或"太极"。王弼认为《易》中并不蕴含着某种超越理性的天机或宗教性的神秘意义。在他的易学体系中甚至并不存在某一超理性的天机，他的理论都在理性的范围内。

王弼的有无观念所建构的宇宙万物间的关系，不再是此生彼的衍生

---

① 张宝三先生认为，王注以"本"释象之"心"，并以寂然至无为天地之本，乃是其用道家义的表现，可与王弼对老子第四十章的注解相互参考理解。（张宝三：《五经正义研究》，华东师范大学出版社，2010年版，第289页。）

关系，而是汤用彤所说的体用关系，其关注的重点不再是"宇宙如何构成"或者"万物如何产生"，而是试图去思考"宇宙是什么"，即宇宙作为存在的本身，开始对汉人预设的实体化的宇宙本原进行反思与追问。天道由一个具体可描述的宇宙起点扩展为至静的本体。从而，《易》得以摆脱汉儒阴阳五行卦气的烦琐推衍，有了形而上的哲学面貌。王弼实际是通过对宇宙本根及其运化方式的改造与阐释，开拓出一条不同于汉易模式的哲学路径，并以此路径去恢复《易传》言说义理之本，①《正义》承用了这一路径。

二、《正义》之"备包有无"的易道观

"备包有无"一词源自"是知易理备包有无"（《周易正义》卷首），这体现了《正义》对易道的一种纲领性看法，即一方面继承了王弼易学将"无"视为"有"存在之本根的看法，另一方面更加强化了对"有"和"有""无"关系的刻画。《正义》将"无"刻画为一种没有任何属性和功用的原初构成物，对王弼所描述的"无"本体保持认同态度，同时又明确地表述了"无"生化"有"的过程："道谓自然而生，故乾得自然而为男，坤得自然而成女。"（《周易正义》卷七《系辞上》）万物皆为自生自长，天地万物的原初构成物，遵循无为而任自然的原则生化万物。另外，《正义》还重视用意象来解释"有"的世界，注重吸纳汉易中的卦气说等象数解易理论，发展了《说卦》和《系辞》中关于乾坤乃《易》表现阴阳变化的本根这种说法，目的是想要解释六十四卦之间详细的流变互通关系，揭示《易》所开显的人伦之理与治国之道。这可视为《正义》对王弼扫象不用的玄学易的一种补充与发展。

---

① 刘雅萌：《复见"天地之心"——论王弼〈周易注〉对汉代天道观的突破》，载《周易研究》，2017年第5期，第11页。

《正义》对"有无"的选择是有鲜明的倾向性的，说易理落实到"有"，回归实存；而对"无"的虚化是比较彻底的，几乎完全悬置。下面首先具体陈述《正义》对"无"的处理。《正义》对王弼本根性的"无"作了发挥和转换，并将汉易特别是《易纬》中的宇宙气化生成论思想融合进来，这在《正义》对复卦的疏释中表现得较为明显。

《正义》在对复卦中"复，其见天地之心乎"一句的疏释中写道：

> 天地养万物，以静为心，不为而物自为，不生而物自生，寂然不动，此天地之心也……观此复象，乃"见天地之心"也。天地非有主宰，何得有心？以人事之心，托天地以示法尔。（《周易正义》卷三《复》）

《正义》承袭了天地"以静为心"的观点和王弼易学中"有从无出"的理路。但与王弼的"反本"思路不同，他是以"天地非有主宰"的视角来诠释"以静为心"的。他认为天地在化育万物时"不为""不生"而任物自生，呈现出寂然不动的状态。与王弼注中"以其有为心"的有形之义不同，《正义》所说的天地"有心"指的是天地的主宰之心，是相对于天地无为而任自然的"无心"相对而言的。《正义》认为天地非有主宰，所以不干涉人世，那么天人如何沟通？依靠的是人事托天地以示法，他想指出人们虽常言"天地之心"，但实际上是在托天地之心以发表人事之心。这是《正义》把道家自然本体论与儒家伦理整合到一起的表现，他们以自然本体佐证儒教伦理，复以儒教伦理反证自然本体。

这里还要注意《正义》卷首中的对"易"的解释存在这样一个层次——不烦不扰，淡泊不失。"不烦不扰，淡泊不失"源自《易纬·乾凿度》对"易"的解释，《正义》认为此明是"易简"之义，无为之道。更说明"无"所代表的无为任自然观念在《正义》易学中的重要地位。

那么无为任自然的观念在《正义》中是否有继续向下落实呢？王弼所

从"寂然至无"到"备包有无"——论《周易正义》对王弼易学承用和转化

描述的不随万有变动的、绝对的根据之"无",被《正义》转化为无为而任自然的"无",实际上是由于《正义》与王注对天地万物变化原因有着不同的理解与诠释。王弼在注解复卦时说,"反复其道,七日来复"(《周易注·上经·复》),强调的是"复之不可远",既说"不可远",还是有将天道视为一绝对根据与标准的意味,"无"就可以说是这个标准。《正义》则曰:"反之与复得合其道……天之阳气绝灭之后,不过七日,阳气复生,此乃天之自然之理。"(《周易正义》卷三《复》)不再认为天地变化拥有一个终极的原因,天地自然之理乃是阴阳的"出入"变化。另外,《正义》还在复卦的疏文中考证了王注用"七日"不用"七月"的原因,是采用了《易纬》"六日七分"的说法,认为王注中的"反覆"实则也含有阴阳出入消息、变而相续之义,这也许就是孔氏新义。

将"无"转化为"有",并以"有"为出口,在《周易正义》卷首中有一处精彩的表达:"视之不见,听之不闻,循之不得,故曰《易》也。是知易理备包有无,而易象唯在于有者,盖圣人作《易》,本以垂教,教之所备,本备于有。""备包有无"之有和无,其实已经不是分开来谈的两个概念。

那么如何理解"备包有无"之"有"?《周易正义》卷首中说:"'易'之三义唯在于有,然有从无出,理则包无……是知易理备包有无,而易象唯在于有者,盖以圣人作易,本以垂教,教之所备,本备于有。"由此可以推知,"有"与"易理""易象""垂教"三个层次有关。

《正义》引述了《易纬·乾凿度》的说法,认为"易"之三义乃"简易""变易""不易"。"简易"意味着"光明四通"之德,但却"通精无门,藏神无穴",所以"不烦不扰"(近似前文所提到的"无为");"变易"意味着贯通天人的消息之气,主要功能是使天地之德显现出来,供人取象,主要特征是不断变化相移,消之又息。天地、五行、四时、易象、君臣均是其表现形式,它们之间相互变化流通,谓之"变节相移";"不易"意味着上下有别之位,主要想说人间的一切因各在其位,而要各司其职,天地、君臣、父子之序,均可视为"不易"的内容。因此,《正义》将"易"的宗旨总之曰"变化"。

"简易"属于道的层面,更接近于"有从无出"中的"无"。《正义》引述《乾凿度》中的"太易""太初""太始""太素"等概念来表示"简易",其虽非已然的现象世界,但天地阴阳皆由之而分化,因此也包含在"有境"之中。"变易"是讲阴阳二气的运行变化,也是对天地万物基本存在状态的描述,是天的运行与表现。万物皆由阴阳和合而成,其运动变化来源于阴阳二气的相互作用。"不易"是指圣人取象天地万物而化育民众。具体表现为圣人取象于万物,为社会人生建立纲常伦理、道德规范和社会国家制度,真正实现了将易道落实于社会人生层面。这体现了《正义》所言:"原夫易理难穷,虽复玄之又玄,至于垂范作则,便是有而教有"(《周易正义》序),彰显了《正义》本天道以立人道,法天文以开人文的天人一贯精神,是一种终极的人文关切。

《正义》在对王弼注和韩康伯注的疏解中,坚持玄学贵无论追求有背后之无的致思方式及其天道自然观,以"无"为整个思想体系的最高范畴,又将《易纬》式的宇宙生成论吸收进来,把贵无论的本体之无转化为生成性的元气,并进一步以存在的原初发生结构及"无为任自然"的根本性描述,对本根性的无作出了创造性的转换和发挥。另一方面,《正义》认为,天人关系的核心是"以人事之心,托天地以示法尔",他易学修养论的核心就在于人必能法此有无关系,以成其人事,此全不同于王弼的超脱路线。可见《正义》的本体建构,是要为整个人文世界寻求牢固的价值根据,这体现了《正义》修撰群体作为儒家士人的现实责任感,也预示了他们的易学理论将有意识地将抽象的哲学玄思引渡到社会政治和伦理秩序的治理上来。这种人文价值的开示将进一步丰富其"本体论"的内涵。

李鼎祚《周易集解》释易理路探析
——以所集《乾卦》诠释为例

张蓝丹

（西安外国语大学）

李鼎祚，唐资州磐石（今四川资中）人。由于所习经术不为世人推崇，加之未任要职，新旧唐书均无李鼎祚传。据清刘毓崧《通义堂文集》书《跋》考辨，李氏生活于唐中后期，年少勤于经书。代宗时献《周易集解》，进至殿中侍御史。同时推衍六壬五行，撰有《连珠明镜式经》十卷，精于象数易学及术数理论。

李氏经学以《周易集解》而闻名。在唐《周易正义》颁布后经义趋于统一的背景下，李氏《集解》集汉唐易家三十余人注疏，试图调和《正义》宗王而疏不破注导致的空疏之弊，是民间私著的代表。四库馆臣撰述易学发展时，以"象数"与"义理"两派相互攻伐来总述其发展，认为汉易力主象数，宋儒专攻儒理，其"两派六宗"[①]之说不可谓不精悍简要。但这

[①] "《易》之为书，推天道以明人事者也。《左传》所记诸占，盖犹太卜之遗法。汉儒言象数，去古未远也。一变而为京、焦，入于禨祥，再变而为陈、邵，务穷造化，《易》遂不切于民用。王弼尽黜象数，说以老庄。一变而胡瑗、程子，始阐明儒理，再变而李光、杨万里，又参证史事，《易》遂日启其论端。此两派六宗，已互相攻驳。"

一盖棺定论也为后人阐释易学文献带来诸多局限,谈起易学首要任务便要分门画派,以"象数"或"义理"定性学者所属阵营,对其所偏向领域大书特书,其余则模糊其词,几近忽略。对李氏易学宗脉问题,后人往往也仅依其自序言的只言片语便盖棺定论,认为其尊郑黜王,或以象数为宗,视其书为象数易学之渊薮,在易学史上,李氏已俨然成象数易学家。近年来有学者以远见卓识之功看到了"两宗六派"说的局限之处,如王兴国认为:它再一次否定了汉易专主象数的"片面性",也否定了王弼、韩康伯专重义理的"片面性",形成中国古代易学发展史上第二个"正反合"的"否定之否定圆圈",然而它并不是对《易传》的简单回复,而是在更高层次上的"复归"。此外仍有诸多学者有专文研究论述。①李鼎祚有感于官修《周易正义》偏重王氏,以义理为宗,在全国士人中流行,郑氏易亦能流传于民间。而虞翻、荀爽等汉家易注,书虽在却乏人研读。故李氏"刊辅嗣之野文,补康成之逸象。"集而解之,以补阙一代学术之弊障。

  基于此,本文以传统视域中力主象数的《周易集解》为代表,透析其中折中象数、义理的诠释理路,以汉唐间易学的折中会通视域,试图冲破四库馆臣所定义的"两派"机械之说。

---

① 林忠军:《象数易学发展史:第2卷》,齐鲁书社,1999年版,第103—125页;林忠军:《李鼎祚与〈周易集解〉》,摘自姜广辉:《中国经学思想:第2卷》,中国社会科学出版社,2003年版,第755—778页;陈远宁:《中国古代易学发展第三个圆的终结——船山易学思想研究》,湖南大学出版社,2002年版,第131—147页;(清)李道平:《周易集解纂疏》卷首《前言》及《点校体例》,1—12、123页;许维:《李鼎祚〈周易集解〉略论》,彭林:《经学研究论文选》,上海书店,2002年版,115—127页;陈仁仁:《李鼎祚易学思想述评》,摘自刘大钧:《大易集说》,巴蜀书社,2003年版,182—191页;金生杨:《论李鼎祚及其〈周易集解〉》,摘自李诚:《巴蜀文化研究》第1期,巴蜀书社,2003年版,153—165页。

一、《易传》因象数而明义理的内在逻辑

余敦康先生曾指出:"作为一部解经之作,《易传》把自己所建构的阴阳哲学说成是为《易经》所固有,并且力图在《易经》本文的卦爻符号与卦爻辞之间建立一种逻辑上的联系。"①因此,今日研究易学,需得将经传分开,由传入经,阐明《易传》其因象数而明义理的内在逻辑。李鼎祚《集解》用王弼本,由六十四卦卦名对应符号,各自卦辞、爻辞的文字与符号相互对显,分别排列易学家们的典型诠释。作为六十四卦之首的乾卦,与其他六十三卦相类而又独具特色,《集解》引姚信之言:"《乾》《坤》为门户,文说《乾》《坤》,六十二卦皆放焉。"②乾卦经传对于理解《周易》有着见微知著的鲜活意义。下面以李鼎祚注乾卦六爻所引易注为例。

乾卦(䷀)由两个经卦乾(☰),构成别卦乾(䷀),与乾卦符号形式相互对显的,是文字形式的卦辞与爻辞。形成此符号与文字一体的经文文本:

"䷀(乾上,乾下)乾:元亨利贞。

初九:潜龙勿用。

九二:见龙在田,利见大人。

九三:君子终日乾乾,夕惕若,厉无咎。

九四:或跃在渊,无咎。

九五:飞龙在天,利见大人。

上九:亢龙有悔。

用九:见群龙无首,吉。"③

---

① 余敦康:《易学今昔》,新华出版社,1993年版,第25页。
② (唐)李鼎祚:《周易集解》,台湾"商务印书馆",2004年版,第7页。
③ (唐)李鼎祚:《周易集解》,台湾"商务印书馆",2004年版,第1—50页。

以上为《周易集解》的乾卦经文文本。"☰"之后的"乾",点明卦名。下面的"元亨利贞",即是卦辞。之后,从"初九"渐次"上九",是各爻题识。初、二……五、上提示位,数字九、六提示爻的阴阳属性(六为阴,九为阳),而爻后的"潜龙勿用""见龙在田,利见大人"……"亢龙有悔",分别为各爻的爻辞。乾卦只言九不言六,坤卦只言六不言九,故《乾》《坤》两卦后申曰用九,用六。"元亨利贞",《乾卦》象征天,元始,亨通,和谐有利,贞正坚固,天体现着"元亨利贞"四种德行,全卦揭示的是具有开创气质的阳刚元素,及其变化发展规律,以彰显元气创造万物宇宙本质的原始力量。"潜",隐也。"利见",由潜而显,大人亦是如此。"惕",忧思也,"厉",危也,忧危故无咎。"跃",起也,言事可则为之。"飞龙在天",大人贵而得中,居极尊之位。"有悔",高则易危,满则损,天道自然也。"群龙无首",乾为首,变坤为无首,则能以坤柔济刚,故吉。卦辞开显一卦所涵蕴的整体意象,爻辞诠释各爻内生的具体意涵。

《易传》解读经文所蕴喻示基本象数,诠释卦爻辞背后的象数思维。此种基于象数以推演义理的基本阐释理路,确立起象数与义理相对应,符号与文字整合一体的系统。①《易传》对各卦经文作出系统阐释,衍生出诠释卦与卦辞的《彖传》,提示卦象及其昭示的社会价值的《大象传》,注解各爻及其对应爻辞的《小象传》:

> 《彖》曰:大哉乾元,万物资始,乃统天。云行雨施,品物流形。大明终始,六位时成,时乘六龙以御天。乾道变化,各正性命,保合太和,乃利贞。首出庶物,万国咸宁。
>
> 《象》曰:天行健,君子以自强不息。

---

① 王新春:《汉易的〈周易〉诠释视域与方法——以〈周易集解〉所集升卦诠释为例》,《周易研究》,2019年第2期,第17页。

《象》曰：潜龙勿用，阳在下也。

《象》曰：见龙在田，德施普也。

《象》曰：终日乾乾，反复道也。

《象》曰：或跃在渊，进无咎也。

《象》曰：飞龙在天，大人造也。

《象》曰：亢龙有悔，盈不可久也。

《象》曰：用九，天德不可为首也。（《周易集解》第1—50页）

  乾卦《象传》。《周易》卦象静态呈现出一种物自下而上的图示，动态上提示某一过程的走向趋势。①《象传》的体例是解说一卦的卦辞寓意，例如剥卦（䷖）《象传》云："柔变刚"，谓整个卦符示一个事物，如一棵树，初、二、三、四、五爻皆为阴，上爻为阳，阴柔虚弱，"阴消阳，柔变刚，皆以渐及之，非猝然为之，有似于树木老皮之剥落"。②符示事物、树木自下而上开始剥落，因而整体堪忧，不宜持续发展，否则随时承担剥落的风险。比如鼎卦（䷱）《象传》云"象也"，整个卦蕴含着一个鼎器之象。《象传》揭示两卦分别在静态与动态上对物象的符示。在《乾》卦中，六爻皆阳，朱熹称此卦为"阳之纯而健之至也"③，诸阳合成"乾"，拟"天"为象，象征着"天"的运行周天经转不息。《易传》的这一解读，受启于经文本身。乾卦（䷀）诸爻辞，"潜龙""见龙""或跃（之龙）""飞龙"再至"亢龙"；再如艮卦（䷳）"艮其趾""艮其腓""艮其限""艮其身"渐次及"艮其辅"，就是在卦爻静态上所总体呈现某一状态与动态的某一进程始终的符示之意。卦、爻所指示的物象分别为卦象与爻象，蕴含事物的德性质

---

① 王新春：《汉易的〈周易〉诠释视域与方法——以〈周易集解〉所集升卦诠释为例》，《周易研究》，2019年第2期，第17页。

② 尚秉和：《周易尚氏学》，中华书局，2016年版，第112页。

③ 邵汉明：《周易本义校注》，长春出版社，2012年版，第2页。

量气象称为卦德、爻德。①乾卦（☰）上乾下乾，体现着"元、亨、利、贞"四种德行，为衡量卦德之准的，四者混之同之，融会贯通成始生万物之"阳气"，在春夏秋冬、东南西北、一二三四周而复始的过程经传不息。九一之阳符示阳刚之物，居最下，为事物开端，位卑力弱，需养精蓄锐，故曰"大哉乾元"。九二崭露头角，九三阳爻居下卦之上，需随时警惕。九四居上卦最低位，需审视夺度，九五上卦之中，为阳刚之盛，进入上九，为最高爻，象征物极必反，阳气盛极而衰。元亨利贞，以六爻所揭示的"阳气"运转趋势揭示春夏秋冬的循环过程。"元"即为"春天"阳气滋生始兴之时，"亨"即"云行雨施，品物流形"夏天阳气极盛通达，"利"为"秋天"阳气衰竭而利物，"大明始终。六位时成"，"贞"为"冬天"阳气的含蓄守正，"各正性命，保合太和"。阳气如此周流不息，而自然万物得以生长不衰，周而复始。这便是"首出庶物，万国咸宁"所示的四德循环之义。在《象传》看来，乾卦所开示的"阳气"，应境遇、时间之推移而渐次发展，需保持时刻谨慎的姿态，审视夺度，积极进取而又需谦，却不强为物先，因此方得"万国咸宁"的局面。"乾元"即乾之元气，于时配春，故曰"资始"。"云行雨施"此释亨义，于时配夏，品物润泽，万物洁净。万物成熟，故曰"时成"，于时配秋，"时乘六龙以御天"，即言乾乘六阳以统御天道。"各正性命"者，言万物入冬而形气定也。此释贞义，于时配冬。可见，《象传》专释卦爻辞，基于全卦及其诸爻提示卦所独有的象数意蕴，进而提示卦与解读卦辞，最终是为了析释义理。由此，我们可以反推《易》中圣人因卦而推衍象、数，因象数而明义理的内在逻辑，古经内部因象数、义理而有相应卦辞表达的作《易传》理路。

乾卦《大象传》。"天行健；君子以自强不息。"《尔雅》："行，道

---

① 王新春：《汉易的〈周易〉诠释视域与方法——以〈周易集解〉所集升卦诠释为例》，《周易研究》，2019年第2期，第18页。

也。"①《周易尚氏学》引王引之云:"天行健,谓天道健也,与地势顺对文。"②乾卦下乾、上乾,乾卦拟取"天"为象征,由上下两个"乾"(☰)组成,两卦一体遂开显出"天"昼夜经转运行之象。凡《大象》专以言人事。乾卦言天道强健不息,而《大象传》根据《乾卦》卦象,推衍出"君子"应当效法于"天",其健行之象,告诫诸人修身、行事坚持自强不息,奋勇不止。乾道运行周天,为万物本始,萌生之初便"潜伏"地下,踏实成长,渐次升高,又因式调整,随时警惕,得"飞龙在天",居极尊之位,履万物之上,"圣人作而万物睹",最后"成功者退"③,进入天道自然之象。这是乾卦涵蕴符示的万物生成性,从元始发而进入至境的天道之象。君子以心灵与生命相通接乾卦此象,时刻关照自身处境与思考社会人生,进而发现更好的自己。敞开对生命的敬畏,反躬自省,谨慎培养自己的德行涵养,一如乾道运行之象,脚踏实地,循序渐进地升进高阶,趋于至上德高望重之势,而"和光同尘",以"虚"位相待而又重新统率万物萌生,培育下一代青年才智,致使天下万方都和同顺昌。《象传》对于卦的解释,一是卦所以构成的物象,即"卦德",是卦本来的意义。二是卦象引申出来的义理,也称为"卦德",是引导阅读这部经典的人觉悟出来的人生哲学。结合李镜池《左传》《国语》中易筮研究④,可得以下的卦象,乾为天,坤为地,巽为风,屯为厚,豫为乐,明夷为日,比为人,随为出等等。⑤六十四卦的《大象传》,便是如此诠释各卦整体之象,解读者应以更加开放的心态,洞悟象理一体的《易》学,用于内省己身、外涉他人、面对人

---

① 管锡华校注:《尔雅》,中华书局,2014年版,第947页。
② 尚秉和:《周易尚氏学》,中华书局,1980年版,第9页。
③ (汉)扬雄撰;刘韶军校注:《太玄校注》,华中师范大学出版社,1996年版,第257页。
④ 李镜池:《周易探源》,中华书局,1987年版,第414页。
⑤ 李镜池:《周易探源》,中华书局,1987年版,第231—232页。

生。《大象传》体象以明理的诠释思路，显而易见。

　　乾卦《小象传》共有十四句。九一之阳居下体之阳符示阳刚之物，居最下，为事物开端，位卑力弱，需养精蓄锐，故曰"阳在下也"。九二居下体中位崭露头角，迈开了重要一步，居中不偏，具备成功的内在条件，有"大人"之誉，其阳和之德，普及万物，故"德施普也"。九三居三之阳位，下卦之上，当位得正，未进入上卦，需随时警惕、勤奋不懈，"反复道也"，不使偏差，才能长保"无咎"。九四居四之阴位，当位得正，居上卦最低位，需审视夺度，或腾跃而上，或退处在渊，方"无咎"。九五处上卦之中，得中得正，此时位于阳刚元气之极盛，"大人造也"大人大展雄才，一说为"聚"。《经典释文》云："刘歆父子皆作聚。与《文言》云从龙，风从虎义和。"①按：刘歆父子二人皆中秘，习古文，应无误，故从。进入上九，为最高爻，象征物极必反，阳气盛极而衰。故曰"不可久"。用九数，过刚易折，阳极易变，变则刚柔相济，故曰："天德不可为首。"一说"天"之美德不自居首、刚去柔来。《小象传》便是这样据爻象、爻位、爻与爻之间的关系，及其爻所对应的卦象等，诠释诸爻的爻辞，着力于哲理方面特别阐发。其从象数出发的诠释理路，也是一目了然。

二、《集解》所集乾卦折中象数、义理释《易》

　　在《易传》典范诠释的基础上，汉唐易学家意识到"象、义"在易学中的关键地位，集中在两个领域进行拓展研究，推衍出更加丰富的《易》之"象数"学、"义理"学内涵。所谓"象数"，主要是指以奇偶、八卦所象征的物象解说《周易》经传文本，或是利用《周易》讲阴阳灾变一途。②

---

　　① （唐）陆德明撰：《经典释文》，中华书局，1983年版，第647页。
　　② 肖永贵：《王弼韩康伯之外的汉唐义理易学》，湖南大学2021年博士论文，第8页。

李鼎祚《周易集解》释易理路探析——以所集《乾卦》诠释为例

"义理"是指《周易》经、传原本所承载的圣人之意,具体指四库馆臣所概括的以玄言、儒理、史事解《易》三大类。李鼎祚《周易集解》折中象数与义理,而又各有所侧重,文中每节集解之后,常附有"案语",李氏经学即便是对于汉易学家着重象数的诠释,也能够灵活排列材料,使得注《易》能够中和象数与义理。以下围绕《集解》中《乾卦》所集前人易说及其李氏案语,梳理两者之间的内在逻辑,着重分析《集解》中以义理释《易》理路,对《乾卦》六爻、用九所引《易》注为例,对其中折中"象数"与"义理"的代表性进行强调与突显。

就初九爻与对应爻辞,《集解》择取了崔觐、《子夏传》、马融、沈驎士与干宝五家的诠释:

> 崔觐曰:九者,老阳之数,动之所占,故阳称焉。潜,隐也。龙下隐地,潜德不彰,是以君子韬光待时,未成其行。故曰勿用。

> 《子夏传》曰:龙,所以象阳也。

> 马融曰:物莫大于龙,故借龙以喻天之阳气也。初九,建子之月。阳气始动于黄泉,既未萌芽,犹是潜伏,故曰潜龙也。

> 沈驎士曰:称龙者,假象也。天地之气有升降,君子之道有行藏。龙之为物,能飞能潜,故借龙比君子之德也。初九既尚潜伏,故言勿用。

> 干宝曰:位始,故称初。阳重,故称九。阳在初九,十一月之时,自复来也。初九,甲子天正之位,而乾元所始也。阳处三泉之下,圣德在愚俗之中,此文王在羑里之爻也。虽有圣明之德,未被时用,故曰勿用。①

---

① (唐)李鼎祚:《周易集解》,台湾"商务印书馆",2004年版,第1—50页。

■ 《周易》与易学史研究

崔注。崔注着重对《周易》义理的阐发，初九之"九"为老阳之数，居阳位得正，龙下隐地，其德性潜伏隐藏，从而告诫君子应该韬光养晦，等待时机，未成其行。崔注《乾·文言》："谓失其正者，若燕哙让位于子之之类是也。"①此处以史注《易》，燕王哙效仿尧舜而传位于相国之子，最终导致燕国内政动乱、齐国入侵。崔觐以燕王这一史事，说明并非圣人而又不知进退，终会失败，从反面申论，唯有圣人知存亡进退而不失其正。后九四言："言君子进德修业，欲及于时。犹龙自试跃天，疑而处渊。上下进退，非邪离群。故无咎。"②以九四阳爻居下卦最上、上卦最下，仍处于难为多惧之位，以说君子尚须进德修业，审视夺度，进则果决奋进，不行则毅然退却，进退有据方能"无咎"。两爻均详细论述义理且归诸人事，阐明圣人之旨。但崔注同时重视象的作用，以汉人象数十二辟卦来注《易》。汉孟喜卦气说编制了一个卦气图式，有规律地选取十二卦，将其与一年中的十二月份结合起来：复（☷☳）、临（☷☱）、泰（☷☰）、大壮（☳☰）、夬（☱☰）、乾（☰☰）、姤（☰☴）、遁（☰☶）、否（☰☷）、观（☴☷）、剥（☶☷）、坤（☷☷）分别配十一月、十二月、正月……七月、八月、九月、十月。如此指示自然界万物"阴阳消息"的意义，称之为"十二辟卦"。崔注《说卦》乾"为大赤"云："乾，四月，纯阳之卦，故取盛阳色，'为大赤'"③崔觐从孟喜说，认为《乾》是四月卦，且六爻皆阳为纯阳卦，所谓"不杂曰纯，不变曰粹"④。所以取盛阳的颜色，即为"大赤"。这也反映出李鼎祚《集解》选注时融合义理与象数释《易》的大体倾向。

马注。马融承费直之学，并重视以儒理解《易》，具体表现为以礼解

---

① （唐）李鼎祚：《周易集解》，台湾"商务印书馆"，2004年版，第23页。
② （唐）李鼎祚：《周易集解》，台湾"商务印书馆"，2004年版，第37页。
③ （唐）李鼎祚：《周易集解》，台湾"商务印书馆"，2004年版，第417页。
④ （唐）李鼎祚：《周易集解》，台湾"商务印书馆"，2004年版，第18页。

李鼎祚《周易集解》释易理路探析——以所集《乾卦》诠释为例

《易》、引史注《易》。在象数之学盛行的汉代，古文经学代表马融注易不可避免也带有象数的痕迹。马融以"建子之月"解释爻辞，可能本于京房易学，《京氏易传》："建子起乾龙"①。京房在继承孟喜"卦气说"基础之上，将八纯卦②及其各爻与天干地支相配，创建了纳甲说。自初爻至上爻，乾配子、寅、辰、午、申、戌。京房将卦爻的阴阳变化与历法密切地结合起来，便于更好地推算人事的吉凶，成为郑玄爻辰说的理论来源，共同构成汉象数易的重要理论。《周易集解纂疏》曰："马君治费《易》者也。'初九建子之月'，谓《乾》《坤》十二爻周十二月，即十二月消息卦。非郑氏爻辰《乾》起子，《坤》起未，间时而行六辰之法也。"③可见马融此注本自孟京象数之学。"阳气始动于黄泉"源自《月令》和《子夏易传》。④《子夏易传》云："龙所以象阳也。"⑤《礼记·月令》云："仲春之月水泉动。"⑥马融以龙象征阳气，并以阳气的潜伏解释"潜龙勿用"。进一步阐明"物莫大于龙，故借龙以喻阳气"，显然受到"卦气说"的影响。

沈注。沈驎士指出以龙为喻是一种"假象"之法，认为"天地之气有升降"。升降说是荀爽易学的核心内容，此说本于京房："内外刚长，阴阳升降。"⑦"阳升阴降，阳来荡阴。"⑧其认为乾坤两卦为万物之祖、阴阳之

---

① （汉）京房撰；（吴）陆绩注：《京氏易传》，第27页。
② 八经卦的重卦分为八宫，又称八纯，乾、震、坎、艮、坤、巽、离、兑依次排列，前四卦为阳卦，后四卦为阴卦。每宫一纯卦又统率七变卦，如乾宫乾为纯卦，统率姤、遁、否、观、剥、晋、大有七卦。纯卦又称作上世卦，六爻皆不变。
③ （清）李道平：《周易集解纂疏》，中华书局，1994年版，第29页。
④ 潘斌：《马融易学探微》，载《周易研究》，2010年第4期，第37页。
⑤ （唐）李鼎祚：《周易集解》，台湾"商务印书馆"，2004年版，第3页
⑥ （汉）郑玄注：《礼记》，中华书局，1920—1934年版，第87页。
⑦ （汉）京房：《京氏易传》卷上《屯卦》，中华书局，1991年版，第9页。
⑧ （汉）京房：《京氏易传》卷中《大壮卦》，中华书局，1991年版，第17页。

本，宇宙生息由乾坤阴阳二爻的交相推移、变化，而推衍为万物运行法则，象化为六十四卦。荀爽对此加以发展，并形成了乾坤为体、阴阳为用的思想。沈驎士创造性将汉易象数"阴阳升降说"与"君子之道"相对，借龙比君子之德，故言初爻"勿用"，君子应潜修德行，以待后进。如此，象数的形式与义理的内涵在一定程度上被统一起来。

干注。干宝《易》注最突出的学术特色，就是折中象数和义理两派易学于一体。云初九位于一卦之最下故称初，居阳位得正。以"十一月"释初九阳爻同样源自汉易京房"纳甲说"与孟喜"卦气说"。"初九，甲子天正之位，而乾元所始也"。继承京氏纳甲学说中的"乾初九纳甲子"。干宝论以象数论《易》的同时兼顾义理以史解《易》，如干注《乾》卦的初九、九二、九三爻，分别注为"此文王在羑里之爻也"①"圣人将显，此文王免于羑里之日也"②"此盖文王反国大理其政之日也"③。这短短的三句便将周文王被商纣王囚禁于羑里，被释放归国后整顿国家政务的历史勾勒出来。干宝将殷周的历史注释看作《易》的一种卦象，注《乾》九三时（见下文），从儒家政治哲学出发，以仁、义、礼、智等角度，对殷亡、周兴的历史经验教训进行总结。难得之处在于，干宝注重从史实中，以《易》道总结出国家政事有所补益的政治主张。干宝通过以史释《易》，整合出符合"易道"的义理。《周易集解》将五家《易》注集置于一爻，既有卦义基本内容的呈现，也能看到其循序渐进，折中象数与义理的释易理路。

就九二爻与对应爻辞，同书选取了王弼、郑玄与干宝三家的诠释：

> 王弼曰：出潜离隐，故曰见龙。处于地上，故曰在田。德施

---

① （唐）李鼎祚：《周易集解》，台湾"商务印书馆"，2004年版，第2—3页。
② （唐）李鼎祚：《周易集解》，台湾"商务印书馆"，2004年版，第2—3页。
③ （唐）李鼎祚：《周易集解》，台湾"商务印书馆"，2004年版，第2—3页。

周普，居中不偏，虽非君位，君之德也。初则不彰，三则乾乾，四则或跃，上则过亢。利见大人，唯二五焉。

郑玄曰：二于三才为地道，地上即田，故称田也。

干宝曰：阳在九二，十二月之时，自临来也。二为地上，田在地之表，而有人功者也。阳气将施，圣人将显，此文王免于羑里之日也。故曰利见大人。①

王注。王弼此句纯以义理释爻辞。王氏《易》注有三大学术特色。一是以传解易，二是扫象取义，三为以玄（老子）解易。首先，王弼直接使用《易大传》来解释《易》经。如注释乾卦初九爻辞时，曰"文言备矣"；注释乾卦九四爻位时，直接截取了《乾·文言》中的注释："九四重刚而不中，上不在天，下不在田，中不在人，故或之。或之者，疑之也，故无咎。"②其次，王弼在摒弃《周易》一书卜筮成分的同时，掺入了王氏本人观照人事的社会政治哲学论述。"易本卜筮之书，故末派浸流于谶纬，王弼乘其极敝而攻之。"③王弼扫落汉代象数之弊，而使用人事来解释《周易》。李鼎祚评曰："郑氏多参天象，王弼多参人事。"④如《乾卦·九二》："德施周普，居中不偏。虽非君位，君之德也。"⑤即通过卦位得中而论述乾卦卦德，也就是君德。文言与复卦上六注"用之于国，则反乎君道也"⑥等论述的都是君道，王氏试图通过儒家的政治哲学改造魏国，解决当时尖锐的社会矛盾，期望君臣矛盾激化的魏国能够走向正轨，从而实

---

① （唐）李鼎祚：《周易集解》，台湾"商务印书馆"，2004年版，第1—50页。
② （唐）李鼎祚：《周易集解》，台湾"商务印书馆"，2004年版，第21页。
③ 《十三经注疏·周易正义》，中华书局，1998年版，第1页。
④ （唐）李鼎祚：《周易集解》，台湾"商务印书馆"，2004年版，第1页。
⑤ （唐）李鼎祚：《周易集解》，台湾"商务印书馆"，2004年版，第2页。
⑥ （唐）李鼎祚：《周易集解》，台湾"商务印书馆"，2004年版，第132页。

现君有其道，父子君臣各得其所的政治主张。此外，王弼认为《周易》各卦辞都蕴含深刻的哲学观点，借助老庄玄学（哲学）中本体论的思想，阐释《周易》所包含的大道。王弼学术融合对中国哲学史的格局产生了深远影响。李鼎祚于《自序》曰："圣人以此洗心退藏于密，自然虚室生白，吉祥止止，坐忘遗照，精义入神，口僻焉不能言，心困焉不能知，微妙玄通，深不可识。《易》有圣人之道四焉，斯之谓矣。原夫权舆三教，铃键九流，实开国承家修身之正术也。"①从中我们似应深入理解此节大义，方可进而明白身处唐朝的李鼎祚所总结的一代易学精华所在。经唐代百余年的发展三教，已经结合汉及魏晋南北朝的易学。李氏认为，易学已能"权舆三教"（儒、道、释），此为唐易之特色。由"权舆三教"而反诸外王之道，易理实为开国承家修身之正术也。②则唐代易象之所象，早已不同于汉代易象之所指。李氏继承王弼，已得唐易之风气云，又为宋儒释道三家合流的理学诞生，奠定了基础。

郑注。郑玄兼言象数、义理以释《易》旨，将历史—礼乐—王政—卦气—爻辰说相互融合在一起。一方面继承古文费氏易学传统，对经文进行义理层面的阐释，如易学训诂、以礼注《易》、以史注《易》等都是这一倾向的突出表现。本卦九二"在田"，郑玄注三才之道，九三为人道，君子之象，九五为天道，龙飞之象。初、二两爻处于地道，而二爻又在初爻之上，地上即田，故为"在田"。另一方面，郑氏又援引、发挥汉代象数体系，如其爻辰说、礼象说、易数说。最典型的当为爻辰说，其本于十二律相生，合一年十二月与乾坤十二爻而成，又配以二十八宿与十二生肖，

---

① （唐）李鼎祚：《周易集解》，台湾"商务印书馆"，2004年版，第2页。
② 潘雨廷，张文江整理：《读易提要》，上海古籍出版社，2017年版，第83页。

李鼎祚《周易集解》释易理路探析——以所集《乾卦》诠释为例

涉及音律、历法、生肖和星象等领域，实现了"视域融合"。①郑氏这一做法，为象数易的发展注入极大活力。然而，部分易学家认为郑氏爻辰说非易学正宗，不予理睬，如魏晋王弼、唐孔颖达皆予以批驳。李鼎祚《周易集解》虽博采象数易，独不取其爻辰说。

就九三爻与对应爻辞，同书择取了虞翻、荀爽的诠释：

虞翻曰：谓阳息至三，二变成离。离为日，坤为夕。

荀爽曰：日以喻君。谓三居下体之终而为之君，承乾行乾，故曰乾乾。夕惕以喻臣。谓三臣于五，则疾修柔顺，危去阳行，故曰无咎。②

虞注。以象数学解《易》方法之"消息"与爻正说释九三爻辞。根据十二卦的阴阳消退生长变化，乾阳长在《坤》之中，阳消阴初一到三，经历了《复》《临》而成《泰》，《泰》二爻以阳居阴而失位而变正，内卦即为《离》，《离》为日，外卦为《坤》，《系辞》曰"刚柔者，昼夜之象也"，又《说文》："夜，从夕。"乾为刚为昼，故知《坤》为夕。由此解释"终日乾乾"之"日"与"夕"。

荀注。以爻辞的上下关系释"乾乾""夕惕""无咎"，并作儒家纲常伦理中君臣意义的义理解释。九三居内卦乾之上爻，为内卦之君，而上承外卦乾，以乾接乾，故曰"乾乾"。但九三本身处于下卦之中，相对于五爻"君"而言，仅是"臣"，需时时慎重以事君，故曰"夕惕"。以九三柔顺忠贞之德以事九五之君，只有如此才会"无咎"。

就九四爻与对应爻辞，同书择取了崔觐与干宝两家注释：

---

① 王毅：《诠释学视野下的郑玄易学研究》，载《温州大学学报》（社会科学版），2012年第1期，第32—33页。
② （唐）李鼎祚：《周易集解》，台湾"商务印书馆"，2004年版，第1—50页。

> 崔觐曰：言君子进德修业，欲及于时。犹龙自试跃天，疑而处渊。上下进退，非邪离群。故"无咎"。
>
> 干宝曰：阳在九四，二月之时，自大壮来也。四虚中也。跃者，暂起之言，既不安于地，而未能飞于天也。四，以初为应。渊，谓初九甲子，龙之所由升也。或之者，疑之也。此武王举兵孟津，观衅而退之爻也。守柔顺，则逆天人之应；通权道，则违经常之教。故圣人不得已而为之，故其辞疑矣。①

崔注。同样结合儒家经世义理阐释爻辞，以《文言》"君子进德修业，欲及于时"表明君子此时正处于"自试跃天，疑而处渊，上下进退非邪"的境地。

干注。阐明九四"既不安于地，而未能飞于天"的境地，再借干宝所注"武王举兵孟津，观衅而退之爻也"解释为何能"无咎"。

就九五爻与对应爻辞，同书择取了郑玄、虞翻与干宝三家的诠释：

> 郑玄曰：五于三才为天道。天者，清明无形，而龙在焉，飞之象也。
>
> 虞翻曰：谓四已变，则五体离。离为飞，五在天，故"飞龙在天，利见大人"也。谓若庖牺观象于天，造作八卦，备物致用，以利天下，故曰"飞龙在天"。天下之所利见也。
>
> 干宝曰：阳在九五，三月之时，自夬来也。五在天位，故曰"飞龙"。此武王克纣正位之爻也。圣功既就，万物既睹，故曰"利见大人"矣。②

郑注。郑玄同样以人伦日用义理阐释爻辞，以三才之天道为五，天为

---

① （唐）李鼎祚：《周易集解》，台湾"商务印书馆"，2004年版，第1—50页。
② （唐）李鼎祚：《周易集解》，台湾"商务印书馆"，2004年版，第1—50页。

李鼎祚《周易集解》释易理路探析——以所集《乾卦》诠释为例

轻清之气，居上而无形无迹，龙在其间，有飞龙之象。《乾凿度》："一者形变之始，轻清者上为天，浊重者下为地。"① 龙从水，而天汽清明亦属水，故九五爻有"飞之象"。又《文言》"云从龙"，盖有此说。

虞注。虞翻从象数、义理两个角度释《乾》九五爻辞。乾四爻以阳居阴而失位变阴，三、四、五爻互体为离。甲骨文中"离"字为""下部犹捕鸟兽之网，网内有一小鸟"隹"，故离有鸟义。又《说卦》"离为雉"。离为南方卦位，《史记·天官书》："南方飞鸟。"② 故离有飞鸟之象。又九五居至尊之位，故曰"五在天"。后直接援引《系辞》解卦"古者包牺氏之王天下也，仰则观象于天，俯则观法于地，观鸟兽之文，与地之宜，近取诸身，远取诸物，于是作八卦"。③ 引传说中原始社会三皇之一的包牺氏画八卦以治天下，赋予卦象以远古圣王观象画卦的宗教合理性。

就上九爻与对应爻辞，同书择取了王肃、干宝的诠释，后附按语：

> 王肃曰：穷高曰亢。知进忘退，故悔也。
>
> 干宝曰：阳在上九，四月之时也。亢，过也。乾体既备，上位既终。天之鼓物，寒暑相报；圣人治世，威德和济；武功既成，义在止戈。盈而不反，必陷于悔。
>
> 案：以人事明之，若桀放于南巢，汤有惭德，斯类是也。④

王、干注。以注疏"亢"来以解释"悔"，因为"圣人治世，威德相济；武功既成，义在止戈"，故而上九之爻"亢龙有悔"。若此时仍然"盈

---

① （汉）郑玄注：《易纬·乾凿度·卷上》，《武英殿聚珍版丛书》本，第5—6页。
② （汉）司马迁，（刘宋）裴骃集解；（唐）司马贞索隐；张守节正义：《史记：130卷》，中华书局，1977年版，第517页。
③ （唐）李鼎祚：《周易集解》，台湾"商务印书馆"，2004年版，第362—363页。
④ （唐）李鼎祚：《周易集解》，台湾"商务印书馆"，2004年版，第1—50页。

而不反，必陷于悔"。

李鼎祚按。李氏按语肯定干宝之说，以史实解《易》。"桀放于南巢，汤有惭德"，以夏桀无道，最终被流放南巢的历史事实进一步补充说明"盈而不反，必陷于悔"具体所指的境界。

在辑录各家对乾卦经传的注疏时，李氏选择了虞翻、郑玄、王肃、马融、干宝、荀爽与崔觐的诠释。郑玄、虞翻与荀爽，为汉末易学三大家，代表着汉末易学的最高水平；干宝为魏晋时期的京氏易学传承者；崔觐又是唐代罕见的象数易学名家。以上，李氏有意识地排列诸家诠释，具体而典型地展示着其折中象数、义理，以注解《周易》的理路与方法。

三、《集解》按语折中象义

李氏以按语的形式，在诸位易学家注解缺漏处加以注释与说明，散见全书，共112条，其中象数义理兼备。从按语本身分析出发，李氏顺应易学发展内部规律，沿着易学家侯果、崔觐等人开辟的重象数之路，沿用了汉儒种种取象的方法。同时，按语多次引老庄思想阐发易理，或直以文字训诂疏通经意、引史证易阐发圣人社会政治哲学，亦是沿袭郑注以《礼》注《易》，引《左传》等先秦典籍释易。实现了唐代易由专崇王学玄理，向象数义理兼重的时代转变，再次确立了象数易学在易学史上的地位。今将其按语汇而考之，刺取各部原文，条理疏证。

第一，纯以义理说卦。如《巽卦·六四》：

> 悔亡，田获三品……案：《穀梁传》曰春猎曰田，夏曰苗，秋曰蒐，冬曰狩。田获三品：一为乾豆；二为宾客；三为充君之庖。注云：上杀中心，乾之为豆实；次杀中髀骼，以供宾客；下杀中腹，充君之庖厨。尊神敬客之义也。①

---

① （唐）李鼎祚：《周易集解》，台湾"商务印书馆"，2004年版，第280页。

李鼎祚《周易集解》释易理路探析——以所集《乾卦》诠释为例

李鼎祚按语针对虞翻注作解，纯以义理说卦。虞翻以爻变说释卦，地中称田为二，失位无应，故为悔。巽卦（☴）二爻动变为艮（☶），为手，故称"获"。而艮为狼，互卦坎（☵）为豕，离（☲）为雉。故"获三品"。李氏不满虞翻辗转变爻空洞之说，以《穀梁传·恒公四年》田猎义理疏通爻辞。《穀梁传》："四时之田，皆为宗庙之事也。春曰田，夏曰苗，秋曰蒐，冬曰狩。四时之田用三焉，唯其所先得，一为乾豆，二为宾客，三为充君之庖。"①以义理释卦，以为四时之田，皆为宗庙事。以国君四季打猎所得用以作祭祀、招待宾客与充实国君膳厨。再如《井卦·九二》（☵）象曰：

> 井谷射鲋……案：鱼，阴虫也。初处井下，体又阴爻，鱼之象也。②

此处李氏依王弼注："鲋，谓初也。"③与注中孚卦辞"鱼者，虫之幽隐"④，对虞与崔注作补。可见，李氏用王弼义理，不分门户，唯理是从。再如《观卦》（☴）卦辞：

> 盥而不荐，有孚颙若……案：鬼神害盈，祸淫福善。若人君修德，至诚感神。信则黍稷非馨，明德惟馨。故观盥而不观荐，飨其诚信者也。斯即东邻杀牛，不如西邻之禴祭，实受其福，是其义也。⑤

此处纯以《大学》《中庸》与礼学义理联合解之，李氏对马融诠释进行发挥，强调仁义德治的政治理念，要求最高统治者率先垂范，至诚感神，

---

① （清）阮元校刻：《十三经注疏》，中华书局，2009年版，第1224页。
② （唐）李鼎祚：《周易集解》，台湾"商务印书馆"，2004年版，第238页。
③ （魏）王弼注：《周易正义》，中华书局，1957年版，第454页。
④ （魏）王弼注：《周易正义》，中华书局，1957年版，第285页。
⑤ （唐）李鼎祚：《周易集解》，台湾"商务印书馆"，2004年版，第112页。

反映出一种坚持礼化治天下的传统社会政治态度。"盥"与"荐"与祭祀相关，观之大用，在于感孚。人神之感孚，本于人心清明至诚。《中庸》"至诚之道，可以前知""至诚如神"①。李氏认为观卦重在"盥"而不在"荐"，所谓心斋是也。故"观盥而不观荐，飨其诚信者也"，与《大学》所说"内止至善，外明明德"之说亦相契应。此外《蛊卦》（䷑）卦辞："元亨。李氏案：《尚书大传》云：乃命五史，以书五帝之蛊事。然为训者，正以太古之时无为无事也。今言蛊者，是卦之惑乱也。时既渐浇，物情惑乱，故事业因之而起惑矣。故《左传》云：女惑男，风落山，谓之蛊，是其义也。"②援引《尚书》《左传》以释易；《坎卦》（䷜）按语以《周礼》解易等，皆纯以义理说卦。

第二，以卦变说为主，融合象数义理。《困卦·九二》：

因于酒食，朱绂方来。……案：二本阴位，中馈之职。坎为酒食，上为宗庙。今二阴升上，则酒食入庙，故困于酒食也。上九降二，故朱绂方来。朱绂，宗庙之服。乾为大赤，朱绂之象也。③

李氏以否卦、家人卦与需卦联合解之。以"二阴升上"，"上九降二"以阴阳升降说变卦，否卦（䷋）上九降九二位，六二升上六位，否卦变为困卦（䷮）。《家人·六二》（䷤）："在中馈。"④《需·九五》"需于酒食"⑤，需卦（䷄）上体为坎且九五居坎之中，故"坎为酒食"⑥。《周

---

① （宋）朱熹撰；徐德明校点：《四书章句集注》，上海古籍出版社、安徽教育出版社，2001年版，第32页。
② （唐）李鼎祚：《周易集解》，台湾"商务印书馆"，2004年版，第105页。
③ （唐）李鼎祚：《周易集解》，台湾"商务印书馆"，2004年版，第105页。
④ （唐）李鼎祚：《周易集解》，台湾"商务印书馆"，2004年版，第244页。
⑤ （唐）李鼎祚：《周易集解》，台湾"商务印书馆"，2004年版，第50页。
⑥ （唐）李鼎祚：《周易集解》，台湾"商务印书馆"，2004年版，第50页。

礼·膳夫》郑注以馈食为中馈之职，结合动爻故为"困于酒食"。而乾卦为"为大赤"，乃朱绂之象，宗庙之服，故上九降二为朱绂方来。再如《未济·初六》（䷿）象曰：

　　濡其尾，亦不知极也。①

此处李氏发挥虞翻"应在四"的失位说。以互体、训诂、应爻解之。联系九四爻辞解初六，九四在六五阴爻之下，三四五爻互坎居中，故称"尾"。极，中也。《尚书·洪范》"皇建其有极"②谓四居坎中，以濡其尾，是不知极也。再如《说卦·同人》：

　　先号咷而后笑。……子曰：君子之道，或出或处，或默或
　　语。……二人同心，其利断金。……同心之言，其臭如兰。……
　　案：六三互巽，巽为臭也。断金之言，良药苦口，故香若兰
　　矣。③

李氏按语以医药、互体说解《同人》孔子易论。此处为九五爻辞，因九五与六二，皆得中得正，同心相应，故"二人同心，其利断金"。又《说卦》："巽为臭。"同人（䷌）二三四爻互巽（䷸），六三为巽之中，谓之"六三互巽"，故曰"同心之言，其臭如兰"。《素问·奇病论》"肥者令人内热，甘者令人中满，故其气上溢，转为消渴。治之以兰，除陈气也"④。李氏之意，"兰"依典籍可入药，以香草"兰"可除陈气，故断金之言，犹良药苦口。《孔子家语·六本》"良药苦口利于病，忠言逆耳利于行"⑤，《同

---

① （唐）李鼎祚：《周易集解》，台湾"商务印书馆"，2004年版，第308页。
② 王世舜，王翠叶译注：《尚书》，中华书局，2012年版，第148页。
③ （唐）李鼎祚：《周易集解》，台湾"商务印书馆"，2004年版，第328页。
④ 范文章译注：《黄帝内经》，四川人民出版社，2018年版，第95页。
⑤ 王国轩，王秀梅译注：《孔子家语》，中华书局，2011年版，第191页。

人》之同心言，既可断金利行，亦芳香如兰。①故谓之"断金之言，良药苦口，故香若兰矣"。

第三，参证史实。《师卦·六五》(䷆)：

> 田有禽，利执言，无咎……案：六五居尊失位，在师之时，盖由殷纣而被武王擒于鹿台之类是也。以臣伐君，假言田猎。六五离爻，体坤，离为戈兵，田猎行师之象也。②

此处李氏称引历史事实，以史解《易》，援引《诗》证。通过具体的历史事件充分阐明《易》理，注重探索社会、人事发展变化的规律。关于纣王的死亡方式，一有被生擒后斩首说，二有自焚后被斩首说。《六韬》："先涉，以造于殷。甲子之日，至牧之野。……禽受（擒获纣王），（系）其首于白（大白旗）。"③李氏以武王擒殷纣王于鹿台之上，"田有禽"者，即擒获之意也。而不是纣王兵败自焚。《释文》云："徐，本作擒。"④是古本禽作"擒"字矣。六五柔中变刚，为用师之主，其征伐而获有囚俘，李氏以《诗》证"帝谓文王，询尔仇方""执讯连连，攸馘安安"⑤。即"执"作"讯"言。文王、周公时确有"执言"之事，"执言"即"执讯"无疑。李氏案，古者田猎军战本为一事。古观军战断敌军耳以计，田猎同样如此。未获之前，田物谓丑，敌众亦谓丑，获有囚俘之后，田物谓之禽，敌众亦谓之禽。故此视田时之兽与战时所之敌视为一物。李氏援引古史解易，谓六五爻为田事多获，军中杀敌致果之象。再如《乾卦·上九》："亢

---

① 田君：《〈周易集解〉李鼎祚案语汇考》，载《蜀学》，2014年卷，第42页。
② （唐）李鼎祚：《周易集解》，台湾"商务印书馆"，2004年版，第59页。
③ 《六韬》，岳麓书社，2000年版，第159页。
④ （清）卢文弨撰：《经典释文考证》，商务印书馆，1935年版，第276页。
⑤ （宋）朱熹集撰；赵长征点校：《诗集传》，中华书局，2017年版，第284页。

龙有悔……案：以人事明之，若桀放于南巢，汤有惭德，斯类是也。"①《乾·文言》："亢龙有悔，穷之灾也。案：此当桀、纣失位之时。亢极骄盈，故致悔恨穷毙之灾祸也。"②《乾·文言》："知得而不知丧……案，此论人君骄盈过亢，必有丧亡。若殷纣招牧野之灾，太康遭洛水之怨，即其类矣。"③此外《豫卦》（☷）《蛊卦》（☶）等按语李氏皆以参证史实诠释卦辞，补象术学之空疏发挥。

总而言之，李氏力图消除象数与玄理的隔阂，折中调和二者释易，真正完成了唐代易学由专崇王学玄理，向象数义理兼重的时代转变，再次确立象数易学在易学史上的地位，为清代惠栋、张惠言等汉学家研究汉易传承根基。

四、结语

综上，李鼎祚《周易集解》所引汉唐诸儒《易》说，并非属于简单的文献集成，机械罗列，而是内蕴着"李氏逻辑"的注《易》思路体系。《集解》将汉代以来象数易学与义理易学两派之说折中于一体，基于折中象数、义理的"刊王补郑"，从而对汉唐间儒家易说进行有机整合，使《周易集解》完满呈现出汉唐易学集象数与义理，有机融于一体的完美境界。本文以《周易集解》所集《乾卦》诸家诠释为例，细要考述了汉唐易学中和象数、义理的释《易》理路，对其进行深入研究，是对汉唐易学的重要补充，也是易学史、经学史、儒学史、文化史的不可回避的一大重要问题，有其现实意义。

---

① （唐）李鼎祚：《周易集解》，台湾"商务印书馆"，2004年版，第3页。
② （唐）李鼎祚：《周易集解》，台湾"商务印书馆"，2004年版，第16页。
③ （唐）李鼎祚：《周易集解》，台湾"商务印书馆"，2004年版，第22页。

大我之境
——慈湖易学的境界观

杨梦航

(山东大学哲学与社会发展学院)

在宋儒中,慈湖因其思想的独特性,常被指为"禅儒"。这一说法虽然言过其实,但不可否认的是,慈湖的确在一定程度上受到佛教的影响。这不仅体现在慈湖的本体论建构在无实体的心神上,还体现于慈湖对心体无滞境界的追求。"境界"一词作为"修养境地"解本就源于佛教,付长珍认为宋儒境界有圆融洒落,有敬畏和乐,有从容中正。①而慈湖所追求的心体不著一物甚至不著一意,更偏向于佛教。慈湖境界论的建构以《周易》为载体,通过对《周易》的解析,慈湖构建了一个不起私意、天人无分的"大我"。过去对于慈湖的研究,多集中其解易方法与思想的本体架构,而对慈湖的境界观少有提及。本文以《慈湖易传》入手,分析慈湖所构想的理想境界。

一、道虚无我

宋儒的境界观有"敬畏"和"洒落"之分,阳明强调"敬畏"与"洒

---

① 付长珍:《宋儒境界论》,上海三联书店,2008年版。

大我之境——慈湖易学的境界观

落"的统一,"敬畏之增,不能不为洒落之累"①,"洒落为吾心之体,敬畏为洒落之功"②。而慈湖所要追求的是无思无虑的无滞状态,心应于物而不为物所迁,自然洒落。处于这一状态下的心体时刻都是光明广大的,因此文天祥称赞慈湖"云间月澄",可见其心体之清明朗照。慈湖认为:

> 日光大者,乃言其道心光明,如日月之光,无思无为而万物毕照。道心无我,虚明洞照。万理苟未至于如日月之光明,必有私有意,有我必,有蔽惑。③

> 能用九者,中虚无我,何思何虑,是谓本心。④

> 然此乃妄意疆立己私,此心中虚,实无我,其妄立我,乃外意尔,非虚中之所有。⑤

慈湖认为体道就要做到中虚无我,"无我"这一概念常见于道家,"圣人无我""圣人体无",魏晋玄学的有无之辩也促进了"有""无"概念的范畴演变。儒家虽未明言"无我",但慈湖的"无我"思想是从儒家脱胎而出,并受到了老庄的影响。慈湖跟随其师,心学思想接续孟子,虽然孟子思想没有明确表示无我的思想,但孟子也有己私的概念,同时孟子抬高了"心"的地位,提出了小体与大体之分,这些思想都对慈湖的"无我"概念形成了影响。慈湖的"无我",所要否定的,是受具有认识功能的耳

---

① (明)王守仁:《王阳明全集》,上海古籍出版社,2011年版,第212页。
② (明)王守仁:《王阳明全集》,上海古籍出版社,2011年版,第212页。
③ (宋)杨简:《杨简全集(第一册)》,浙江大学出版社,2015年版,第94页。
④ (宋)杨简:《杨简全集(第一册)》,浙江大学出版社,2015年版,第22页。
⑤ (宋)杨简:《杨简全集(第一册)》,浙江大学出版社,2015年版,第120页。

目器官所影响而产生分别心的小我。"我"在慈湖那里有两层意思，一层是己私、私我，另一层才是道心所在的大我。这两层之间的关系，类似于牟宗三所说的良知的自我坎陷，"真我之一曲折（自我坎陷），由此曲折而拧成这么一个架构的我（认知主体）"①。小我是主客对立的我，大我才能贯通主客。慈湖所说的"无我"之境即是"大我"之境。

慈湖的无我即是消极地丧失掉自我意识而构成的我，因为这一层次的"我"有己私，并非本我，无法达到廓然大公。而真正的本我即道心，"道心之中无己私，果无己私，则自足以取信于人"②，"惟道心昭明，道心无我，道心非意"③。道心无体，自然不生杂念，有我则有意，则起分别。慈湖反复强调孔子的绝四说，"子绝四：毋意，毋必，毋固，毋我"。程刚认为，"毋我"的"我"是指从个体自我出发对事物的认识和反应，与"己私"意义相近，道心人人本来具有，但是为"我"所蔽。小我具有认识功能，大我感物而不为物所迁，小我则不然。小我在与物相交的过程中产生"意"，即己私。

在慈湖那里，"我"还有第二层含义，即与道相等同的大我。牟宗三认为："由统觉的自我意识构成的我仍然不是最终的作为本体的我……在这之上还必须有一个作为真正主体的'我'存在，统觉的自身意识的我是介于作为现象的自我与作为真正主体的'我'存在。"④慈湖的大我即是真

---

① 牟宗三：《智的直觉与中国哲学》，台湾"商务印书馆"，2000年版，第180页。

② （宋）杨简：《杨简全集（第一册）》，浙江大学出版社，2015年版，第124页。

③ （宋）杨简：《杨简全集（第一册）》，浙江大学出版社，2015年版，第151页。

④ 盛珂：《道德与存在：心学传统的存在论阐释》，社会科学文献出版社，2019年版，第92页。

大我之境——慈湖易学的境界观

正主体的"我",要达到大我之境需要通过反观察觉到道在我心,"一反观,忽识此心,即道在我矣"①。这也与慈湖的自身经历有关,慈湖的几次大悟都是经由反观达成。所谓反观,即牟宗三所言的逆觉体证,"之所以为'逆觉',就是在人寓于世界中的存在者之存在那里,将人的存在向其本己存在回转,完全面对其自身存在可能性……'体证'意味这种呈现不是认知性的……而是在道德实践行为中的领会"②。"大我"是道德实践的创造本体,也是宇宙万物存在的创造本体。

要达到大我之境,就是要做到中、虚。所谓中,就是无思无虑无偏无倚,"中者,无思无虑,无偏无倚之虚名"③。而"虚"则是使个体让渡出存在,使心体廓然大公。道心无己私,若有己私,则被小我所蔽,无法达到澄明广大之境。慈湖认为:"道心虚明,无我无体。"④慈湖说"无我",并非要完全消解掉我这一个体的存在,而是使我的个体性合乎道,合乎天,使道心达到虚名无体的状态。陈来认为孔颜之乐不同于七情之乐之处在于,它是在七情顺应自然的无滞流行中实现的⑤,孔颜之乐才是真乐。而慈湖所要追求的"无我"就是这种真乐,"无我"即是情顺万物而无情的无滞。因此慈湖认为要达到"无我"就是"中虚",只有心体中虚才能应于物而无物。

---

① (宋)杨简:《杨简全集(第一册)》,浙江大学出版社,2015年版,第89页。

② 盛珂:《道德与存在:心学传统的存在论阐释》,社会科学文献出版社,2019年版,第184页。

③ (宋)杨简:《杨简全集(第一册)》,浙江大学出版社,2015年版,第94页。

④ (宋)杨简:《杨简全集(第一册)》,浙江大学出版社,2015年版,第111页。

⑤ 陈来:《有无之境——王阳明哲学的精神》,北京大学出版社,2013年版,第228页。

有人批评慈湖易学走向了唯我论，诚然，慈湖的思想存在这样的可能性。但这样理解慈湖，实际上误解了慈湖的"我"。"夫所以为我者，毋曰血气形貌而已也。吾性澄然清明而非物，吾性洞然无际而非量。天者，吾性中之象；地者，吾性中之形"①。正是因为常人不知"我"，慈湖才有感而发："自生民以来，未有能识吾之全者。"②就慈湖而言，他其实与宋儒同样，试图用天理天道规范人的行为，使人达到与天道无违的境界。当然慈湖也并非对"我"的形体抱全然否定的态度，"谓之己者，亦非离乎六尺而复有妙己也，一也"③。人的存在毕竟还要托诸形体，形体是道心之化用，道心亦存乎形体，因此求道不必向外求索。但在慈湖那里，并不存在真正的唯我论，"道心无我，中虚无体，自然于物无忤，自然于理无违"④。个人并没有自我发挥的余地。个体虽无须被消解，但应与天地熔于一炉。

二、天人本一

慈湖认为在消解掉"私我"，进入"大我"之境后，就能达到天人本一的状态。天人合一是儒家的重要思想，是其道德境界的最高追求，对此历代学者都有涉及。付长珍指出："宋儒对存在的理解、对人生价值的确认，都是渗透着理性的过程，同时又把它安放在天人合一的基础之上，那

---

① （宋）杨简：《杨简全集（第七册）》，浙江大学出版社，2015年版，第1973页。

② （宋）杨简：《杨简全集（第七册）》，浙江大学出版社，2015年版，第1973页。

③ （宋）杨简：《杨简全集（第七册）》，浙江大学出版社，2015年版，第1975页。

④ （宋）杨简：《杨简全集（第一册）》，浙江大学出版社，2015年版，第268页。

么道德性的个体便超越了自己有限的存在，获得了无限的意义。"①慈湖则在此基础上更进一步提出天人本一，他认为天人本一，不必言合。

慈湖甚至依此对《系辞》质疑，他认为"易与天地准"并非孔子所言，因为易即是天地，何必分而言之？慈湖解易奉行"六经注我"的准则，《周易》经传不过是其阐述自己心学思想的工具。因此慈湖认为《周易》文本中言天言人其实没有差别，慈湖在解释《乾》卦时认为"首出庶物，万国咸宁"就是在说天人一致，前者言天后者言人，"首出庶物，似言天；万国咸宁，似言人。学者观之，疑不可联言，合而言之，所以明天人一致，使学者不得而两之。知天人之本一，则知乾矣"②。

在慈湖那里，言"天"大部分情况下是指"天道""易道"，指万物化生的根据，而非有形的天。在慈湖看来，有形的天地也是由天道化生而来，与人的形体一样。慈湖还说："天即己也，天即易也。地者，天中之有形者也。吾之血气形骸，乃清浊阴阳之气合而成之者也。吾未见夫天与地与人之有三也。三者，形也；一者，性也，亦曰道也，又曰易也。"③三才若分而言之，则人与天与地不过都是血气形骸而已，天地也不过是外在的客形，合而言之才能见道。

慈湖认为人之所以与天为一，是因为人的本心即道心，道心即是天道。付长珍认为："孟子是从心理情感出发，'扩而充之'，升华为道德理性，实现天人合一；张载是从性本体出发，经过自我超越，返回到本体认知，实现天人合一。"④慈湖则结合两者，在慈湖那里，心即是性。他将人心升华

---

① 付长珍：《宋儒境界论》，上海三联书店，2008年版，第43页。

② （宋）杨简：《杨简全集（第一册）》，浙江大学出版社，2015年版，第19页。

③ （宋）杨简：《杨简全集（第七册）》，浙江大学出版社，2015年版，第1973页。

④ 付长珍：《宋儒境界论》，上海三联书店，2008年版，第155页。

到与超越性的道一体的地位。慈湖还说：

> 此人之心也，即天地之道也，一也。①
>
> 天地，我之天地；变化，我之变化，非他物也。②
>
> 三才之名之形不同，三才之道实同。③

在慈湖天人本一的视角下，不仅我之变化与天地之变化相通，万物万理其实为一。正是因为天人为一，易道才能化生万物。若万物与人不相通，天地如何能生物？慈湖认为易道的核心即是天人无二，易道本一，"知天人之无二，则可以与言《易》矣。凡天道之有变，即九四之或跃，裂德与位而为二，则位非天位，德非天德"④。这里我们可以借助佛教中观论对"不异"的解释，若万物相异，那谷种何以生谷芽，谷芽何以成谷茎谷叶？为何将谷芽、谷茎、谷叶与树芽、树茎、树叶相分别？因此可知谷芽与谷叶不异。而若应对"不一"的质问，则用慈湖的角度来看，万物皆道心的客形，常人眼中虽有谷芽谷茎的差别，但都不过是道心化生。

不仅万物为一，万物的存在状态在超越性的天道那里也是没有分别的。慈湖说："昏则二，明则一。明因昏而立名，不有昏者，明无自而名也。昏、名，皆人也，皆名也，非天也。"⑤有昏明之分，则已经离天道而言。

---

① （宋）杨简：《杨简全集（第一册）》，浙江大学出版社，2015年版，第258页。

② （宋）杨简：《杨简全集（第七册）》，浙江大学出版社，2015年版，第1972页。

③ （宋）杨简：《杨简全集（第一册）》，浙江大学出版社，2015年版，第37页。

④ （宋）杨简：《杨简全集（第一册）》，浙江大学出版社，2015年版，第29页。

⑤ （宋）杨简：《杨简全集（第七册）》，浙江大学出版社，2015年版，第1976页。

大我之境——慈湖易学的境界观

慈湖还认为："万物之在天下，未尝不两。曰天与地，曰昼与夜，曰夫与妇……博观纵观，何者非两一者？"①一分而为两，两而为万物，不过是人要分别指事，二是为了凸显一才成二。而在天道"一"的视角看来，其实没有分别。傅锡洪在分析阳明"无善无恶心之体"一句时认为"无善无恶"就是"不作善恶"，"阳明主张的物无善恶可言，并不能等同于物是无善无恶的。因为说物是无善无恶的，即是说物是既非善也非恶的，这就已经是有所言，有所肯定了，而不是无可言，无所肯定"②。慈湖也是如此，在天人本一的架构下，善与恶一、动与静一、生与死一，万物的变化都是心体的变化，只要回复道心之本然，一切变化都只是客形。

慈湖认为范围天地化育万物正是因为万物皆纳于我心之中，因此日月之明、雨露之润也是我心之发用。慈湖说："天下被日月之明照，而不知其自我也；天下沾雨露之润，而不知其自我也……日夜行乎吾己之中，而以为他物也。"③往古来今，只是我心之历程，心之本然未曾有变。六十四卦看起来是卦爻位置的变化，实质上是爻时的变化。④王弼《周易略例》说："夫卦者，时也。爻者，适时之变者也。"⑤从天地至我至万物，都是易道在不同时位的不同表象，易道主体未曾改变。

---

① （宋）杨简：《杨简全集（第七册）》，浙江大学出版社，2015 年版，第 1973 页。

② 傅锡洪：《从体用论、工夫论与境界论看王阳明的"无善无恶"说》，载《湖北大学学报（哲学社会科学版）》，2021 年第 6 期。

③ （宋）杨简：《杨简全集（第七册）》，浙江大学出版社，2015 年版，第 1980 页。

④ 王振复：《时间现象学：〈周易〉的巫性"时"问题》，《社会科学战线》，2019 年第 4 期。

⑤ （魏）王弼撰，楼宇烈校释：《周易注校释》，中华书局，2012 年版，第 280 页。

通过爻时的变化，心体完成对万物的化育，时间就是我与万物的媒介。这一时间并非物理意义上的时间，而是随着我与万物的交互而展开的时间境域，"时间不再依附于客观的物理位移运动，而植根于此在现实的生存活动，此在的存在建构就植根时间性。"①邓定认为："时间的延展并非空间的广延，而是一种境域的扩展"②，"一切现成的存在者（包括灵魂和各种自然物）总是首先与通常在周围世界与共同世界之中与此在相遇、照面。因此，时间的敞开性指的是'时间现象是同世界概念，因而也就是同此在结构自身联系在一起的'"③。在这一生存境域中，我与万物发生关系，通过互相感应观照构成了现象世界，而得以感照的基石就在于我与万物同一本体。

与慈湖的"无我"论一样，慈湖的"天人本一"思想也面临着唯我论的指责，但实际上慈湖的"天人本一"不仅不是唯我论，在某种程度上反而是对唯我论的否定。胡伟希认为："人对形上之道的把握虽然离不开主体性，最后却要消融这主体性于天道的客观性。中国哲学称这种主体性融化于客观性的现象为'天人合一'。"④用陈来的话说，是"主体性通过某种消极的丧失而得到积极的发扬"⑤。站在慈湖易学的视域，即是通过否定小我来成就大我。

---

① 邓定：《海德格尔论四重时间——基于〈现象学之基本问题〉的时间问题解析》，载《哲学动态》，2019年第10期。
② 邓定：《海德格尔论四重时间——基于〈现象学之基本问题〉的时间问题解析》，载《哲学动态》，2019年第10期。
③ 邓定：《海德格尔论四重时间——基于〈现象学之基本问题〉的时间问题解析》，载《哲学动态》，2019年第10期。
④ 胡伟希：《走向"无我之境"：中国哲学诠释学基本问题之一》，载《北京行政学院学报》，2002年第1期。
⑤ 陈来：《有无之境——王阳明哲学的精神》，北京大学出版社，2013年版，226页。

三、不起私意

要达至天人本一的大我境界，慈湖认为就要做到"不起意"。在慈湖看来心体无善无恶，恶的产生源于"意"。慈湖肯定心的圆满现成，但人仍然会有过失，慈湖认为这是因为人心因昏而失。所谓"昏"，即人心被遮蔽。在慈湖看来，正是因为人心被外物遮蔽，另起意念才与道偏离。因此慈湖教人"不起意"，以开显心体之明觉，从而达至大我之境，心意关系是慈湖易学的重要内容。

在解释《噬嗑》卦时，慈湖认为昏就是"聪不明"。"人心本善，因昏而失，言其非无良性也，昏故也"①，慈湖发展了孟子的性善论，认为心就是性，人所自有的就是纯善无恶的性，本性无须刻意修持就已经是纯然的天道。人心与天道为一，自然是善的，之所以产生恶，是因为本心被遮蔽，而并非性有良莠之分，遮蔽本心的就是"意"。"微起焉皆谓之意，微止焉皆谓之意"②，在慈湖那里，"意"并不是一个伦理上的价值判断，"微起""微止"皆是"意"。只要偏离了道心，或过或不及都是"意"，并非产生了恶念才是"意"。毋宁说，对于慈湖而言，只要偏离了道心，都是不善的。例如慈湖在解释《艮》卦"君子以思，不出其位"③时认为："苟微起思焉，即为出位，即失《艮》之道矣。"④慈湖这里显然将己意强加于

---

① （宋）杨简：《杨简全集（第一册）》，浙江大学出版社，2015年版，第147页。

② （宋）杨简：《杨简全集（第七册）》，浙江大学出版社，2015年版，第1856页。

③ （宋）杨简：《杨简全集（第一册）》，浙江大学出版社，2015年版，第157页。

④ （宋）杨简：《杨简全集（第一册）》，浙江大学出版社，2015年版，第299页。

卦辞，认为只要微起思虑便是不当位。因此慈湖说："有诚之意，已不诚矣。"①

慈湖在《复》卦中谈意的产生："人心即天道，人自不明，意起欲兴，人心始昏，始与天异。"②正是因为人不明心即天道，在心外另起意念才导致了"意"的产生，从而使得天人相分，使得人心与天道相违。关于"意"的来源，慈湖还在《益》卦和《讼》卦中提出：

意本于我。道心无体，何者为我？清明在躬，中虚无物，何者为我？③

道不远人，人以私意行之，故失。去其私意，则道在我矣。④

慈湖在文中都提到了"我"，但意义并不相同。前者说意的产生源于"我"，这里的"我"并非后者中与道等同"道在我"的"大我"，而是"私我"。因此慈湖认为"意"即私意，即偏。慈湖在解释《无妄》卦时说，"吾心本无妄，舍无妄而更求，乃成有妄"⑤，"人性本善，本神，本明，作意则昏，立我则窒"⑥，在道心之外另起私意就是《无妄》卦所言的"无

---

① （宋）杨简：《杨简全集（第九册）》，浙江大学出版社，2015年版，第139页。

② （宋）杨简：《杨简全集（第一册）》，浙江大学出版社，2015年版，第157页。

③ （宋）杨简：《杨简全集（第一册）》，浙江大学出版社，2015年版，第248页。

④ （宋）杨简：《杨简全集（第一册）》，浙江大学出版社，2015年版，第70页。

⑤ （宋）杨简：《杨简全集（第七册）》，浙江大学出版社，2015年版，第1891页。

⑥ （宋）杨简：《杨简全集（第一册）》，浙江大学出版社，2015年版，第164页。

大我之境——慈湖易学的境界观

妄之灾"。赵灿鹏认为慈湖所言的起意就是分别心，人心本无妄，是我心中有了分别，有了意才使有妄，与佛教的我执相类。①慈湖在《大畜》卦中指出："有毫发意必固我者，皆未免于人为，非应乎天。"②赵灿鹏指出："道德的本心，如果因世间种种分别相，而生种种分别等差的念虑，因而在道德实践中不能全然地体现整个的道德心，即为起意。"③道心无体，道心无我，既无我，何来意，有了与道心为二的我，故而是私意，故而会昏乱遮蔽。"明者知其无非道，蒙者见其无非物、无非蔽。物非蔽我，我自蔽物尔"④，慈湖在解释《蒙》卦时认为，并非我为物所遮蔽，而是我自起私意，遮蔽了道心。"二者未始不一，蔽者自不一。一则为心，二则为意；直则为心，支则为意，通则为心，阻则为意"⑤，意即二心，本心发自天道，与道为一，在本心之外另起炉灶即私意。因此起了私意后就会遮蔽本心，故昏故乱。

道心无形无体范围天地，自然不偏不倚。但人因"私我"产生了"意"从而使"大我"被遮蔽，偏离了中道。一旦明白了道心无体，而我是道心的化生，与道心为一，那真正的我也与道心一样澄明无体。世间万象则如同水中倒影，水中映照之物千变万化，但水未尝有变，私我自然也随之消

---

① 赵灿鹏：《精神与自然：杨慈湖心学研究》，香港岭南大学2005年博士论文，第135页。

② （宋）杨简：《杨简全集（第一册）》，浙江大学出版社，2015年版，第169页。

③ 赵灿鹏：《精神与自然：杨慈湖心学研究》，香港岭南大学2005年博士论文，第135页。

④ （宋）杨简：《杨简全集（第一册）》，浙江大学出版社，2015年版，第56页。

⑤ （宋）杨简：《杨简全集（第七册）》，浙江大学出版社，2015年版，第1857页。

散。明白本体之恒常不变，迁善改过只要随本心之善随时而发即可。圣人与普通人的区别正是在于圣人不被私意遮蔽，明白我与天地无二，道在于我。"舜闻一善言，见一善行，若决江河，沛然莫之能御者，以舜之胸中洞然一无所有，故无所阻滞也"①，舜之所以见善行心中九沛然如江河，正是因为他心中澄然无有，不偏不倚不生私意，道心才能无有阻碍。

王门高第黄弘纲认为不起意是慈湖为学最用力处，"所谓不起意者，其用力处也"②。慈湖所说的静也指此。"静者，不动乎意而已，非止于兀坐"③，慈湖的静并非禅坐，也不同于陈献章所主张的静坐。慈湖所谓的静只是不动于意即"不起意"，而非物理状态的静，这与禅宗的公案中否定一味禅坐有异曲同工之妙。慈湖一生中的几次"大觉"都是在静坐中完成，李永莒评价慈湖的觉悟："杨简的'觉悟'并不是消极的等待某种奇迹的降临，相反，他要求主体以心性的勃然健动、灵觉妙用去主动把握体认的机缘。"④

慈湖在丧母后又有一次大悟，由此他认为人心是人们日常处理事务的依据，但人们往往习以为常熟视无睹，而在外物的影响下，又会使心有所遮蔽。慈湖认为："人心即道，日用不知，因物有迁，至丧亲而复始纯一不杂。"⑤当面临丧亲这样巨大的悲痛时，人们往往会展露其本心，这时候

---

① （宋）杨简：《杨简全集（第一册）》，浙江大学出版社，2015年版，第248页。

② （明）黄宗羲：《明儒学案》，中华书局，2008年版，第450页。

③ （宋）杨简：《杨简全集（第七册）》，浙江大学出版社，2015年版，第1878页。

④ 李永莒：《"一以贯之"——杨简美学思想的独特价值》，载《中国美学研究》，2022年第1期。

⑤ （宋）杨简：《杨简全集（第七册）》，浙江大学出版社，2015年版，第1889页。

或悲或恸，虽然看似是动，但其实直心而发，反而回复了本心的纯一无杂。用功之处就在于此，"不起意，非谓都不理事，凡作事，只要合理。若起私意，则不可"①，"不起意"并非无思为，而是做事要合乎天道，"不起意"是指不起私意遮蔽心体，复此心之澄明，顺此心之妙用。慈湖认为刻意去追求"不起意"的状态已经是心中有了思虑，无法达到何思何虑，行为礼仪也是如此。周礼三百曲礼三千皆是人心应物之能，因此行事无须刻意，"自与礼文合，非求合也"②。

人心观照万物，直心而发行事自然合乎中节。一旦起意，则有是非善恶之分，不复虚明无物之性。只要做到不起私意，对心的遮蔽消失，则重新恢复其神妙变化。慈湖在《乾》卦中就指出："人心即道，惟日用或有邪思乱之，故足以败其诚心，邪闲则诚存矣。"③在慈湖那里，"意"就是邪思，人心无善无恶，而当落到日用实践时就会被邪思所乱。因此慈湖认为，要做到不起意，就不能有私心。

四、去除故习

在慈湖看来普通人私心太重，被外物所迷就会偏离中正之道。人心如同树的主干，被物所迁就会有枝叶蔓延，支离本心即是"意"，一旦任物欲肆虐，就很难复其善心。如何应对因"意"而产生的邪思，慈湖同样提出要"习"，但慈湖的"习"并非需要智思的学习，后者在慈湖那里作为"故习"正是要革除的。慈湖认为经验性的知识有穿凿之蔽，他强调"如

---

① （宋）杨简：《杨简全集（第八册）》，浙江大学出版社，2015年版，第2160页。

② （宋）杨简：《杨简全集（第一册）》，浙江大学出版社，2015年版，第23页。

③ （宋）杨简：《杨简全集（第一册）》，浙江大学出版社，2015年版，第24页。

斯""顺",认为本心何思何虑。因此慈湖说：

> 道虽已明，动虽已妙，虽已著不习之实，而犹有故习未克顿释，故孔子十五志学，至三十方立，至四十不惑，五十方知天命，六十方耳顺，尚需学习。习者，习此不习之道也。习未精纯，虽善未备，精而忘习，斯无不利。①

慈湖解释《坤》卦"直方大，不习，无不利"，认为"直"就是"不曲"，"方"就是如物之本然不可转移不必远求。"直"与"方"都是指道心人所自有不假修习，而道心之妙正是于应酬交错才能见得。应酬交错中道心依然"直"且"方"，才是得坤道。孔子十五从学七十才从心所欲，可见"习"并非学习经验知识。既然心体现在，自然无需修习，因此习就是习不习之道。"不习之习"才能"精而忘习"，一切行为都符合天理自然之流行。"今学者患乎习之不能时者，正以其以思虑而习，以智力而习，故不能时也"②，慈湖认为若要"时习"则不能用思虑智力而习，用智力修习是向外他求，在向外求索的过程中注力太多则会使人感到劳苦。而本心之习则是求助于己，一应天理，无须浪费心力。

因此慈湖在诠释《论语》时说：

> 时习者，言乎时时而习，无时而不习也。使所习有说，则必有意，意作必有时而息，至于息，则非时习也。惟其无意也，故能时时而习。时习之习，乃不习之习。③

---

① （宋）杨简：《杨简全集（第一册）》，浙江大学出版社，2015年版，第39页。

② （宋）杨简：《杨简全集（第八册）》，浙江大学出版社，2015年版，第2077页。

③ （宋）杨简：《杨简全集（第八册）》，浙江大学出版社，2015年版，第2077页。

朋来而乐，不溺于静止之窣矣，然又虑其复溺于动。乐于人之知己，不知则愠，则亦非君子之道。君子朋至而乐自生者，非动也；朋不至、人不知而不愠，非勉强抑止也。清明之性，自而寂然。夫是之谓学，夫是之谓天下何思何虑，夫是之谓不习之习。①

慈湖认为《论语·学而》"学而时习之，不亦说乎"，就是在讲心之习，如果所习有道理言说可循，就会导致起意，意起意息则不能"时习"。而不习之习不仅可以任天理之自然，且永不止息。智力犹有枯竭之时，只有本心"无形无限量，无终始，无古今"②，从无间断。能令人心情愉悦之习已经落于意念，而意念有止有息无法时时而习。且若真有足以愉悦之事，则孔子已经明言，孔子既然无言，则证明"时习"并非学者日夜不辍之勤学。慈湖以古圣贤为例，认为圣贤以"不知"为美。慈湖解释《升》卦"冥升，利于不息之贞"时认为"冥升"是不知其所以然而升，"孔子之不息，未尝有知。知则动于思虑，动于思虑则息矣，非进德也"③。

但慈湖同时指出本心何思何虑并非全然不思虑，而是顺本心而发，如孝悌、谨信、泛爱、亲仁。慈湖认为人孝亲之时，并未明孝亲之理，亦不知孝亲为何物，皆是道心自然发见。待其刻意学孝亲之道理，已经是情伪之后的造作。慈湖反对故意造作的情感表达，认为人不能溺于情，溺于情则或动或止。天下之人往往溺于情而不自知。"朋来而乐"是内心油然而

---

① （宋）杨简：《杨简全集（第八册）》，浙江大学出版社，2015年版，第2078页。

② （宋）杨简：《杨简全集（第八册）》，浙江大学出版社，2015年版，第2075页。

③ （宋）杨简：《杨简全集（第一册）》，浙江大学出版社，2015年版，第271页。

生的自然感应，不是勉强为动，"人不知而不愠"是我本心寂然，并非刻意压制，一切情感皆是自然而发。慈湖认为"时习"即《中庸》所说的"时中"，无时不习即无时不中。中是道之异名，心之发用合乎中道即是"习"。

五、结语

慈湖以心体取代天理，重觉悟而非致知，他虽无明显地与佛教人士的密切来往迹象，但不可否认其思想确实有着佛教色彩，被认为近禅，也并非全无道理。但在慈湖那里心体广大澄明，这样光大的境界是与佛教迥异的。陆学直承孟子，慈湖的境界观也受到了孟子的影响。冯达文、郭齐勇在《新编中国哲学史》中指出，孟子的天是境界意义的天，天只是借以显示主体内在本心本性的善的价值取向的先验性与绝对性的范畴。因而孟子所谓知天只是表述天然如此，这与将天视为超验的、实存的存在不同。[①]在慈湖那里同样，心之本然即是天，易理即是心体，人心因外物所蔽才会昏乱。而《周易》作为教人之书，就是要使人回复本心之虚明。

慈湖所要追求的，是中虚无我、天人本一的大我之境。这样的"大我"不同于产生私己的"我"，是由本心而发，中虚无我的。而心体作为万物的根据，这样由心而发的"大我"自然与天本然为一，而并非刻意地去合一。但是慈湖也指出，一旦人不能保持心体中虚，另起私己，就会产生"意"，从而导致恶的产生。当然，由于在慈湖那里不存在理气二分，因此慈湖无法解释人为何会另起私意，在纯善的本然之心中无法安置"意"。

陈来在评论阳明心学时认为，恶的问题的解决对儒家特别是心学来说是困难的。儒家通常将恶的来源归咎于某种本身是善的东西的偏差或丧失，

---

① 冯达文，郭齐勇：《新编中国哲学史（上册）》，人民出版社，2004年版。

即"过或不及",但如果恶是善的"过或不及",那"过或不及"又是从何产生?良知为何不能规范"过或不及"?陈来认为这些问题在阳明心学中都没有得到解决①。这一问题在慈湖这里也成立。

慈湖以"心""意"二分来回应"恶何以出"这一问题,在慈湖看来人本具天道之善,但由于人心失中而有私我,私我即产生了私意。在对《睽》卦九二爻的解释中,慈湖认为为人欲所动就是失道的表现,"由道心行之,无非道者,乃天地之变化也。苟动于意欲,则为人心,为利心,为失道矣"②,如果被意欲所遮蔽,那就是利心,已经失于中道。这里慈湖又将"人心""道心"相区分,这里的"人心"其实是慈湖所说的私意,可见慈湖虽然说人心与道心为一,但他终究无法对"意"的产生做出一个圆满的解释。慈湖认为只要不起私意就能达到本心澄明的大我之境,他将恶的产生归于人心"起意",又认为"起意"是因为心为物所迁,但慈湖又主张心与物一,既然如此,心又如何被物所迁,失其本然之明?程朱将理气二分,而慈湖则不言气,是一个彻底的心一元论者,因此无法在其思想体系中圆融地安顿"私意"。

---

① 陈来:《有无之境——王阳明哲学的精神》,北京大学出版社,2013年版。
② (宋)杨简:《杨简全集(第一册)》,浙江大学出版社,2015年版,第228页。

浅析蔡元定用理学对堪舆的改造
——以《发微论》为考察中心

曹江涛

（西北大学中国思想文化研究所）

蔡元定，字季通，福建建阳人，全祖望在《宋元学案·九峰学案》中称"蔡氏父子、兄弟、祖孙，皆为朱学干城"①。他一生不热衷于功名，而是潜心钻研学问、著书立说，振兴儒学。蔡元定的学术兼有义理和象数两个方面，在他现存的著作当中，专门探讨"地理"的有《发微论》②。关于《发微论》，以往学者对此关注很少，这是由于《发微论》本身表面上所探讨的大多是堪舆方面的思想。但是就如同《四库全书总目提要》中所说的："元定之学，考涉术数，而尤究心于地理。……盖术家惟论其数，元定则推究以儒理，故其说能不悖于道。"③可见四库全书编纂者也认为《发

---

① （清）黄宗羲：《黄宗羲全集》第九册，浙江古籍出版社，2012年版，第2391页。
② （清）纪昀等编纂：《文渊阁四库全书》第八百零八册，台湾商务印书馆1982—1986年影印版，第189—196页。
③ （清）纪昀总纂：《四库全书总目题要》，河北人民出版社，2000年版，第2781—2782页。

微论》本身含有浓厚的理学思想，所以在堪舆之下的义理才是其内核所在。也正因如此，探究《发微论》一方面可以窥见其理学思想，一方面也可以研究在理学的视域下和其他学术的关系以及理学的世俗化。

一、堪舆中理本体的确立

理学中最重要的就是本体论的构建，而以往就有学者指出蔡元定在《发微论》中用理学的本体论，提升了堪舆的思想内涵。[①]但是就其本体论具体内涵的讨论，不同的学者有不同的意见。我们从理学思想和概念的辨析出发，来对学者所认定的《发微论》中的本体论进行探讨。以往的堪舆书籍往往因为缺乏内在哲理的构建，所以凸显很多荒诞不经的内容。但是身为理学家的蔡元定就用理学思想来对堪舆进行批判和改造，他通过"理"的构建使堪舆完成了哲学的升华，使其富含了哲学的思辨。

首先，蔡元定开篇便借用《易经·说卦传》"是以立天之道曰阴与阳"和邵雍"立地之道，刚柔尽之矣"的观点，由天到地把天地用"道"贯通起来。当然这里的"道"指的不是本体的"道"，而是一种规律性，但这样一般性规律的背后正是一个相同的本体——"理"。就如《朱子语类》记载的蔡元定对"理"的看法："季通云：'天下之万声出于一阖一辟，天下之万理出于一动一静，天下之万数出于一奇一耦，天下之万象出于一方一圆，尽只起于乾坤二画。'"[②]天下万物、万象都是同理，只不过是理在具体方面的不同变化而已。

其次，他又通过论述邵雍"以水为太柔，火为太刚，土为少柔，石为

[①] 傅小凡：《论蔡元定用理学思想对堪舆术的改造》，载《朱子学刊》，2009年卷，第263—273页。

[②] （宋）朱熹撰，朱杰人等主编：《朱子全书》第十六册，上海古籍出版社、安徽教育出版社，2002年版，第2165—2166页。

少刚"是"所谓地之四象也"的观点,提出了这四者也在人身上具备,即"水则人身之血,故为太柔。火则人身之气,故为太刚;土则人身之肉,故为少柔;石则人身之骨,故为少刚",并且认为二者的道理相通,"合水火土石而为地,犹合血气肉骨而为人"。而二者相通的原因正是"近取诸身,远取诸物,无二理也",也就是说他认为人和堪舆最根本的"理"是"无二"的,二者都是由同一个"理"本体产生的。也正是因为"理"是无二的、唯一的,人和周围的环境也才能沟通起来了。

"理"本体的应用使得堪舆之术完成了哲学上的蜕变,摆脱了以往简单的状态,也可以说这个堪舆的改造也是理学家们必不可免的一步,"理"的本体性就决定了它能够统摄一切,那么这些"小道"也不例外。朱熹就曾经认为:"通天地人曰儒。地理之学虽一艺,然上以尽送终之孝,下以为启后之谋,其为事亦重矣"[①],地理风水这些方术虽然表面上是方士的事,但是儒生也可以兼通这些技艺,这一方面可以博闻多学,某种意义上这也是格物致知的一种方法,另一方面也可以"上以尽送终之孝,下以为启后之谋"。

同时在"理"本体的基础上,蔡元定明确提出"夫地理与人事不远",他认为人有"情性"的向背之理,而山水自然也有"情性"的向背之理,并且二者的"向背"之理相同。向者就是"相待如宾主""相亲相爱如兄弟",背者就是"相视如仇敌""相仇如路人"等,这并不是简单地将人所具有的情感以及人际关系"移植"到"山水"之上,而是通过"理"把二者贯通起来。因为"理"是无二的,那么人所具有的向背之理,其他的也必然会具有。

[①] (宋)朱熹撰,朱杰人等主编:《朱子全书》第二十六册,上海古籍出版社,2002年版,第463页。

浅析蔡元定用理学对堪舆的改造——以《发微论》为考察中心

哲学的"祛魅"使得堪舆相对来说不再那么神秘，它就是"死后"对"理"的实践和把握，他们所要做到的"顺中取逆，逆中取顺""刚柔相济"无一不是"理"的体现。蔡元定说："夫概天下之理，欲向动中求静，静中求动。不欲静愈静，动愈动。古语云：'水本动欲其静，山本静欲其动。'此达理之言也。"他没有将山水的动静绝对化，而是更加强调"动中求静，静中求动"的"变通"，认为这样才能成龙结地。同时他又强调"夫孤阴不生，独阳不成，天下之物莫不要相配对。地理家以雌雄言之，大概不过相对待之理"，也就是达到开篇所讲到的"刚中有柔，柔中有刚"的境界。这样一来风水就是一种符合"理"的行为，不仅不被理学家排斥，反而受到尊崇。所以他说："余少蒙义方，长师紫阳朱先生，……父母既殁，以亲体付之俗师之手，使亲体魂魄不安，祸至绝祀，无异委而弃之于壑，其罪尤甚。至于关生人之受荫，冀富贵于将来，特其末耳。闻斯言也，惕然动心，恐坠不孝，于是益加研究。"①

《发微论》中所体现的大量易学思想，与蔡元定本身精通易学密不可分，他和朱熹还合著有《易学启蒙》。所以文章当中无论是小段的命名，还是主旨大意的阐发，均离不开对"易道"的阐释，更如"刚柔相济""相对待之理"等便是"易道"思维的深刻发挥。就如同四库全书提要中所说的："元定之学，旁涉术数，而尤究心于地理。是编即其相地之书。大旨主於地道一刚一柔，以明动静，观聚散，审向背，观雌雄，辨强弱，分顺逆，识生死，察微著，究分合，别浮沉、定浅深、正饶减、详趋避、知裁成。"可以说"易学"的思想蕴含《发微论》始终，也正因为他运用易学的辩证思维来通达"天地自然之理"，所以才能对风水理论进行思辨的探讨，不至于陷入"神秘主义"的牢笼。

---

① （宋）蔡元定撰：《玉髓经·发挥序》，摘自曾枣庄等主编：《全宋文》第二百五十八册，上海辞书出版社，2006年版，第401页。

那么堪舆对"理"的应用和把握要达到什么样程度呢?这就是要回归到蔡元定所说的"中",全文提到"中"的地方有这几处:"夫天下之理'中'而已矣""中道得矣""大概要得酌中恰好底道理""使适于中"。那么这个"中"是什么意思呢?通过分析原文可以得出"中"就是"理"的一种具体体现,因为蔡元定和朱熹二者本身在思想上就十分接近,所以运用朱熹的话就是:"有所谓'中之道'者,乃即事即物自有个恰好底道理,不偏不倚,无过不及。其谓之中者,则所以形道之实也。"①这就明显的是中庸学的色彩,对于"中"的达到就是对天理的圆融的应用和完满的达到。可见蔡元定把理学中的中庸思维也应用到堪舆思想的构建当中,使"中"成为对"理"的一种直接体验和把握。

因为理学家认为理是天地万物的根源、是本体性范畴,但是它又不能离开万物的存在而存在。而且作为最高存在的理,既是所以然,又是所当然,既是物理,又是性理。那么虽然方术是"小道",但也是包含在"理"中的。而且在理学的哲学化过程中,必然要涉及关于天地万物的观察研究,在这一方面"方术"因为历代知识的累积,所以有着不可或缺的作用。理学中工夫论和修养论正是讲如何通达天理,相对于平时的洒扫应对的工夫修养,方术中一些思想和方技无论是在抽象性还是直观性方面更加具有一定的优势。所以蔡元定通过理本体的构建以及融合易学、中庸学的思想,使得堪舆思想更加"贴近"理学,成为承载理学的"工具"。

二、堪舆中"气"的发用流行

"理"对堪舆理论进行了本体上的构建,但是在具体的实施操作中却离不开"气"的发用流行。所以蔡元定通过"气"来进一步对堪舆理论进

---

① (宋)朱熹撰,朱杰人等主编:《朱子全书》第二十一册,上海古籍出版社,2002年版,第1338页。

行了细化的处理。首先，蔡元定在《发微论》中借易学和气论思想构建了风水学上的宇宙生成论。他认为："天地之初，固若漾沙之势，未有山川之可言也。"也就是说在风水学上，他认为在天地之初，只有一些"漾沙"，还没有形成山川大地。然后他借用易学宇宙生成论的模式重新构建了风水学的宇宙生成论，他说："既而风气相摩，水土相荡，则刚者屹而独存，柔者淘而渐去，於是乎山川形焉。"山川大地的形成就在于风气的交错，水土的激荡冲衍，在这之中刚硬者屹立独存，柔顺者就顺流而下，至此山川就形成了。

其次，他在《强弱篇》中讲"禀气"，一方面就是要考察山川所禀之"气"，因为前文讲过山川是"风气相摩，水土相荡"而形成的，而在其形成过程中"气"就禀赋其中。但是"气"也有刚柔缓急的不同，所以要仔细考察。另一方面，就是要考察人所禀赋气的属性，因为最终是人和山川达到和谐，就如同他所说的："禀偏於柔，故其性缓；……禀柔性缓，此宜穴於急处，若复穴于弱缓之处，则必有冷退之患。"正是因为人要穴于其中，所以不光考察山川的气，还要考察人的气，二者要达到刚柔相济的状态，蔡元定认为这样就是得"中道"了，否则的话就有绝宗之祸和冷退之患。

他在探讨气的时候，也并没有把气绝对化和孤立化，而是把气和脉进行了辩证的思考和讨论。所以我们在讨论"气"的时候，也需要进一步对"脉"的含义进行分析。关于脉，本义是血管，如《黄帝内经·脉要精微论》："夫脉者，血之府也。"[1]至于《国语·周上》："古者，太史顺时觇土，阳瘅愤盈，土气震发，农祥晨正，日月底于天庙，土乃脉发。"[2]和《史

---

[1] 姚春鹏译注：《黄帝内经》，中华书局，2010年版，第146页。
[2] （春秋）左丘明撰，鲍思陶点校：《国语》，齐鲁书社，2000年版，第8页。

记·蒙恬传》:"起临洮属之辽东,城堑万余里,此其中不能无绝地脉哉?"①中的"脉"是人们想象土地也有其地气流通的"血管脉络"。而《吴越春秋·越王无余外传》:"遂巡行四渎,与益、夔共谋。行到名山大泽,召其神而问之山川脉理、金玉所有、鸟兽昆虫之类及八方之民俗、殊国异域土地里数。使益疏而记之,故名之曰《山海经》。"②这个中的"脉"就是地势有条理和联系的意思,然后到后来就引申为事物的连贯性。由此可见,中国的先民早就习惯了称山川之间的联系为脉。

蔡元定在《分合篇》中也说:"夫脉之为脉,非陡然而生,顿然而有。其出也,必有自然之来,则有分水以导之;其没也,必有所止,则有合水以界之。"这可以说明"脉"在蔡元定看来就是地势的条理和山川之间的联系。他对气和脉做了以下的规定:第一,气是无形、属阳;脉是有形、属阴。因为阳清阴浊,所以气微脉著。第二,气依脉而立,脉因气而成,二者是相生相成的。第三,在构成具体山川的时候二者缺一不可。我们知道"气"因为在一定程度上是不可见的,但是"脉"却有一定的可见性。所以他在堪舆思想上,将理学中的气和以往堪舆思想中的脉结合起来,并且他更加强调"有形察无形,无形只在有形内"。这也使得人们在堪舆的时候有处用力,不至于落于空谈,也就是说能够通过山脊和水的走向排列考察气脉,来实践他所构建的堪舆之术。

在理本论的基础上,他把气的运行规定在理之下。所以他说:"宜浅而深,则气从上过;宜深而浅,则气从下过",这说明"气"的运行是有一定规律的,不是杂乱无章的。他在《强弱篇》也讲到地理要考察人和地所禀的"气",因为"气"有强有弱、有缓有急,要使人和地达到和谐,就

---

① (汉)司马迁撰:《史记》第八册,中华书局,1963年版,第2570页。
② (汉)赵晔撰,吴庆峰点校:《吴越春秋》,齐鲁书社,2000年版,第81页。

浅析蔡元定用理学对堪舆的改造——以《发微论》为考察中心

要使人和地的"气"达到"刚柔相济"的地步，进而达到"酌中恰好底道理"。可见"气"作为一种质料，要遵循"理"的安排。并且他认为在"天下之道二，吉凶善恶常相伴"的情况下，"人之所遭有不齐"，所以要去恶从善，而地理因为和人是同一个"理"所构成的，所以也要仔细考察山川的情况进行趋避抉择。同时他还认为山川因气的纯粹和驳杂而有妍媸，这实际上就是把理学家所说的关于人性形成的气论运用到山川上边。

最后，蔡元定讲道"夫天道不言而响应"，人积德天就会以吉地应之，人行恶天就会以凶地应之。那么天道是通过什么来感应连接人呢？他认为是通过"心"，但是他又说："盖心者，气之主；气者，德之符。天未尝有心于人，而人之一心一气，感应自相符合耳。""心"是"气"的主宰，而"气"是"德"的符验。所以"天"就间接通过"气"来感应一个人的"心"。在理学中"气化感通"并非蔡元定所首创，二程就认为"杀孝妇而旱""杀暴姑而雨"①"天地之间，感应而已，尚复何事？"②他们所认为的感应，也就是通过气化来实现的，程颐曾说："陨石无种，种于气。麟亦无种，亦气化。厥初生民亦如是。"③这就是说整个世界都是"气化"的产物，所以蔡元定在堪舆思想的改造上也承袭了这一点。

蔡元定通过理学思想把"生气"中的神秘主义改造为"天理"，一切事物只要顺应"天理"就会得到"赐福"。这一方面包括践行所谓"顺中取逆，逆中取顺"的"理"，另一方面还包括儒家的人文道德。他强调：

---

① （宋）程颐、程颢著，王孝鱼点校：《二程集》，中华书局，1981年版，第1227页。

② （宋）程颐、程颢著，王孝鱼点校：《二程集》，中华书局，1981年版，第1226页。

③ （宋）程颐、程颢著，王孝鱼点校：《二程集》，中华书局，1981年版，第161页。

"人于先骸,固不可不择其所而安厝之。然不修其本,惟末是图,则不累祖宗者寡矣,况欲有以福其子孙哉。"在这里他认为堪舆虽然重要,但是是"末",而真正的"本"就是儒家的人伦道德,"是故求地者,必以积德为本",这也才是"感应"的根本。这种感应模式不同于以往传统的天人感应,而是理学自身所阐明的天人合一,以"理"为天,以人自身的行为规范来符合天理。

三、堪舆中人的"参赞化育"

张岂之先生认为儒学就是"人学",是关于人与自然相互关系的学说。①早在战国时期大儒荀子就曾经说过:"天有其时,地有其财,人有其治,夫是之谓能参。舍其所以参而愿其所参,则惑矣。"②人要适应天时,顺应地利,参与自然界的变化。而这一点在以往的儒学当中很少有涉及,因为从汉代董仲舒开始儒家主流思想就奉行"意志之天"的"天人合一",将人间的祸福都归咎于"天",这样虽然能够在一定程度上限制君主的权威,但是也把人的主观能动性降低了,人就成了"天"的附庸。

而这一点在宋明理学家那里得到了改善,二程从理学出发认为天就是"道",神鬼就是天的功用。并且强调通过省察、涵养来体认天理修养自身。后来的朱熹也将神鬼等归于自然的变化,用理性主义的精神排除"神鬼"的主宰作用,将天还原为义理之天、自然之天。理学家将"天"义理化,自然界的一切都蕴含有"天理",而人就是要通过"内外合一""天人合一"来达到"内圣外王"的境界,所以很强调人的主体性和能动性。因此身为醇儒的蔡元定也强调人在堪舆上的"参赞化育",而这是在他所建立的"理"

---

① 张岂之:《儒学·理学·实学·新学》,陕西人民出版社,1994年版。
② (清)王先谦撰;沈啸寰,王星贤,点校:《荀子集解》,中华书局,2013年版,第364—365页。

浅析蔡元定用理学对堪舆的改造——以《发微论》为考察中心

和"气"堪舆内核之上的。

首先，以前的堪舆思想多强调"神明"的环境决定论，"若乃断而复续……天造地设，留与至人，前贤难说。"①"择术之善，建都立县，一或非宜，立主贫贱。"②"幽阴之宫，神灵所主。"③令人完全屈服于"神明"的自然环境观之下，人在社会中的等级地位和他在堪舆时获得的地穴的好坏有关，将儒家的尊卑等级延伸到死后。而身为理学家的蔡元定从他的理学世界观出发，认为堪舆也就是"地理"，所以人就可以"参赞化育"。他说："故山以静为常，则谓无动，动则成龙矣。……然一动一静，互相循环，山亦有动极而静，水亦有静极而动，不可执一而论，又在人融化之为妙也。"这就是说山水要在人的主体性中融化为一体来"成龙结地"。同样的他所强调的考察"禀气"来达到"中"，就不仅仅考察地的禀气，还要考察人的禀气，这样才能使得二者刚柔相济，达到"中道"。而且也正是因为人的需求，地的价值也才体现出来。因此地的禀气要服务于人，以人为主体使二者"刚柔相济"，并且"绝宗之祸""冷退之患"也正是针对人的主体性而言的。

其次，他以"理"构建堪舆的本体，这就使得堪舆离不开人的主观能动作用，只有人才能"顺中取逆，逆中取顺""阳龙取阴穴，阴龙取阳穴"。而且他认为："阳山取阴为对，阴山取阳为对，此主客相对有雌雄也。其地融结则雌雄必合，龙穴砂水，左右主客，必相登对。"这就是进一步把人的能动性提高到和自然持平的状态，即"主客相对"。然后，他主张在遵循当然之理的前提下发挥人的主观能动性，将天的"有限"和人的创造性联系起来，他认为"夫人不天不因，天不人不成"。因为在他看来宇宙

---

① 顾颉主编：《堪舆集成：第一册》，重庆出版社，1994年版，第110页。
② 顾颉主编：《堪舆集成：第一册》，重庆出版社，1994年版，第111页。
③ 顾颉主编：《堪舆集成：第一册》，重庆出版社，1994年版，第112页。

形成之后,所谓的山川是有一定"数"的(这一点和他精通邵雍的《皇极经世书》有关),"数不加多,用不加少"都是自然生定的。这样的话,天地的造化终究是有限的。那么这个时候就要发挥人的主观能动性来进行"山水裁成",过者则裁其过,不及则益其不及,从而达到"人与天无间矣",也就是天人合一的地步。从而既不害自然,也不泥乎自然,即"道不虚行,存乎其人也"。

最后,蔡元定用人的主体道德来联系天人,这也是他参赞化育构建天人合一模式的主要思路。在上文我们讲到蔡元定用"心""气"来进行天人之间的"感应",而这其中最重要的就是人的德行,只有人"心"通过气为载体才能沟通天人。然后天才能根据一个人心地的好坏,降下善福、淫祸。而且天以人的心的好坏来应之地的吉凶,这包含有两方面的含义:一方面就是地的吉凶是会改变的不是永恒不变的;另一方面就是彰显人的主体性,天是以人心地好坏来应之吉凶,那么人隐隐当中就凸显出了主体性。所以他引谚语"阴地好,不如心地好"来进行说明,而这也最能概括他的感应思想。

蔡元定从儒家道德入手作为实行人的参赞化育的重要手段来改造堪舆地理,一方面就是有学者所强调的"以儒化术"[①],用儒家的道德观念、主体观念、哲学思维来对以往的堪舆思想进行改造,使之符合儒家的道德标准。水口拓寿也认为,虽然儒家一些知识分子视风水为荒唐无稽、彻底批判,但是朱熹和蔡元定以及其后学(即理学家)对风水的态度与此不同,既不是全面的批判,也不是消极默认。而是"依据理学的逻辑较为冷静地承认风水,以谋求将它纳入儒教文化的一大体系中。加之其一部分进而改

---

① 王逸之:《以儒化术:程朱学派视域下的术数——以程朱、蔡元定为中心》,载《社会科学论坛》,2018年第6期,第64—72页。

造风水理论,施以'儒教化了'。"①另一方面就是要改变当时的社会风气。面对着"终生累世而不葬"的社会现实,身为大儒的蔡元定就做出了自己的改变,通过人的参赞化育提高人的主体性,使得地理"符合"于"我",而不是"我"去"符合"地理,进而改变以往堪舆思想对人们的束缚。从而改变社会的风气,宣扬儒家的人伦道德,以及理学家们的天理性命。

四、结语

在理学发展的过程当中,蔡元定承继前人未竟的事业用理学的思想来改造堪舆理论,通过义理之天来牵制方术中的非理性因素,对普通百姓用"理"进行思想上的约束,使人们不会因为对风水的应用而超出儒家的道德规范。这样方术就成为连接逝者和生者的纽带和用以尽孝的"工具",同时也使得堪舆义理化变成传播理学的工具,这是理学融摄其他学说,力图通过打造一种"学术共同体"的方式,是实现理学的世俗化和用理学对世俗改造的重要一步。相较于理学家之间的高谈阔论,通过堪舆这样百姓日用的方术来使得理学传播到民间,更加具有现实性。

同时蔡元定用理学对堪舆进行改造使得符合理学思想,对朱熹等人也产生了重要的影响,像张耀天就认为早年朱熹就对堪舆颇感兴趣,亲自为外祖父寻找墓穴,到后来与蔡元定结交之后,几乎朱熹所有的堪舆活动蔡元定都有参与,甚至朱熹的墓地也是由蔡元定勘定而得到朱熹首肯的。②二者关于堪舆和理学的思考,都对各自产生了重要的学术影响,一方面不光使得蔡元定加深了对理学和堪舆的思考,另一方面也使得朱熹进一步对

---

① 〔日〕水口拓寿:《试论宋明理学家对风水的改造》,载《宋代文化研究》,2011年卷,第156页。

② 张耀天:《蔡元定〈发微论〉堪舆思想初探》,载《上饶师范学院学报》,2020年第1期,第15—21页。

堪舆等方术产生了重要的改观。

而且蔡元定通过理学改造堪舆、容纳堪舆对后世的理学家也产生了重要的影响，他们也逐渐地用理学的价值观去改造堪舆。就如同水口拓寿所认为的《刘江东家藏善本葬书》就是又一理学家改造风水理论的典型，这是先由吴澄删改相传自蔡元定删定的《葬书》，然后郑谧进行注释。①而这也离不开蔡元定的影响，因为蔡元定《发微论》开其先河，所以才不断地有理学家承其余绪进行探索，而且我们从中也可以看出后来的理学家越来越注意这些虽然不符合理学要求，但能通过理学的思维进行直接"改造"进而扩充理学领域的方术。

---

① 〔日〕水口拓寿：《试论宋明理学家对风水的改造》，载《宋代文化研究》，2011年卷，第155—169页。

宋元时期的象数易学与胡方平《易学启蒙通释》

朱 军

(西北大学中国思想文化研究所副教授)

胡方平与其子胡一桂是宋元时期重要的易学家。胡方平的《易学启蒙通释》一书乃是诠释朱子《易学启蒙》的典型之作,该书对研究胡方平的易学思想、朱子易学思想的传承与发展,甚至是宋元象数易学的发展史有重要价值。

一、宋元易学象数学的传承

易学象数学是以卦象、爻象所指代的事物及其位置、数量的变化来推测宇宙、人生变化的一门学问,它是易学发展中的重要一支。最早在《左传》《国语》中便记载了数十个象数"筮例",这些零星琐碎的记载论述了象数易学的产生。《易传》的成书标志着象数易学体系化的建立,正因为它的重要地位,《四库全书总目提要·经部·易类》在分类时就将易学流派划分为象数派和义理派:

> 《左传》所记诸占盖,犹太卜之遗法。汉儒言象数,去古未远也。一变而为京、焦,入于禨祥,再变而为陈、邵,务穷造化。《易》遂不切于民用。王弼尽黜象数,说以老庄。一变而胡瑗、程

子，始阐明儒理，再变而李光、杨万里，又参证史事。《易》遂日启其论端，此两派。①

就象数学而言，宋元以前有两次重要发展期。第一次为汉代，西汉的象数学在天人感应学说的影响下逐渐成为天人感应符号表征，一定程度上沾染了神学的气息，同时以卦象、爻象结合阴阳二气与二十四节气等相关内容，观察时变、体察人间，体现了其所谓"定之以人伦而明王道"的特点（代表为京房《京氏易传》）；在东汉，郑玄、虞翻等人注经的规模和深度都有所提升，将象数思想提升到一个新的高度。②第二次为隋唐时期，在僧一行的推动下，象数与历数结合，在指导历法发展的同时也促进了自身的兴盛。

在宋代，随着理学的兴起，义理解经的方式成为经学研究主流，但是象数学并未没落，象数易学和义理易学呈现出并行发展的态势。五代末至宋初的陈抟传授先天图，开启了宋代象数易学的先河。根据朱震《汉上易传·进周易表》中所记，宋代象数易学主要研究内容是先天图、河图洛书、太极图，此三者有着较明晰的传承谱系：

先天图：陈抟→种放→穆修→李之才→邵雍

河图、洛书：种放→李溉→许坚→范谔昌→刘牧

太极图：穆修→周敦颐→程颢、程颐③（同时期的张载）

由此可见，从周敦颐到二程，他们结合"太极图"阐发自己的理学思

---

① （清）永瑢、纪昀等：《四库全书总目提要》，中华书局，1986年版，第54页。

② 林忠军的《象数易学发展史》（齐鲁书社，1994年版）认为，虽然东汉注经将象数阐发更加细致，不过同时也将烦琐的注经模式带入象数易学的发展中。

③ 根据朱震的记载，张载介于邵雍与二程之间，但并未有明确传承，不过张载有《太和》《参两》两篇，亦是宋代象数易学的代表作品。

想，形成了以"无极""太极"以及"理"所建构出的本体论，而刘牧与邵雍则接续了陈抟、种放传承的象数一系，对先天图与河图洛书细致发掘研究，其所建立的图书之学是宋代象数易学的代表。刘牧与邵雍在宋代象数易学发展中作出巨大贡献。刘牧提出"形由象生，象由数设。舍其数，则无以见四象所由之宗"[1]。卦象源于数，数源于河图、洛书的说法，形成图书一派；而邵雍则在继承陈抟的"先天说"之后，撰述《皇极经世书》，用象数学阐述其思想体系，在一定程度上吸收了道教的"道"的理论；并结合"时"（时间）、"事"（历史事件）概念，用"元""会""运""世"解释宇宙的生化，以这些理论试图构建一个蕴含宇宙、自然、人的宇宙万物消长循环图式，形成了宋代象数易学的先天一派。

南宋象数易学的进一步发展以朱震和朱熹为代表。朱震崇尚象数，反对王弼义理解《易》，著《汉上易传》以明其志。他将象数易学视为易学的正统之学，归纳总结了自汉以来的象数易学的特色，同时结合义理一派对易学理论的分析，认为他的《易》学"以《易传》为宗，和会雍载之论"（《汉上易传·进周易表》）。这既表明他是《易》学的集大成者，也在一定程度上指出象数与义理是并行不悖的。朱震的易学思想为理学大环境下象数易学的发展铺平道路。

理学集大成者朱熹对象数易学的传播、承继也功不可没。他虽注重以义理解经，然而在北宋象数易学发展背景下，朱熹并未拘泥于门户之见，对二者优劣有客观的评判。他对象数与义理两派的治经方式皆有批评，认为："其专于文义者，既支离散漫而无所根著；其涉于象数者，又皆牵合附会。而或以为出于圣人心思智虑之所为也。若是者，予窃病焉。"[2]由此

---

[1] （宋）刘牧：《易数钩隐图》，上海古籍出版社，1989年版，第11页。

[2] （宋）朱熹著，朱杰人、严佐之、刘永翔主编：《朱子全书》第一册，摘自《易学启蒙：卷一》，上海古籍出版社、安徽教育出版社，2010年版，第209页。

《周易》与易学史研究

可见作为二程的道统体系的传承者，朱熹对二程的易学思想仍有损益，他一贯坚持《易》是卜筮书籍，曾明言："《易》本是卜筮之书，《卦辞》《爻辞》无所不包，看人如何用。程先生只说得一理。"①正因如此，朱熹治《易》也有阐发自身思想的目的：首先是对卜筮再次进行阐发，结合象数易学理论补充《伊川易传》的不足之处；其次是重新阐释伏羲的先天易学，试图建立新的象数体系，以有别于前代人将象数视人为造作之物，避免后人随意解《易》、穿凿附会；再次则是回到理学路径，将易中象数与理气相结合，如其所言"气便是数。有是理，便有是气；有是气，便有是数，物物皆然"②，以期实现象数与义理的结合。

朱熹的易学思想集中体现于其著作《周易本义》中，此书乃朱熹"《易》本卜筮之书"思想的具体成果，试图以此引起学界对卜筮的重视。该书注解经文力求精简，由于注解过于简单，后世读者不易读懂，故而朱熹又作《易学启蒙》一书以作辅助。在《答赵提举》中朱熹曾言："近又尝编一小书，略论象数梗概，并以为献。妄窃自谓学易而有意于象数之说者，于此不可不知，外此则不必知也。"③由"外此则不必知也"这样的话语可知朱熹对此书的自得态度。《周易本义》与《易学启蒙》代表了朱熹的易学核心思想，正如黄震在评价宋代易学时所云："晦庵朱先生作《易本义》，作《易启蒙》，乃兼二说，穷极古始。"④解决了邵雍至二程象数与义理分裂的问题。但是由于对易学启蒙的过高评价，致使"后人置《本义》不道，惟

---

① （宋）黎靖德编：《朱子语类：卷六七》，中华书局，1986年版，第1651页。
② （宋）黎靖德编：《朱子语类：卷六五》，第1609页。
③ 朱杰人、严佐之、刘永翔主编：《朱子全书》第二十一册，《晦庵先生朱文公文集·卷三八·答赵提举》，第1683页。
④ （宋）黄震撰：《黄氏日抄·卷六·读易》，明正德刊本。

假借此书以转相推衍至于支离辖辅而不已"①。导致部分学者忽略《周易本义》的价值，而仅凭《易学启蒙》来解释朱熹的象数易学思想。

宋、元易代，象数易学在义理与象数的交织影响下继续发展，在现存的四十余部元代象数易学著作中，既有以雷思齐《易图通变》《易筮通变》，丁易东《大衍索隐》、吴澄《易纂言》等为代表的象数学；亦有以钱义方《周易图说》、俞琰《读易举要》等为代表的易图学；还有以赵汸《周易文诠》、保巴《周易原旨》等为代表的象数与图录结合的作品。这些《易》学著作足以证明皮锡瑞"若元人则株守宋儒之说，而与注疏所得深浅"②的评价并非实际，元代象数《易》学虽然没有宋代发展程度高，但在承袭宋代易学的基础上仍有所创新。宋末元初的胡方平、胡一桂父子就是在朱熹象数易学基础上进行继承创新的突出代表。

二、胡方平与《易学启蒙通释》之作

胡方平，字师鲁，号玉斋，世人称之为玉斋先生，徽州婺源（今江西）人。与其子胡一桂皆是宋末元初重要的易学名家。然正史传记中并未见其传，其生平经历在休宁程敏政的《新安文献志》及程瞳所编《新安学系录》中保存得最为完整：

> 胡玉斋，方平，婺源人。曾伯祖昂，政和间由辟雍第，尝与朱韦斋有同邑同年之好。曾祖溢，绍兴初复继世科，因伯氏交于韦斋，获闻河、洛之论，而朱子则世好也。方平早受易于介轩董梦程，继师毅斋沈贵瑶。沈实介轩上客，而介轩乃盘涧从子，得

---

① （清）永瑢，纪昀等：《四库全书总目》卷三《易学启蒙通释提要》，第20页。

② （清）皮锡瑞：《经学历史》，中华书局，2004年版，第205页。

其家传者,盘涧受《易》于朱子之门最久。方平研精《易》旨,沉潜反覆二十余年,尝因文公《易本义》及《启蒙》注《通释》一书。又《外易》四卷,考象求卦,明数推占。又有《易余问记》,其言曰:《本义》阐象数理义之原,示开物成务之教。朱子言《易》开卷之初先有一重象数,而后《易》可读。《启》蒙四篇,其殆明象数以为读《本义》而设者与! 象非卦不立,数非著不行。象出于《图》《书》而形于卦画,则上足以演太极之理,而《易》非沦于无体;数衍于著策而达于变占,则下足以济生人之事,而《易》非荒于无用。其间又多发造化尊阳抑阴之意,《易》之要领,孰大于是。明乎此,则《本义》一书如指诸掌也。[①]

由此传记可知胡方平的思想渊源。据此文记载胡方平曾伯祖与朱韦斋交好,韦斋即朱熹父亲朱松;其曾祖父又因闻《河》《洛》之论与朱熹交好,可见胡氏一门与朱熹一门的交往并非一时而起。胡方平学《易》于董介轩、沈贵瑶。董介轩即董梦程,董铢之子,师承黄榦;沈贵瑶则为董梦程高足,由此可知,胡方平可谓朱熹的三传弟子,其学术思想,尤其是《易》学思想来源于朱子之学。这一点也得到后世学者的认可,脱脱在编撰《元史》中曾指出:"一桂之学,出于方平,得朱熹氏源委之正。"[②]清代四库馆臣亦评价"方平及其子一桂皆笃守朱子之说"[③]。

[①] (明)程敏政:《新安文献志》卷七〇《胡玉斋传》;(明)程曈:《新安学系录》卷一〇。关于胡方平的传记亦见黄宗羲原著,全祖望补修,陈金生、梁运华点校:《宋元学案》卷八九《介轩学案》,中华书局,1986年版,第2973页。

[②] (元)脱脱:《元史》卷一八九《胡一桂传》,中华书局,1976年版,第4322页。

[③] (清)永瑢等:《四库全书总目提要》卷三易类三,中华书局,1965年版,第20页。

宋元时期的象数易学与胡方平《易学启蒙通释》

胡方平精于易学，且深得朱熹之学的传承，《易》学研习中沉潜反覆二十余年。胡方平深得朱熹之学的传承。胡方平的《易学启蒙通释》《外易》以及其子胡一桂的《周易本义启蒙翼传》《易本义附录纂疏》皆是对朱熹《易》学思想的传承、创新。

《外易》一书今已不传，《易学启蒙通释》也就成为研究胡方平易学思想的重要著作，也是他对宋元象数易学发展重要贡献的标志。

《易学启蒙通释》撰述之因要从朱熹的著作传承说起。朱子易学重要著作为《周易本义》与《易学启蒙》，因其注疏风格简约豁达，导致后世学者在学习中未能够完全理解朱子原旨；更因其时学人对《周易启蒙》的过高评价造成学者忽视《本义》而过分强调《启蒙》，这实际上违背了朱熹的原意。胡方平注意到这一弊病，他在《易学启蒙通释》序言中已有所揭示，其言：

> 朱子尝言：《易》最难读，以开卷之初，先有一重象数，必明象数，而后易可读。《启蒙》四篇，其殆专明象数，以为读本义者设欤！象非卦不立，数非蓍不行。象出于图、书而形于卦画，则上足以该太极之理，而易非沦于无体。数衍于蓍策而达于变占，则下足以济生人之事，而《易》非荒于无用。且其间又多发造化尊阳贱阴之意，易之纲领，孰有大于是者哉！明乎此，则《本义》一书，如指诸掌矣。然《启蒙》固为读本义设，而读《启蒙》者，又未可以易而视之也。①

又如胡次焱在《启蒙通释序》中所言："世之为图书说者，何纷纷乎？彼惟于十数中求所谓八卦者，而见其夐不相干，于是创说以强通之。幸有

---

① （元）胡方平：《易学启蒙通释自序》，日本享和二年刻《通志堂经解》弘化三年杉原直养增刻本。

一节偶合，矜以自喜，而于他节不合者，辄变例易辞，牵挽傅会，抑勒之俯就其说，虽穿凿支离不恤也……宗老玉斋先生于众言殽乱中，尊信《启蒙》，为之训释、纂注，明白正大，具有渊源，隐然足以折近说之谬。"①

胡方平一生以绍述朱子为务，因此在意识到这个问题后，试图纠正后世学者对朱熹《易》学的错误理解，力求倡明义理、正本清源。《易学启蒙通释》一书正是在这一背景下，胡方平精研易学后对朱熹《易学启蒙》的诠释之作。故胡方平自称著述之目的为"授儿辈颂习，庶由此进与本义，非敢为他人设"②。此虽胡方平自谦之语，但也正说明此作，最初为阐发朱熹《易》学而作。《启蒙通释》结合卜筮与象数，以象出于图书、象形于卦画、数衍于蓍策、数达于变占为基本内容，注解朱熹《易学启蒙》，阐发朱熹象数《易》学的原旨。杨士奇在《易学启蒙》一文中曾评价"朱子《易学启蒙》，惟胡方平本最善"③。林忠军教授在解析象数易学发展历程中，对胡方平评价甚高，认为胡氏"承传和高扬了朱子的象数《易》学，对于后世研究朱子象数易学乃至整个象数有重大的影响"④。

胡方平在总结象数易学与义理易学的基础上，著《易学启蒙通释》以阐发朱子《易学启蒙》之大义，纠后学之误读；既兼顾了程朱理学的传承，也为元代象数《易》学的发展贡献了一份力量。

---

① （宋）胡次焱：《梅岩文集》卷三《易学启蒙通释序》，《文渊阁四库全书本》第1188册，台湾"商务印书馆"，1986年版，第550—551页。

② （元）胡方平：《易学启蒙通释自序》，日本享和二年刻《通志堂经解》弘化三年杉原直养增刻本。

③ （明）杨士奇：《东里续集》卷一六《易学启蒙》，《文渊阁四库全书本：第1238册》，台湾"商务印书馆"，1986年版，第579页。

④ 林忠军：《象数易学发展史》第二卷，齐鲁书社，1999年版，第373页。

三、《易学启蒙通释》版本考述

《易学启蒙通释》的成书时间应在宋末元初①，根据胡氏自序中所言"己丑仲春中澣新安后学胡方平序"②，又因其子胡一桂曾于是年携此书至武夷山拜访闽中朱子学传人熊禾、刘泾，当知此书应成书于元至元己丑（1289）年之前，具体成书何时，今不可考。

《易学启蒙通释》成书后胡氏并未立即付梓刊印，而是由其子胡一桂携带入武夷山求教于熊禾、刘泾。刘泾序跋有云："一日，约退斋熊君访云谷遗迹。适新安胡君庭芳来访，出《易学启蒙通释》一编，谓其父玉斋平生精力尽在此书，辄为刻置书室。"③作跋之年在至元壬辰（1292），又据朱彝尊《经义考》所记其子胡一桂题识中言："一桂承兹付授，不敢失坠。辛卯九月，再入闽关，历壬辰季夏，两书录梓皆成。是书感随斋刘侯捐金造就之赐，永矢无斁。雠校之余，谨次其事如左。六月望日男胡一桂百拜谨识。"④可推知胡氏《易学启蒙通释》刊于至元壬辰（1292）六月，

---

① 谷建教授发表于《儒家典籍与思想研究》上的《胡方平生平及其著作考订》一文，内容翔实，对易学启蒙通释的成书及其版本流源问题有深入研究，此次亦多所取鉴，并在基础上有所进一步补充。

② 关于胡方平自序是否存在问题。日本尊经阁文库至元刊本，致和元年福州环溪书院复刻本等皆不见胡氏自序；后出的《四库全书》本、通志堂经解本等也未有此序，故而怀疑此至元己丑为熊禾与刘泾作跋时间。然而根据日本享和二年（1802）刊刻的《通志堂经解》弘化三年（1846）衫原直养的修订本后记，我们可以看到衫原直养所修订的刊本就补了胡方平自序，可见此序应实有。可参见谷建《胡方平生平及其著作考订》，《儒家典籍与思想研究》，2013年。

③ （元）胡方平：《易学启蒙通释》卷末《刘泾跋》，日本享和二年（1802）刻《通志堂经解》弘化三年（1846）杉原直养增刻本。

④ （元）胡方平：《易学启蒙通释》卷首《胡一桂题识》，清影元钞本（清原宣贤抄本）。

胡一桂将此书稿本携带入武夷山，熊禾、刘泾因仰慕圣贤之名而刊印此书。此后元致和元年（1328）又由福州环西书院复刻，版式如初刊本，仅刘泾跋文尾注为"致和戊辰夏朔环西书院重刊谨跋"，此本即是"元覆刻本"。元代初刻和复刻本是后来多数《易学启蒙通释》的底本（现藏北京大学图书馆、国家图书馆，同时中华再造善本丛书有影印存世）。

明代《易学启蒙通释》有两个相对完整的刊本，其一是刊定《性理大全》收录的版本，该书将胡方平《通释》稍作删减而录于其中，正如钟彩钧教授考证"明初纂修的《性理大全》，其中卷十四至十七为《易学启蒙》，将方平的《易学启蒙通释》除了极少数的删减以外，全书收入，只不过另外再补上一些朱子、蔡西山、黄瑞节等人的言论而已"①。但是此本的编排顺序与胡氏原刻差距较大。此外明代胡氏后裔与新安曾刊刻此书，此本将原来的两卷本分为四卷，革新了胡氏原稿的样貌。据嘉庆年间刊本后余鹏抟所言："明季，先生裔孙烈征、锦鳌、之珩诸人续刊是书，历年兹多，字画漫漶脱误，难以枚数。近征裔锦川、华川昆仲承先人紫园太守公遗志，编订藏本，欲广其传。得昆山徐氏所刻通志堂本，及诸易书援引之说校之。"②可知胡氏后裔于明末刊印此书，惜不传，此疑似纳兰性德序中所言："新安旧有椠本，今已不可得。"③因此本不传，新安胡氏后裔又据《通志堂经解》本再次刊印，即今所言"嘉庆新安椠本"。

清代刊本较多，除嘉庆本以外皆以元代刊本为底本，诸如《通志堂经

---

① 钟彩钧：《胡方平、一桂父子对朱子易学的诠释》，《元代经学国际研讨会论文集》，台北"中央研究院"中国文哲研究所筹备处2002年版，第208页。
② （元）胡方平：《易学启蒙通释》卷末《重刊易学启蒙通释附识》（余鹏抟），清嘉庆十七年新安刊本。
③ （元）胡方平：《易学启蒙通释》卷首《纳兰性德序》，《通志堂经解本》第2册，江苏广陵古籍刊印社，第1页。

解本》、日本清原宣贤所存的"清影元钞本",而此后刊刻《四库全书》《四库荟要》时又以《通志堂经解》本为底本,形成我们现在看到的《四库全书》本、《四库荟要》本①。《四库荟要》本基本上对《通志堂经解》本进行了照搬的抄写,并对其中一些问题做了校正。四库本虽以《通志堂经解》本为底本,但誊抄者疑似为完成皇家任务,对《通志堂经解》本的错误有视而不见之嫌,甚至由于抄写时漫不经心,徒增不少错误,其中最为严重即是卦画错乱无序,对读者理解造成巨大影响。

此外,现存较为完备且错讹较少的除元刻明修本以外,日本还有几个版本值得我们注意,日本内阁浅草文库藏有日本享和二年(1802)刊刻《通志堂经解》本《易学启蒙通释》。内阁浅草文库另有一个版本《通志堂经解》,此本中收录的《易学启蒙通释》后有日本学者衫原直养的后记:

> 此书原系经解本重镌,然譌脱不尠,天保甲辰夏日,俾试员就影钞元椠本及朱子《文集》《语类》等校订,且并钞本所载胡氏自序、熊禾跋文补刊。衫原直养记。
>
> 　　　　　　　　　　　享和二年刊　弘化三年订

根据后记,我们可以得知,此本乃以日本享和二年(1802)刊刻的《通志堂经解》本为底本,试员们于日本天保十五年(1844)结合元椠本、朱熹等著作校订,于日本弘化三年(1846)增订刊刻而成②。将此本与《中华再造善本丛书》的元刻明修本作对比可发现:此本既弥补了原本《通志

---

① 关于胡氏《易学启蒙通释》成书及版本情况,亦可参见谷建《胡方平生平及其著作考订》,《儒家典籍与思想研究》,2013年版。

② 按:浅草文库存有一函两册《通志堂经解》本的《易学启蒙通释》,此本有红色批注,校对《中华再造善本》的元刻明修本,此疑似天保十五年试员修订《通释》的稿本。

堂经解》本中的错讹，同时也将现存元刻明修本的阙文补充，实为现存《易学启蒙通释》的最佳版本，此本北京大学图书馆有收藏。

宋元易代，象数易学在义理之学的兴盛下延续着其传承。在吸收理学思想的内涵的基础上完成了质的转变。作为程朱理学的传承者，胡方平究其一生所创作出的《易学启蒙通释》，是恪守朱子易学所形成之精华。当然这种恪守朱学是有所损益的：一方面胡氏坚守朱熹易学启蒙的宗旨，这从《通释》编纂体例及内容便可一目了然；另一方面胡方平从象数、义理两方面对朱熹的《易学启蒙》进行补充阐释，增加了阴阳尊卑、阴阳互换等思想内涵。这样既达到了对朱熹思想正本清源的效果，又丰富完善了朱熹《易》学的内涵，故熊禾称赞其书"其穷象数也精深，其析义理也明白"[1]。

---

[1]（元）胡方平：《易学启蒙通释》卷末《熊禾跋》，日本享和二年刻《通志堂经解》弘化三年杉原直养增刻本。

《正蒙拾遗》的思想特点及其关学定位

魏 冬

(西北大学关学研究院教授)

《正蒙拾遗》是明代中期关学代表人物韩邦奇对张载《正蒙》进行解释的一部作品。韩邦奇(1479—1555),明代陕西朝邑县(今陕西省大荔县东境)人,是明代中期关中地区继王恕、段坚、周蕙等人之后,与吕柟、马理同时而齐名的重要关学传人。该书作于韩邦奇四十岁时。在此之前,韩邦奇已经研读《正蒙》二十余年,并曾因"张子《正蒙》无注"而著《正蒙解结》,用来解释《正蒙》中难以理解之处。后来,他陆续看到了兰江张廷式的《正蒙发微》和长安刘玑的《正蒙会稿》,认为该书兼取两者之长,故焚其稿。《正蒙拾遗》则是韩邦奇在《正蒙解结》之后因"近来《大全》《三注》及《会稿》注释者颇多,但张子大旨,似未全得,中间二三策,尚欠详明"①而作的。由于明、清关学阵营中直接诠释张载之学的著作并不多见,而该书篇幅不大,但对张载思想有继承遮护且富推阐创见,故而对研究明、清关学与张载思想的关系,研究《正蒙》学思想发展具有

---

① (明)韩邦奇:《性理三解》之《正蒙拾遗》卷首,见韩邦奇著、魏冬点校整理:《韩邦奇集(上册)》,西北大学出版社,2015年版,第144页。本文凡引用《正蒙拾遗》均出自该书。

重要意义。由于该书版本流传较少，传述作品罕见，所以本文对该书的主要内容、思想倾向、理论定位等情况予以简要介绍，以为学界进一步研究提供先导。

一、《正蒙拾遗》的思想主题

《正蒙拾遗》与刘玑《正蒙会稿》对《正蒙》全文进行逐字逐句解释或全面概括章句旨意的解释方式不同，而是选取《正蒙》中的部分条目作以解释，这也是其之所以叫"拾遗"的由来。那么，这一著作表达出怎样的内容呢？通过对《正蒙拾遗》诸篇内容的提要，可以看出该书的基本主题。据本文统计，《正蒙拾遗》的解释涉及《正蒙》十七章内容，共对《正蒙》九十例文句作了解释。其每篇解释条文数及主要内容如下。

1.《太和篇》。15条。本篇主要内容有三：（1）高度评价张载。韩邦奇曰："自孔子而下，知'道'者，惟横渠一人。"所谓"气坱然太虚"是"非横渠真见道体之实，不敢以一'气'字贯之"，"客感客形"是"横渠灼见道体之妙"，"以死为常，以生为变"是"横渠真见造化之实"，"爱恶之情，同出于太虚"是"横渠酌见性命之真"。（2）阐释天人性道。提出"太虚无极，本非空寂"、"太虚未动，本至灵之气"，"幽明聚散，如环无端，幽即是明，明即是幽，但形不形耳"。提出"气未可以言道，由'气化'可以言道矣"，认为"性道，一物也。存之于心，谓之'性'，寂然不动者是也；发之于外，之谓'道'，感而遂通者是也"，且曰"'坱然太虚'，不是'太和所谓道'"，主张"天地万物，本同一气。其成也，皆小而大，未有陡然而大者"，"天地亦有老时，……亦以渐而没"，"今已到未字上，以后渐渐一代不如一代，天地将老，乃欲挽而为唐虞、三代正午之治，难矣！"并就气化而论人之生死，认为"吾生，本气之聚"，"气之未聚，吾之常"，"今死而散入无形，得吾本然之体也"，"何曾亡乎"？就气化而论人性，认为孟子性善论乃是"言人性固有欲，然万善皆备于性，非谓'全无欲'也。"（3）批评诸儒之非。认为"宋儒于《中庸》解人道则是，于《易大传》解天道则非"、"于《中庸》解天道亦是，而独于解《易》则非"，批评了宋儒以"道为太极"、"谓'天地非由积累而后大'"等观点。由上可见，本篇是韩邦奇关于天人性道等哲学思想的集中表述。

2.《参两篇》。4条。本篇重点阐发了对天地结构、运行的基本认识和天文历法的计算方法。其最大特点是绘制了"天体度数之图""日与天会之图""一月月与日会之图""一岁月与日会之图""天日月运行总图""闰月定时成岁之图"，以展示其天文历法思想，并节录了王蕃、蔡沈、张衡对天体运行、浑天仪制作的论述，"以便读《正蒙》者之考验制作"。本篇是韩邦奇天文历法思想的重要文献。

3.《天道篇》。2条。提出"学者造道之妙"是"不待言语形象"，但"若夫垂教于世，言象岂可已？"，并感叹"天下之事，惟正为难守，最易眩迁。世之君子，不为死生利害眩迁者易，而惟不为名节道义眩迁者为难"。本篇重在论为学处世。

4.《神化篇》。4条。本篇与《太和篇》内容相应，提出"德为体，道为用""德，天之性也；道，天率天之性行也，一于气而已""蒸郁凝聚者，气之发用也。浩然湛然者，气之本体也"的观点，并赞叹"横渠洞见造化之实，异于世儒所见"。

5.《动物篇》。2条。本篇亦与《太和篇》内容相应，从魂魄、五行方面扼要论述了气的变化和普遍性特征。

6.《诚明篇》。3条。本篇亦与《太和篇》内容相应，提出"性是天之性，太极之理，体也；道是天之道，天率天之性，一阴一阳之迭运、化育、流行，用也。然皆实理也"。认为张载提出的"气块然太虚"这一观点，是"自汉、唐、宋以来，儒者未有见到此者。是以不惟不能为此言，亦不敢为此言也"。与《太和篇》对孟子人性论的探讨相应，明确提出了"人之生，欲与善、气与理同受，但晓悟则欲在先而善在后"的观点。批评宋儒，认为"其谓'下愚可移',直自诬耳","看不透孟子之意,故多强释。于文义似矣,验之人,其实非然也"。

7.《大心篇》。1条。提出"内是心,外是耳目。心之明,由耳目之闻见、讲习、讨论之类"的观点。

8.《中正篇》。1条。针对张载"洪钟未尝有声""圣人未尝有知"的观点,提出"洪钟本有声,圣人本有知",并评价说:"张子本意,谓圣人之教,无偏主,无预定,随人所问而答之。洪钟则扣有轻重,声有大小也。但其言抑扬太过。"由此亦可见韩邦奇非完全盲从张载,而是自有主见。

9.《至当篇》。4条。顺承张载"金和而玉节之则不过,智运而贞一之则不流"的观点并作出解释,提出"独立不惧,一家非之而不顾,一国非之而不顾"的人格观、"义流则非义矣,仁过则非仁矣"的仁义观和"终日乾乾,而凶惧可免"的处事观。

10.《作者篇》。2条。认为张载提出的"以知人为难,故不轻去未彰之罪"是"千古大臣爱惜人才、养明养度之法",对舜、汤、文、武作了扼要评价。

11.《三十篇》。1条。承继张载"伏羲、舜、文之德不至,则夫子之文章知其已矣"的观点,提出"麟至而夫子之文显于万世矣"。

12.《有德篇》。7条。提出"约信不可不谨,依人不可不择"的处世观,认为张载提出的"宵有得"是"指知而言,非谓'夜气'也"。提出"本有其实,但无征,亦不可言。虽言,人不信,则人将效之为妄诈""蔽固之私,一生于心,必形于外,岂可欺天而罔人哉""因言不当而触乎人,人归罪于我焉"的观点,对汉高祖、昭帝作了评价。认为谷神不同律吕,"谷神皆随人之所呼而应,不能别有所应。律则一律为君,而倡之则六声应矣"。

13.《有司篇》。2条。论述了夏、商、周三代助、贡法之不同。提出"治世赏罚明当,乱世赏罚颠倒。君子公于众也,小人便于己也"的观点。

14.《大易篇》。25条。提出"看张子之易,当别着一眼看。若拘于平日之见闻,安能得其意"!吸收早期所著《易学启蒙意见》的主要观点,对《周易》的基本旨意、卦性、卦变、卦占原则有集中的讨论。解释了乾、坤等几个卦的卦辞,辨析了张载与朱熹易学在具体解释上的不同,可见其在易学上并不盲从张载和朱子。其解易多引申历史人物,借易评论了周公、汉高祖、高贵乡公、文天祥、李密、王世充等人物。同时,本篇与《太和篇》论题亦有相应之处,提出:"太极,未尝无也。所谓'无'者,万有之未发也;所谓'有'者,有是体而无形也;'未尝无之谓体',太极也。"论述了气的聚散、隐显与生死的关系,提出"阴阳之气,聚而为显,万有之生也。阴阳之气,散而为隐,万有之死也。一幽一明,形而可见,故曰'象'。一推一荡,是造化之妙,为万有之所以聚散者,孰得而见之,故曰'神'"的观点。

15.《礼器篇》。3条。认为"君臣之际,其可畏哉!大臣之责,危疑之际,其难处哉!"提出"惟人主降辞色以诱之,则下情始得伸。上下之情既通,则谗毁不敢入"、"谗毁不行,君臣孚信,上下交而德业成,令闻广誉,施及万世矣"的观点。评论了周公,认为"蔡子曰:'公岂自为身计哉?亦尽其忠诚而已矣',得周公之心矣"。本章重在论述君臣关系。另对卜、占之法有简要介绍。

16.《王禘篇》。4条。重点论礼,并就古今差异,提出"安可泥古而不酌之今哉"的观点。

17.《乾称篇》。10条。与《太和篇》相应,提出"'虚'字为'无极'字,'神'字为'太极'字,'虚而神',正是'无极而太极'"。"'性'是太极,寂然不动者也;'不息'是造化,发育流行、感而遂通者也","造化发育,自其流行而言为'道',自其流行之妙而言为'神',自其流行之代谢循环不已者而言为'易',其实皆一而已","天地间,惟气为交密,虽山川河海,草木人物,皆气之充塞,无毫发"的观点,认为先儒对于张载

"形聚为物，形溃反原"观点的争议，"是乃在册子中窥造化，不曾回首看眼前造化之实"，"语其推行为'道'，正乃'太和所谓道'。古人未有如此说者，故多妄意于空寂之中"。同时批评佛教，认为"释氏亦窥见些子造化"，"将驱天下之人，使之为善，然欺之也"，"圣人之教以诚，释氏之教以伪。夫感人以诚，犹惧人之不从，况伪乎？"又认为"佛氏以死为归真、生为幻妄，亦只是主客之意。但'幻妄'字便有个无用的意思"，"殊不知天所以为天，以其用之不息也"，所以"佛氏之教亦穷矣"。特别值得注意的是，韩邦奇在本章不但提出"自益益人，固贵不已其功，然须优柔有渐，间断固不可，急迫亦不可。此为学之要法"，而且对《东铭》作了解释，提出"《西铭》是规模之阔大处言天道也，《东铭》是工夫之谨密处言人道也。先《东》后《西》，由人道而天道可造矣。圣贤之学，言其小极于戏言戏动、过言过动之际，无不曲致其谨，推而大之，则乾坤父母而子处其中，盖与天地一般大也。此《西铭》《东铭》之旨"，认为"朱子独取《西铭》，失横渠之旨矣"。

结合以上各篇的主要内容，可将《正蒙拾遗》的所论大致归结为如下五个论题：一是，天人性道：内容最多，思想性最强。以《太和篇》为主，在《神化篇》《动物篇》《诚明篇》《乾称篇》有所体现。二是，修身处事：内容较多，思想较为突出，以《乾称篇》为主，在《天道篇》《大心篇》《中正篇》《至当篇》《作者篇》《有德篇》有所体现。三是，易学历史：学术性强，内容较多，主要体现在《大易篇》《三十篇》《礼器篇》。四是，天体历法：学术性强，内容最多，限于《参两篇》。五是，礼乐制度：学术性强，内容较少，主要体现在《有司篇》《王禘篇》。由以上可以看出，韩邦奇在哲学、天学、易学、礼学、史学等各方面的观点在《正蒙拾遗》中都有所体现，是其思想学术表述较为集中的一部著作。而其中对天人性道、修身处事两个主题的探讨，则构成了《正蒙拾遗》中哲学思想的主体内容。

二、《正蒙拾遗》的思想倾向

韩邦奇门人白璧曾评价韩邦奇："苑洛先生天禀高明，学问精到，明于数学。胸次洒落大类邵尧夫，而论道体乃独取张横渠。少负气节，既乃不欲为奇节一行，而识度汪然，涵养宏深，持守坚定，躬行心得，中正明达，则又一薛敬轩也。"①其中"论道体乃独取张横渠"一语，正可见韩邦奇在道体论方面对张载思想之继承发展，而《正蒙拾遗》正是韩邦奇这一思想特质的具体体现。通过《正蒙拾遗》的基本内容可以看出：出于自家的生命体认和理性抉择，从而认同、赞扬、回护和阐发张载《正蒙》中关于道体的基本观点，正是《正蒙拾遗》这一著作的基本思想倾向。而这一倾向，乃是通过以下几个方面体现出来。

首先，韩邦奇对张载极为认同，评价极高。自宋以来，理学家虽然对张载有所认同，但并未提高到高过程朱、直接孔子的地步。《正蒙拾遗》与之不同，其评价张载则曰"自孔子而下，知'道'者，惟横渠一人"，评价《正蒙》则曰"横渠《正蒙》多先后互相发明，熟读详玩，其意自见，不烦解说"（《正蒙拾遗》篇首），篇中又多次评价张载观点，数曰："横渠洞见造化之实"（《正蒙拾遗·神化篇》）、"横渠真见造化之实"、"横渠灼见道体之妙"、"横渠灼见性命之真"（《正蒙拾遗·太和篇》），从对造化、道体、性命三个方面高度评价了张载见识的不同一般。韩邦奇又说张载"气块然太虚"的观点是"非横渠真见道体之实，不敢以一'气'字贯之"（《正蒙拾遗·太和篇》），"自汉、唐、宋以来，儒者未有见到此者，是以不惟不能为此言，亦不敢为此言也"（《正蒙拾遗·诚明篇》）。此中用一个"不能"、两个"不敢"，不惟道出韩邦奇对张载识见高明的信服，亦

---

① （明）白璧：《读苑洛先生语录》，摘自（明）韩邦奇著、魏冬点校整理《韩邦奇集（下册）》，西北大学出版社，2015年版，第1767页。

道出其对张载造道之勇的钦佩,由此可见韩邦奇对张载的服膺认同,非同一般。

其次,韩邦奇还阐释张载学说,提出自己创见。韩邦奇不仅高度评价张载和《正蒙》,而且通过对《正蒙》主要命题的揭示阐发自己的思想主旨,这是韩邦奇思想的主要创见之处。张载主张"天人合一",韩邦奇基于对张载这一主旨的体认,不仅明确提出"吾读《正蒙》,知天人万物本一体也"①,把"天人万物一体"作为正蒙的思想主旨,而且明确提出"学不足以合天人、一万物,非学也"(《正蒙拾遗·太和篇》),"学不足以一天人、合万物,不足以言学"②,把"一天人、合万物"作为自己为学的基本宗旨。进而,韩邦奇还根据张载以气为本的思想特征和崇尚圣人的价值取向,提出"以天为气,志为圣人"的基本观点,这也是韩邦奇对张载"天人合一"论在宇宙论和价值论上统一的概述。在具体的解释上,韩邦奇承接张载,提出:"张子曰:'太虚无形,其聚其散,变化之客形尔。'又曰:'知虚空即气,则无无。'察乎此,则先儒所谓'道为太极,其理则谓之道',老氏所谓'无',佛氏所谓'空',不辨而自白。"③众所周知,张载虽然提出"太虚无形,气之本体""知虚空即气,则无无"等观点,但并未明确提出以"气"统一万有的观点,而韩邦奇则在对张载关于"太虚"的诸多论述的基础上,明确提出"太虚无极,本非空寂""太虚未动,本至灵之气"(《正蒙拾遗·太和篇》),而且更明确地说"天地万物,本同一气",并具体阐发了关于气的存在状态是"通一无二",天人万物的演化是

---

① (明)韩邦奇:《正蒙拾遗序》,摘自韩邦奇著、魏冬点校整理:《韩邦奇集(上册)》,西北大学出版社,2015年版,第1358页。

② (明)韩邦奇:《正蒙拾遗序》,摘自韩邦奇著、魏冬点校整理:《韩邦奇集(上册)》,西北大学出版社,2015年版,第1358页。

③ (明)韩邦奇:《正蒙拾遗序》,摘自韩邦奇著、魏冬点校整理:《韩邦奇集(上册)》,西北大学出版社,2015年版,第1358页。

"其始也,先有生,后有成;其终也,先消成,后消生"渐进的历史观。张载认为"爱恶之情,同出于太虚",韩邦奇则明确提出"人之生,欲与善、气与理同受"(《正蒙拾遗·诚明篇》)。这些观点,将张载的思想的气论特征进一步明确化、清晰化了。更为重要的是,韩邦奇基于对张载思想的认同,更为深入地探讨了天人性道的问题,不仅就性道在本质上的同一性提出"道一物"的观点,而且就性道的存在状态作了区分,提出"存之于心,谓之'性',寂然不动者是也;发之于外,之谓'道',感而遂通者是也"(《正蒙拾遗·太和篇》)。基于此,韩邦奇还提出天有天之性、人有人之性,天有天之道、人有人之道,然两者本质相同也。这也是从性道角度对"天人合一"观念的推进和深化。从此可以看出,韩邦奇天人性道观其实是对张载思想的继承发展,是《正蒙》思想发展史上重要的一环。除此之外,韩邦奇在《正蒙拾遗》中还继承了张载天学学统,在《参两篇》重点阐释了天文历法并归之于"考验制作",这也是张载关学注重自然科学、崇尚实践学风的具体再现,与纯粹注重义理和道德践履的其他正蒙注释相比,具有鲜明的特色。

再次,为了遮护自己对张载思想的理解,韩邦奇还对诸儒佛老进行了批评。首先,对朱熹独取《西铭》的做法提出了批评。韩邦奇认为,张载的《东》《西》二铭是相互支撑的统一的思想体系,"《西铭》是规模之阔大处言天道也,《东铭》是工夫之谨密处言人道也。先《东》后《西》,由人道而天道可造矣"。只有从《东铭》所主张的功夫论出发,才能真正实现"天人合一",而"与天地一般大也"。故而"朱子失横渠之旨也"。韩邦奇对《东铭》的重视,突破了朱学偏重《西铭》的风气,对正确全面理解和继承张载思想具有重要意义。其二,对诸儒的天道观提出了批评。韩邦奇批评了诸儒以"太极为道""以理为道"的观点,提出"太极是不动时物,是理,道是动时物,安得以太极为道哉"。他还批评诸儒以"天地陡然而大"的观点,认为这只是"在册子中窥造化,不曾回首看眼前造化之实",由此可见韩邦奇对张载注重考察现实学术态度的继承。其三,韩邦奇还继承张载辟佛老的观点,对佛教进行了更为深入的批判。在韩邦奇看来,佛教虽然对造化有一定的认识,也有导人为善的价值取向,但却不能看到大化流行、生生不息是大道的基本内涵,因此否定现实生命、否定现世生活,"乃诚而恶明者"也。"夫感人以诚,犹惧人之不从,况伪乎?""佛氏之教亦穷矣!"蔡尚思先生曾高度评价了韩邦奇对佛教的这一批评,"韩邦奇批评佛教最中要害,既正确也痛快。直到近代的章太炎都似不知此说;即使知道,也未能起来反驳"①,可谓真知灼见也。

  需要注意的是,韩邦奇虽然认同张载,但并非盲从。在《正蒙拾遗》中,韩邦奇曾有几次对张载与他人观点的评述,以见其理性的认知态度。如针对张载"太和所谓道"和孔子"一阴一阳之谓道"的提法,韩邦奇虽然认同张载的观点,但也指出"正蒙'所谓'字,不如孔子'之谓'字为的确,此又圣贤之别"(《正蒙拾遗·太和篇》)。再如针对张载和蔡沈的五行观,韩邦奇则认为"蔡子之说较稳实"(《正蒙拾遗·参两篇》),并不盲从张载。再如针对张载"洪钟未尝有声""圣人未尝有知"的观点,韩邦奇则提出"洪钟本有声,圣人本有知",并评价说张载"其言抑扬太过"(《正蒙拾遗·中正篇》)。还有对张载"又有义命,当吉当凶、当否当亨者,圣人不使避凶趋吉,一以贞胜而不顾"的观点,韩邦奇明确提出"此节非《易》之本旨。夫《易》者,见几趋时,审力合道,以求万全,乃圣人之妙用,义命不足言也。横渠以'吉''凶'二字,恐学者既不见几矣。及当其时,乃为偷生脱死、趋利避害之谋,故示之以此,以为未尽易者之防"(《正蒙拾遗·大易篇》)。由此可见,韩邦奇对张载思想所持的理性态度。虽然如此,韩邦奇对张载思想的整体认同是可以肯定的,《正蒙拾遗》最

---

① 蔡尚思:《中国礼教思想史》,上海古籍出版社,2006年版,第403页。

基本的思想特征，就是在理性抉择的前提下对张载思想的接受认同和开拓创新。

三、《正蒙拾遗》的思想定位

如上，《正蒙拾遗》最基本的思想特点是认同、继承和推阐张载思想。那么，如何评价《正蒙拾遗》的这一思想定向呢？窃以为，只有将《正蒙拾遗》置于相应思想视域下的比较，方可看出其理论的价值，并对之做出合适的定位。在此，仅从韩邦奇思想的发展历程和明代当时整个思想潮流两个维度，对《正蒙拾遗》的理论特征予以定位。

其一，从韩邦奇的思想发展历程来看。《正蒙拾遗》是韩邦奇思想历程的转折点，是其哲学思想的巅峰之作。根据韩邦奇的生平史料，他在早年的学问基本出于家学，而以对朱子学的研究为主题。如韩邦奇在二十岁左右完成的《蔡传发明》《禹贡详略》都是以朱熹弟子蔡沈的《书传集》为蓝本，阐述其《尚书》学的著作；二十五岁完成的《易学启蒙意见》则是以朱熹与蔡元定共同完成的《易学启蒙》为蓝本，阐发其易学的代表作；三十七岁完成的《洪范图解》则是以蔡沈"洪范九畴说"为本，力求《尚书》学和《易》学贯通之作。蔡元定与蔡沈为父子关系，同出于朱子门下，故为一系。从此可见韩邦奇早年之学与朱子学的渊源。同样，在韩邦奇的早年著作中，虽然可以看到韩邦奇对朱熹卦爻法的改善，但对朱熹并没有激烈的批评，对张载也没有论及，故而其基本藩篱仍属于朱子学。与之相反，在《正蒙拾遗》中，韩邦奇则或明或隐地对朱熹的观点提出了批评，却对张载给予了高度的评价，对张载思想表示了高度的认同。这表明：通过《正蒙拾遗》，韩邦奇思想已经实现了从推阐朱子到归本横渠的转变，所以《正蒙拾遗》是韩邦奇思想历程的转折点。再通观韩邦奇的所有著作，除了《易学启蒙意见》用"维天之命，于穆不已""圣人之心，浑然天理"两图表示了其"阴阳、五行、万物，不在天地之外，阴阳有渐，无遽寒遽热之理"基本宇宙观,并在《正蒙拾遗》中进一步用文字阐发,以及《苑洛集》卷十八《见闻考随录》中有零散的对《正蒙拾遗》思想深化的论题外,在韩邦奇的其余著作中基本没有谈及对天人性道等哲学主题的认识。所以,把《正蒙拾遗》看做是韩邦奇著作中哲学思想的代表作,看作是其哲学思想的巅峰之作,看作是其思想转折的代表作,是完全适宜的。

其二,从整个明代关学的思想潮流中来看。明代关学的发展,具有两个特点,一个是受当时整个理学思潮的影响,以朱子学、阳明学为主流的思想形态;另一个方面是受张载关学学风的影响,注重"以礼为教"的传统。这两个方面的结合,构成了明代以及此后关学传承的基本底色。但从整个明、清思想倾向而言,普遍对张载自身思想体系的传述不甚重视。以对《正蒙》的注释为例,整个明、清时代,关学学者中也只有刘玑的《正蒙会稿》、韩邦奇的《正蒙拾遗》、吕柟的《张子抄释》等几部。在仅有的这几部对《正蒙》思想传述的著作中,刘玑的《正蒙会稿》相对于韩邦奇的《正蒙拾遗》早出,其重在传述本义而疏于创见;吕柟的《张子抄释》相对于韩邦奇的《正蒙拾遗》晚出,其也以抄为主,所谓的"释",也基本在于点名段意,创见性亦有所不足。而韩邦奇的《正蒙拾遗》则以其对张载思想的高度认同和推阐创见最为突出。因此,可以将其作为明、清关学能传述《正蒙》之学的重要代表作。而韩邦奇不仅因能传承关学"以礼为教"宗风而与吕柟、马理等人并列关学干城,而且也因为这部著作,在张载思想的直接传承上拥有了更高的地位,清人刁包谓"韩先生远祖横渠,近宗泾野,其学得关中嫡派",①这正是后世学人对韩邦奇关学特质的精当评价。因此将韩邦奇定位为关学阵营中能"发横渠英声"的学人代表,也就无所置疑了!

---

① (明)刁包:《杨忠愍先生家训序》,摘自《影印文渊阁四库全书·畿辅通志卷·100》,上海:上海古籍出版社,1995年版。

如上所述，韩邦奇的《正蒙拾遗》探讨了天人性道、修身处事、易学历史、天体历法、礼乐制度等多方面内容，体现了韩邦奇在理性抉择的前提下对张载思想的接受认同和开拓创新，是韩邦奇思想从"推阐朱子"到"归本横渠"转变的标志性作品，也是其思想学术表述较为集中的一部著作，更是明清关学能传述《正蒙》之学的重要代表作。韩邦奇"其学得关中嫡派"的地位，因为其能传承关学"以礼为教"宗风和此书与张载思想的继承推阐关系而得以奠定。

■ 《周易》与易学史研究

清代关中易学易籍初探

刘银昌

(陕西师范大学文学院副教授)

关中为《周易》文化发祥地①,易学传统源远流长。文王演《周易》以及周公作爻辞的史籍记载和传说自不必说,单是长安西仁村出土的西周早期刻有数字卦的陶拍和周原遗址出土的西周数字卦甲骨,就足以证明关中大地和《周易》的密切关系。自《周易》产生后,关中士人研习者不绝如缕,从尊奉儒家经学的汉代一直到科举考试习《易》的清代,关中学者编撰了一系列易学书籍。这些易学成果不仅丰富了传统经学和中华易学,还构成了关学思想不可分割的一个思想论域。

根据学者的研究,关中易学分为五个阶段:先秦为滥觞期,两汉为流派纷呈期,唐宋元为高峰期,明代为承传期,清代为繁荣期。②其分期尽管稍显粗糙,且有些时期的总结未必符合关中易学实际,但有一定的参考价值。清代之所以被视为关中易学的繁荣期,是因为这一时期出现了数量众多的易学著作,其数量之大,远超其他朝代。作为清代易学史的一个地

---

① 本文所说的关中,指的是今陕西省除去陕南(汉中、安康和商洛)和陕北(榆林和延安)的区域。

② 邢春华:《关中易学源流考》,载《周易研究》,2013年第4期。

域分支和清代关学的重要思想论域，清代关中易学具有重要的研究价值。鉴于学术界尚未对此领域进行专门系统的研究，本文拟对清代关中易学易籍做初步研究，为后续清代关中易学的进一步研究铺垫基础。

一、清代关中易籍之统计

清代关中易学著作到底有多少部，至今难以准确统计。原因很简单，有些学者原本编撰有易学著作，但由于经费问题未刊刻行世，且稿本散佚；有些学者的易学著作虽曾刊刻，但印本稀少，加之流传过程中的散佚，以致后人无法见到。另外，限于主客观条件，统计者所能见到的易学著作数量不可能是真实的著述数量。因此，如今所能看到的各种统计，都只是一个可能性的结果。基于此，我们参考3种涉及清代关中易学著作统计的数据，综合考证，以便统计出清代关中易籍大致准确的数量。

首先是1933年出版的郭毓璋所撰《陕西艺文志》，该书续补明代赵廷瑞所编《陕西通志》"经籍"部分，卷一共著录清代易学著作24种。这些著作分别是：王弘撰《周易筮述》8卷，王心敬《丰川易说》10卷，刘绍攽《周易详说》19卷，上官章《周易解翼》10卷，张祖武《来易增删》8卷，刘荫枢《大易蓄疑》7卷，王明弼《易象》2卷，王琰《周易集注》11卷《图说》1卷，刘鸣珂《易图疏义》4卷，文应熊《周易蠡测》2卷，路畿《周易补注》3卷，韩维翰《周易彙解》5卷，王杰《葆淳阁易说》2卷，王缵谟《周易撰注》8卷，王之谦《易爻引类》4卷，梁翰冲《易髓》2卷，张鸣凤《周易合参》16卷，祝垲《爽亭易说》1卷，陈以鼎《易象图表》1卷，独淡元《周易卦爻象例考》1卷，杨彦升《周易象说》2卷，邓一峰《周易来注摘瑕》4卷，马鲁《周易尘谈》4卷，张延功《周易异字商榷》3卷。24人中祝垲为安康人，杨彦升为商洛山阳县人，故关中易学著作实为22种。这些易学著作，被收入《四库全书》或存目者，《陕西艺文志》皆以《四库全书总目》的提要进行介绍，余者仅著录书名、卷数和作者极简略之介绍。

其次是陕西地方志编纂委员会所编《陕西省志·著述志》古代卷，因史学界以1840年为我国进入近代社会的转捩点，故其仅著录1840年以前的关中易学著作。统计可知，该书著录清代关中易学著作12种，除去《陕西艺文志》已著录者，尚有以下3种：王宏撰《周易图说述》4卷，袁仁林《古文周易参同契注》8卷，王建常《太极图集解》不分卷。对所著录的《周易蓄疑》《周易集注》《图说》《易象》《来易增删》和《周易解翼》等易著，编撰者考察后得出"今未见传世版本"的结论。①值得注意的是，其所著录的12种著作中有2种并非易学著作。其一是袁仁林的《古文周易参同契注》，它属于子部道家类，不属于经部易学类，因为《周易参同契》是一部借《周易》卦爻符号阐释炼丹术的著作，袁仁林的注解也是旨在掘发其中的修炼技术与理论。其二是王建常的《太极图集解》，此书尽管开卷就列出先天八卦图，但目的并非为了研究易图，而是为了解释周敦颐的太极图，而周敦颐的太极图也并非今天我们所说的阴阳鱼太极图，因此属于理学阐释之作。以故，《陕西省志·著述志》所正式著录的清代关中易学著作，其实只比《陕西艺文志》多出1种。

另外，《陕西省志·著述志》的附录部分，著录了一些地方志中的清代关中易学著作，分别是：清初富平程凤仪撰《周易合象》《周易解中论》，乾隆四十二年（1777）《鄠县志》著录的姚海撰《易经本传》4卷，嘉庆二十一年（1816）《续武功县志》著录的康吕赐撰《易语录》，康熙二十三年（1684）《续华州志》著录的古朴撰《易经五部集》《易卦浅说》，雍正十三年（1735）《陕西通志》著录的杨仕显撰《易经存言》10卷，嘉庆二十四年（1819）《咸宁县志》著录的雷壮撰《周易经解》，光绪十七年（1891）

---

① 陕西地方志编纂委员会：《陕西省志·著述志（第十一卷上）》，三秦出版社，2000年版，第14—15页。

《富平县志稿》著录的成言撰《大易》，光绪七年（1881）《同州府续志》著录的马大韶撰《朱子周易本义旁贅》，民国三十三年（1944）《同官县志》著录的李师白撰《周易笔解》，康熙四十年（1701）《临潼县志》著录的刘秉俊撰《学易痦言》8卷，嘉庆二十一年（1816）《续武功县志》著录李原撰《周易畏言录》，宣统三年（1911）《泾阳县志》著录熊日强撰《易经一隅》，乾隆五十八年（1793）《再续华州志》著录张曾庆撰《周易观玩录》，乾隆四十二年（1777）《鄠县志》著录焦绳武撰《周易参补》，乾隆四十二年（1777）《鄠县志》著录贺从撰《易经管窥》，乾隆五十三年（1788）《华阴县志》著录杨大鼎撰《易疑》8卷，道光三十年（1850）《大荔县志》著录袁学安撰《易诗语录》，民国三十三年（1944）《同官县志》著录崔乃镛撰《易经约函要义》4卷，光绪七年（1881）《同州府续志》著录党鲲撰《周易春秋讲义》，光绪七年（1881）《同州府续志》著录史景玉撰《周易注》《周易十传翼》，嘉庆二十二年（1817）《续潼关厅志》著录孙必赐撰《周易课儿正法眼》，民国十五年（1926）《澄城县志》著录白明礼撰《读易臆说》，光绪十七年（1891）《富平县志稿》著录韦编撰《序卦图解》，乾隆四十五年（1780）《朝邑县志》著录张五经撰《大易汇解》，光绪十七年（1891）《富平县志稿》著录田惟华撰《周易卦解》。以上共计28种。

最后是李正德主撰的《陕西著述志》[1]，该书根据陕西地方志和古籍目录以及人物传记，汇集了1911年之前陕西省1715位历史人物的著述目录4420种，并根据编撰者所掌握的情况，注明存世古籍的馆藏地。统计该书著录情况，清代关中易籍有70种，除去与前两种目录所收重复者，尚有以下22种：长安李宝善《易知解》，李崇洸《易书诗精粹三种》，翁安吉《易说》4卷，卢轮《周易述象》；周至刘崐玉《易鉴纂说》；三原李学

---

[1] 李正德主撰，刘玉苓、仝瑞萍、郭兵撰：《陕西著述志》，三秦出版社，1996年版。

源《读易说》；武功县党先声《周易解释》；渭南刘懿宗《易经摘要》12卷，杨自谦《易经要略》4卷；华阴柴克济《易经注解》，梁朝栋《周易象徵》；华县（州）刘泽溥《学易日记》，张曾庆《大易洁净篇》，独淡元《周易卦爻象例考》1卷；潼关宁述俞《邵子经世学》；大荔县王会昌《易经绪馀》1卷，张恢网《参两数》；蒲城李仲馨《河洛图式讲义》，屈宣泰《周易臆说》4卷，张廷瑞《周易一得》6卷；合阳县杨朝《易学入门》；富平杨齐碧《易经遵注》。非常遗憾的是，以上22种易著，均已难见传世本。

综上可知，3种目录钩沉出清代关中易学著作共计73种，数量可观，但其中绝大多数著作已不可见到。

二、清代关中易学易籍之特点

清代关中易学易籍目录，仅能反映当时关中学者研习易学的兴趣、学术取向等信息，不能呈现当时关中易学之全貌。鉴于大多数易学著作散佚，我们主要从《四库全书》有著录者与今天可见者，梳理其作者及内容，以观清代关中易学易籍之大概。

首先，清代关中易籍，成书于乾隆四十三年（1778）《四库全书》征书结束之前者，被收入《四库全书》的极少，只有王心敬的《丰川易说》和王弘撰的《周易筮述》两种。另外尚有被《四库全书》存目者7种，分别是刘荫枢的《大易蓄疑》，王明弼的《易象》，刘绍攽的《周易详说》，上官章的《周易解翼》，张祖武的《来易增删》，王琰的《周易集注》《图说》和刘鸣珂的《易图疏义》。其实，成书于该年之前的清代关中易学著作，远超过这9种。这说明和一些南方文化大省相比，清代关中易学著作被收入《四库全书》或存目者确实太少。造成这种情况的原因不外以下几种。

一是一些清代关中易学著作不符合《四库全书》收录的标准。《四库全书》"凡例"中说，"圣贤之学，主于明体以达用，凡不可见诸实事者，皆属卮言"，故"不切人事"者，"不揆时势之不可行"者，"凡斯之类，并辟其异说，黜彼空言，庶读者知致远经方，务求为有用之学"；又说，"今所采录，惟离经畔道，颠倒是非者，掊击必严，怀诈挟私，荧惑视听者，屏斥必力"；又说，"盖圣朝编录遗文，以阐圣学明王道者为主，不以百氏杂学为重也"。①可见，《四库全书》选录的书籍，要符合孔孟尤其是程朱思想的"圣贤之学"，且主要致力于人伦日用，对于纯粹谈论数理和易理的著作，则视为"不切人事"的"空言"。这种世俗功利的标准，自然把一些易学著作拒之门外。

二是清代关中易学著作虽然从数量来说较为可观，但多数著述水平较低，陈陈相因，无有新见，故在全国范围内与其他同时代易著相比较，难以入四库馆臣之法眼。这正如陈俊民先生所说，李颙以后的关中诸儒，"其著述，或'多出编订'，或'辑前人类说'，其'治经所得甚浅'，'精语少而陈言多'，义理远不及二曲，训诂更不能同南方诸汉宋经学家相提并论"②。清代关中学者的易学著述亦复如此。一些易籍虽已失传，但从书名我们亦可判断其大致内容，如《易语录》《周易畏言录》《易诗语录》《易经摘要》等，应该属于《周易》经传及前人注释的摘录之类，其中《周易畏言录》中的"畏言"，盖取《论语·季氏》"君子有三畏：畏天命，畏大人，畏圣人之言"，据此节录《周易》中的"圣人之言"；再如《周易课儿正法眼》《周易春秋讲义》《易学入门》等，应是为了教授子弟生徒所编纂的《周易》类启蒙教科书，不外乎一些易学常识和程朱易学的义理；又如《读易臆说》《周易臆说》，极有可能是很少参考前人注解的随意发挥；像《易经遵注》《易鉴纂说》《易经要略》等著作，则可能是对前人注解的选编，就像目前存世的张祖武的《来易增删》，是作者在明儒来知德《周

---

① （清）永瑢等：《钦定四库全书总目》，中华书局，1997年版，第33—34页。
② 陈俊民：《关学经典导读》，三秦出版社，2020年版，第176页。

易集注》的基础上，把他认为烦琐之处进行删减，并把程颐《周易程氏传》的一些说理内容增补进去，而之后王缵谟的《周易纂注》，则又嫌《来易增删》烦琐，进一步删减，但又补充了一些其他的前人注释，原创性自然不足。

三是著作的流传存世，除自家珍藏外，更需借助刊刻流布社会。因此，不排除一些清代关中易学著作虽有一定的学术水平，但由于作者财力薄弱不能刊刻或其他原因不愿刊刻，致使这些著作流传不广，以致未能被地方官员呈进备选。这一点可从一些学者的家贫或不愿仕进的记载中推知。

其次，清代关中易学易籍，多出自走科举道路而获取功名者之手。根据前述3种目录的统计和地方志文献记载，这些易学著作作者中有进士9人，含清代陕西唯一的状元王杰；举人14人，贡生11人（含拔贡生），其他有志于科举者如庠生、诸生、县学生7人。有6人，或因是遗民，或其他原因，淡于仕进或绝意仕途。其余作者，科举、仕进情况不详。清代社会虽已进入近世，但科举仍为多数读书人的不二选择。科举应试，自然需要用心研读科举要求的著作。这些备考著作，就是朝廷所提倡的《四库全书总目》所谓的"圣贤之学"，以程朱理学为核心，四书和《周易》《诗经》尊奉朱熹注释，《周易》兼采程颐的《周易程氏传》，这从《周易折中》的内容即可看出。因此，就目前所能见到的清代关中易学著作而言，其研究内容与旨趣多与程朱易学有关，如王弘撰的《周易筮述》，乃因朱熹谓《易》本卜筮之书，且朱熹《易学启蒙》言卜筮甚详，故王弘撰"作此编以述其义"[①]；王弘撰著《周易图说述》，则缘于朱熹《周易本义》首列九图以明《易》。另外如王心敬的《丰川易说》，舍弃汉儒象数之学，专取义理，以实现学《易》寡过的目的，其诠释路径一如程颐。又如张祖武的《来易增

[①] （清）永瑢等：《钦定四库全书总目》，中华书局，1997年版，第57页。

删》，删减明儒来知德注《易》的烦琐象数，增入程颐《周易程氏传》和朱熹的《周易本义》之说理，也表现为对程朱易学的沿袭。总之，清代关中易学著作的作者，与其他地域的研《易》者一样，深受科举文化的制约，研《易》多尊程朱之学。

最后，清代关中易学易籍所呈现的易学研究内容较为丰富全面。易学从大的研究流派来说，分为象数派和义理派。"象数，即《周易》的卦象、爻象及阴阳奇偶之数；义理，即六十四卦、三百八十四爻所蕴含的哲学理致"①。因此，象数派主要以卦象、爻象以及卦气、天文和天地奇偶之数等来解读卦爻辞，看重的是卦爻辞的根源。义理派主要阐发卦爻辞中的道理，看重的是卦爻辞的寓意。从易学史的研究实践出发，学界又将其分为汉易和宋易两种。汉易主象数，宋易主义理，并包含邵雍所开创的先天、图书之学。综观清代关中易学易籍，涵盖了象数与义理、汉易与宋易，只是在大的时代文化背景影响下，以宋易为主罢了。如王弘撰的《周易图说述》、刘鸣珂的《易图疏义》、王琰的《图说》和李仲馨的《河洛图式讲义》等，是对易图的研究；程凤仪的《周易合象》、陈以鼎的《易象图表》、独淡元的《周易卦爻象例考》、卢轮的《周易述象》、梁朝栋的《周易象徵》等，都是从易象角度解经的；而像张恢网的《参两数》则是根据"参天两地而倚数"的易数角度阐释易学；张延功的《周易异字商榷》着眼于《周易》的文字训诂。义理类的著作，如王心敬的《丰川易说》，《四库全书总目》认为其"推阐易理最为笃实而明晰"②；刘绍攽的《周易详说》，《四库全书总目》认为"是书大旨以程《传》为宗"③，说明它们都是阐发《周易》之理致。至于汉易宋易，刘绍攽认为"《易》所以难明者，汉儒主象

---

① 张善文：《象数与义理·前言》，辽宁教育出版社，1993年版，第1页。
② （清）永瑢等：《钦定四库全书总目》，中华书局，1997年版，第66页。
③ （清）永瑢等：《钦定四库全书总目》，中华书局，1997年版，第124页。

数，宋儒主义理"，要得全《易》之解，必须"合汉宋而一之"①，其《周易详说》正是汉易、宋易兼治的体现。

三、清代关中易学之反思

罗振玉将清代易学划分为 4 个派别："今计本朝言《易》者凡四派：一、汉学派，二、理象折中派，三、义理派，四、辟陈邵图书派。"②就清代关中易学来说，除了未出现专门的汉易研究著作，其他三派均有著述。但总体来说，清代关中易学作为清代易学之一隅，较之吴、浙、皖地易学，其所取得的成绩悬殊，即使与中部地区相比，也有一定的差距。关中作为《周易》文化的发祥地，在易学发展史上曾起到不可替代的作用。然而在宋代尤其南宋以后，不惟易学研究，整个经学研究都渐失重镇地位。这种趋势延续到清代，就变得更加不乐观了。正如赵均强所说："毕沅和阮元身膺大使之任，且都为饱学之士，均有'汉学护法'之称。阮元任湖广总督十年（1816—1826），大力提倡经学，广东学风为之一变，而后岭南人才辈出，引领风骚数十年。毕沅在陕 13 年，致力于方志、金石之学，虽亦有益于陕西，但终究未能像阮元一样把经学风气厚植于三秦，这当然是一件憾事。终乾嘉之世，陕西未闻有以经学名家的学者。不要说比肩吴皖，就是和当时西南的四川、贵州相比，陕西经学都乏善可陈，可谓凋敝至极。"③这话虽然有些危言耸听，但基本是事实。

造成清代关中易学研究不甚景气的原因是多方面的，既有当时关中士林学风方面的因素，还有关学地域文化的因素，更有关中特殊的地理环境

---

① （清）刘绍攽著，刘银昌点校：《周易详说》，商务印书馆，2023 年版，第 5 页。

② 罗振玉：《本朝学术源流概说》，摘自《罗振玉说中国传统文化》，百花洲文艺出版社，2021 年版，第 148 页。

③ 赵均强：《关学概论》，陕西人民出版社，2022 年版，第 203 页。

和经济因素。

首先，就当时关中士林学风来说，大多数读书人念兹在兹的是读书应付科举，其目的并非探究学问、完善自身修养，而是科举及第，捞取功名，因此，并未形成浓郁的一心向学之风，也就不可能出现类似阮元主政广东时的岭南学风。有几条史料可以佐证这一风气。其一，王弘撰的《周易筮述》载有员庚载《跋》一篇，其中记录了王弘撰这样一句话："今人大都理会制举艺，读《周易本义》者多，读《程传》者少，求其理与数之兼贯、卦爻象象之互相发明也难矣。若《程传》不行于世，只读《本义》，是宗考而忘祖矣。"①言及清初关中士林学风，不无感慨。当时读书人多以科举为务，即使研读《周易》，也是仅读朱熹《周易本义》以利应考，而对朱熹服膺的程颐《周易程氏传》甚少留心，更不用说贯通《周易》的卦爻象象以求义理与象数的融通了。其二，王兰生在雍正年间任陕西学政时，评点当时关中士人："关中人士，其刊落浮华，切实用力者，惟绍攽一人而已。"②偌大关中，士人竞尚浮华，以利科举，真正务实治学者仅刘绍攽一人而已。此言虽有褒扬刘绍攽之义，但王兰生任学政一职，以其恪尽职守的作风，对关中士林学风学情还是有所了解的。因此，其言虽略显夸张，却应该是实情。我们看雍乾时期关中学者，刘绍攽应是经学造诣最高且全面、经学成果最为丰富的一位。但把刘绍攽置于清代经学史或易学史中，尚且不能被视为一流学者，更遑论他人。其三，1933年出版的郭毓璋撰《陕西艺文志》序言中说："巽庵中丞辟上舍，日课诸生以郑注三《礼》、段注《说文》，诸生皆大笑之。"这是说柯逢时在光绪年间任

---

① （清）员庚载：《〈周易筮述〉跋》，《王弘撰集》，西北大学出版社，2015年版，第483页。

② （清）王钟翰点校：《清史列传》卷六十七，中华书局，1987年版，第5382页。

陕西学政，为关中诸生讲授郑玄注三《礼》和段玉裁注《说文解字》，诸生将此等学问视为荒谬之物，哄堂大笑，可见学风之浮华轻靡到何种程度。在这种士林学风下，学术研究之衰落可想而知，以致清初的李光地和清末的曾国藩"至谓关中道脉久绝，文藻远逊江浙，朴学亦不数见"①，绝非空穴来风。

其次，关中地域所形成的关学，其治学风气不以著书立说为尚。黄宗羲曾说："关学世有渊源，皆以躬行礼教为本。"②意即关学看重礼教实践。郭毓璋从张载之后吕大防"戆直不立党"开始追溯，历数冯从吾、李颙、王心敬、孙酉峰、路润生、柏景伟、贺瑞麟、刘古愚等人继承此重践履操守之风，认为此"风气之开，有自来矣"。关中学人，"至于著书立说，藏之名山，传之其人，则又欿然自下，不蹈标榜声华之习，盖其风气使然也"。说明关中士人，唯砥砺操行，不喜著述以扬声名。这种风气，自然使得"壹是姚姬傅氏所谓义理之学、训诂之学、辞章之学，秦人几无与其列者"③。反映在易学方面最典型的例子，是李颙曾著《易说》《象数蠡测》，但"亦谓无当于身心，不以示人"（《国史·儒林传·李颙本传》）。在《锡山语要》中，李颙与弟子谈及其易学著作。学生问："闻先生亦尝著《易说》及《象数蠡测》，今乃云云何也？"李颙回答说："此不肖既往之祟也。往者血气用事，学无要领，凡读书谈经，每欲胜人，以为经莫精于《易》，于是疲精役虑，终日穷玄索大，务欲知人所不知，一与人谈，辄逞己见以倾众听。后染危疾，卧床不谈《易》者半载，一息仅存，所可以倚者，唯此炯炯一念而已，其余种种理象繁说，俱属葛藤，无一可倚。自是闭口结舌，对人不复语及。盖以《易》，固学者之所当务，而其当务之急，

---

① （清）郭毓璋：《陕西艺文志》序言，陕西通志馆1933年刻本。
② （清）黄宗羲：《明儒学案》，中华书局，1985年版，第11页。
③ （清）郭毓璋：《陕西艺文志》序言，陕西通志馆1933年刻本。

或更有切于此也。"①在李颙看来，易学的"种种理象繁说，俱属葛藤"，最终都靠不住，自然不必在上面耗费心力。于是他劝人"今且不必求《易》于《易》，而且求《易》于己"②。这就从对易学的向外客观研究转向内求的体认之路。清代关中易学之式微，盖亦与此种重践履操守而不重文字阐发、重内在体认而不重知识研求的关学风气有关。

　　再次，清代关中进士及第的人数较少，反映出文化教育水平较为落后。科举考试是一把双刃剑，既可以通过及第后的阶层流动激励士子读书，又禁锢读书人的思想，使读书人仅阅读学习科考书目而不愿他顾，失去真正的读书求知趣味，一如王弘撰和郭毓璋所讲的那样。但是，作为一种可以改变命运的选拔性考试，科举的激励机制不容忽视。清代科举，从清初的"专经试士"到后来的"五经并试"，都为读书人通过熟读《周易》、研究易学提供了一种晋身可能。为了科举高中，士子们学习有命题导向性的《周易》著作，或编制能取悦考官的《易经》类答案，都为易学的兴盛提供了助力。据学者研究，清代关中参加科举考试的学子，进士及第的人数较少，"在全国排名较低，这也反映了在清朝时期陕西省的整体文化水平落后于其他经济文化大省"③。最显著的表现是，有清一代，陕西只出了一位状元王杰，而且还是皇帝为了笼络西北士子。文化教育水平落后，自然会影响到士人群体的培养，也影响学者治学的眼界和学术旨趣，进而影响到清代关中易籍的数量和学术水准。

　　最后，关中地域的闭塞，制约了经济文化的发展，进而影响学者们的生活和治学。面对清代关中学术的衰落，郭毓璋曾为之感慨："岂天地精英之气，尽泄于周秦汉唐而歇绝于南宋以后哉？"说明他也感受到关中地

---

① （清）李颙撰，陈俊民点校：《二曲集》，中华书局，1996年版，第41页。
② （清）李颙撰，陈俊民点校：《二曲集》，中华书局，1996年版，第42页。
③ 任丽萍：《清代陕西进士研究》，陕西师范大学2018年硕士学位论文。

区自南宋以后，无论是文学创作，还是学术研究，都已经落后于国内其他地区。最显著的原因，就是南宋以后，国家的政治经济和文化中心，转移到了南方地区。北宋以前的朝代，定都都在北方地区，尤其是沿陕西—河南东西移动，不管是长安还是洛阳，抑或是北宋的汴梁，均是如此。政治中心带来了精英阶层的汇聚，随之产生文化中心，而传统的经济活动，又非常受制于政治文化的影响，于是三位一体的中心效应对士人影响甚巨。随着南宋政治经济文化中心的南移，大量优秀人才汇聚江浙一带，到清朝时期，这种南北文化发展水平的差异更加突出。经济文化的落后，对关中士人的影响显而易见，一如郭毓璋所说：

> 陕西僻处西北，士皆寒苦，无由远涉江湖，又无力自购书籍，虽关中书院主讲迭聘名师，如戴祖启、杨芳灿、蒋湘南、王家璧、黄鹏年，流寓如张澍、张裕钊、王闿运，而士或守一先生之说，媛媛姝姝，自以为得，充耳如不闻，或闻焉而时过。后学艰苦难成，其成焉者，又无门生故吏有气力者，为之校刊遗书。即如蒲城王文恪公，死以尸谏；华阴李恭毅公，出境剿捻，海内想望丰采，而章疏竟无从蒐讨。其他穷愁著述，湮没不彰者，何可胜道！①

偏僻的地理环境，经济苦寒的读书人，无法行万里路以交友访学扩大见识，又无力购买图书，抱残守缺的士风又导致读书人不求上进，偶有学问好者又没有门生故吏为之刊印著作，志于著述者又穷困潦倒而湮没不彰。这就是清代关中学人的处境。这种客观条件的制约，一定程度上也影响了清代关中易学的发展。

---

① （清）郭毓璋：《陕西艺文志》序言，陕西通志馆1933年刻本。

综上所述，清代关中易籍虽有一定的数量，但易学研究水平却不尽如人意，出类拔萃的易学著作并不多见。导致清代关中易学这一发展局面的原因是多方的，必须客观看待。易籍的散佚，为我们考察清代关中易学带来了不少困难。对清代关中易学的研究，尚需要克服这些困难，更加深入、更多维度地展开进行。

乔莱引史证《易》思想初探

李轶凡

(西北大学历史学院)

乔莱(1642—1694),字子静,号石林,江苏宝应人。康熙六年(1667)进士,康熙十九年(1680)官至翰林院侍读,后于康熙二十四年(1685)充日讲起居注官,任职不久因治河之事罢归。赋闲生活,友朋唱和,纵棹园内,小舟往来,读《易》其中,成《乔氏易俟》十八卷,另著有《宝应县志》《归田集》等。其著《易》杂采宋元以后论《易》诸家并参己意,注重义理而不废象数,"其解经多推求人事,证以史文,盖李光、杨万里之支流也"①,乔莱易学不主一家之言,而是随时、事阐释,结合所学与亲身经历,最终形成自身对《易》的看法,"易之道教人趋吉避凶,善处忧患"②,其释诸卦爻义、象,也多切近这一主旨。

---

① (清)永瑢等:《四库全书简明目录》,上海古籍出版社,1985年版,第32页。
② (清)乔莱:《乔氏易俟》,《景印文渊阁四库全书》第42册,台湾"商务印书馆",1986年版,第166页。

一、《乔氏易俟》卷数辨析

《乔氏易俟》共十八卷本无疑问，但部分史料中却出现了记载为二十卷的情况，记载《乔氏易俟》篇目为二十卷的文献主要有（嘉庆）《扬州府志》、（嘉庆）《大清一统志》、《碑传集》、《清国史》以及《曝书亭集》，除此之外大都记载为十八卷。既如此，为何会出现记载为二十卷的情况？因为史料有限，而且相关文献只是单纯的卷数记录，并没有延展说明，因此也只能依据现有史料推测缘由。

《扬州府志》中写有"著《易俟》二十卷"①，但在本书的不同篇目下，却又记载着"《易俟》十八卷，乔莱撰"②，显然自相矛盾。究其原因，前者文内夹注的"朱彝尊撰"四字，为我们指明了线索。前一部分记载为二十卷是由于《扬州府志》收录了朱彝尊为乔莱所写的传记性文章。在此基础上进一步推断，《大清一统志》因为收录了地方府志的内容，所以《扬州府志》中的错误就自然而然地出现在了《大清一统志》当中。同时，钱仪吉所著《碑集传》是一部清代人物传记汇编，收录清代人物近两千人，采自方志、文传凡五百余家，那么《碑集传》中的"二十卷"也很有可能来源于上述二志或直接来自朱彝尊的文传。上述所言只是猜测，但《曝书亭集》为我们的推测予以有力回应，《曝书亭集》正是朱彝尊所撰的文集，其中包含《翰林院侍读乔君墓表》，在其晚年手自删订而成。基于此，也就能推断，其中所载的"著《易俟》二十卷"③或为错误的源头所在。

这里不免又产生疑问，为何朱彝尊会误记？通过考察朱彝尊的交友情况，我们可知其与乔莱关系密切，康熙己未（1679）召试博学鸿词获隽者

---

① 嘉庆《扬州府志》卷48《人物三》，第3555页。
② 嘉庆《扬州府志》卷62《艺文一》，第4742页。
③ （清）朱彝尊：《曝书亭集》卷73，《四部丛刊》本，第2170页。

五十人,朱彝尊与乔莱同为一等,不仅如此,据"时毛奇龄、朱彝尊、彭孙遹、乔莱以同谱最相厚善,诗歌酬和"①可知,朱彝尊与乔莱还存在更进一步的共事与交往关系,那么以二人的熟悉程度而言,朱彝尊的误记就更不应该。推其缘由,无非两方面原因,一方面是乔莱提供的信息有误,另一方面则是朱彝尊自身问题。首先,乔莱存在提供错误信息的可能,《乔氏易俟》的完工并非一气呵成,而是经过了长时间的撰写与修改,乔莱时常与友人谈论易学,其写作时未必不会制定二十卷的体例,只是在后续逐渐的改订过程中终成十八卷,因此朱彝尊所记只是二人交往谈论中的认知;其次乔莱存在犯文字错误的可能,其《乔氏易俟》中也存在文字性错误,尤其是出现过将"六十四卦"误写为"二十四卦"的情况②,所以不能保证乔莱在与朱彝尊的书信往来中不会出错。除此之外,犯错的原因还可能在朱彝尊自身,或许是朱彝尊记忆混乱,将卷数混淆,其在"《易俟》二十卷"后紧跟着写有"县志二十卷"的字样,复现的"二十卷"可能加深了其错误的记忆点;也有可能是其观乔莱著作,将前言误认于卷数当中,《乔氏易俟》虽分卷,却未直接从卷一写起,在这之前有将近二十页的篇幅来分析卦图,或许在朱彝尊的认知中二十卷是由此构成;再者朱彝尊改订《曝书亭集》时已身处其晚年,思维没有年轻时清晰,往日记忆也变得模糊,其《曝书亭集》中误记的错误频出,"然是集种种舛误,亦自不少,其中尤以卷二至卷二十三诗歌编年讹错为多,或者年份不符,或者同一年内前后次序颠倒。诸如此类,前人不无指出"③。可见,对于卷数,朱彝尊有误记的可能。上述两种看法因无确切的史料支撑,所以只能作为推测,

---

① 同治《清江县志》卷 8《人物志》,第 1118 页。

② (清)乔莱:《乔氏易俟》,《景印文渊阁四库全书》第 42 册,台湾"商务印书馆",1986 年版,第 153 页。

③ 朱则杰:《〈曝书亭集〉辨正》,《浙江大学学报》(社会科学版),1992 年第 2 期,第 113 页。

基于二者的比较，本文更倾向于是因为朱彝尊自身缘故将卷数搞错，而最直接原因即是将《乔氏易俟》前面卦图认为应当加入卷数中。乔莱作为《乔氏易俟》的作者，其自身记错的可能性微乎其微，此外只有与朱彝尊相关联的文献才记载为二十卷，其他的传世文献大都分明地记载为十八卷。至于《清国史》中"二十卷"的出现也是此种逻辑，清朝国史馆按照时间顺序分朝依次续修国史，其中《乔莱传》的内容正是按照上述的志或传直接予以收录，未加考证，因此二十卷的错误便承袭下来。民国时期《清史稿》编修时汇集了丰富的清史资料，《清国史》便是参考文献之一，《清国史》中有言"晚研经学，潜心读《易》，所著《易俟》二十卷，杂采宋元诸家易说，推求人事，参古今治乱得失，盖诚斋易传之支流"[1]。而《清史稿》中的表述则为"著《易俟》，杂采宋元诸家易说，推求人事，参古今治乱得失，盖《诚斋易传》之支流"[2]。两相比较，我们可知《清史稿》修撰时确有以《清国史》为底本，且不是直接照抄，而是有取舍所在。其中删去了"二十卷"三字，虽未修改为十八卷，但从取舍中可看出，其撰修者也是不认同文本为二十卷的。

简言之，《乔氏易俟》共十八卷，史料中所载二十卷为朱彝尊所误记，此错误为方志和部分史料所承袭，后人虽未予指明更正，但自有判断取舍在，现十八卷本已成为共识。至于朱彝尊何以误记的原因，也只能据现有史料推测，或有他种原因所在，还望方家指正。

二、乔莱易学思想渊源

乔莱出身于书香门第，其父乔可聘官至监察御史，其幼时便学诗于汪琬，但乔莱在经历人生的起落后，才走向易学，对《易》有更深的感悟。

---

[1]《清国史·乔莱传》，嘉业堂钞本，第45253页。
[2]《清史稿》卷484《文苑一》，中华书局，1977年版，第13351页。

因此探寻乔莱易学思想，只能从其易著中寻找思想渊源。《乔氏易俟》正文中，乔莱所引先儒言论多达数十家，可见其思想来源的广泛，其中尤以程颐、朱熹、项安世、杨万里等为重。

乔莱在《乔氏易俟》中的引文首推程颐，文中解卦爻多次引程子之言和《程传》。以《乾》《坤》二卦为例，对于《乾》卦卦辞："元、亨、利、贞"的理解，乔莱按语中引程颐的话并认同他的判断，他说："程子曰：'惟乾坤有此四德，其余诸卦皆随事而变焉'，斯言是也。"① 而且又在《坤》卦卦辞中进一步细化"贞"的不同性质，曰："程子曰：'坤，乾之对也，四德同而贞则异，乾以刚健为贞'，坤以柔顺为贞，故曰，牝马之贞。"② 此外，还在夹注中进行更细致的标明"程子又曰：利字不聊牝马为义，如曰利牝马之贞，则坤只有三德"③。对于爻辞和象辞，乔莱也是多次引用程子曰或《程传》加以说明，如《坤》卦六五爻辞"黄裳元吉"，引"程子曰：阴者，臣道也，妇道居尊位，女祸武氏是也，故有黄裳之戒"④。不仅表明阴阳之分，还用"祸"字形容武则天，进而表达男女尊卑之戒。乔莱每卦甚至每爻无不征引程子，可见，乔莱易学深受程颐的影响。

在《乔氏易俟》中引用较多的除《程传》外便是朱熹的《周易本义》，有一点需要加以注意，乔莱在征引朱子时多是加以批判性的引用。《乔氏易俟》中最早涉及朱子处，为乔莱所撰易俟图，根据其所绘及标注，朱

---

① （清）乔莱：《乔氏易俟》，《景印文渊阁四库全书》第 42 册，台湾"商务印书馆"，1986 年版，第 19 页。

② （清）乔莱：《乔氏易俟》，《景印文渊阁四库全书》第 42 册，台湾"商务印书馆"，1986 年版，第 32 页。

③ （清）乔莱：《乔氏易俟》，《景印文渊阁四库全书》第 42 册，台湾"商务印书馆"，1986 年版，第 32 页。

④ （清）乔莱：《乔氏易俟》，《景印文渊阁四库全书》第 42 册，台湾"商务印书馆"，1986 年版，第 35 页。

子的"洛九河十"亦在其批判范围内。朱熹注重从象数探索《周易》本意，其易学观具有融合象数与义理的特点。朱熹认为《周易》为卜筮之书，并阐释卜筮、象数和义理的关系，形成了以卜筮为基础，由象数入义理的易学特色。或许是受此启发，乔莱在卷首前置邵雍和朱熹等图。值得注意的是，文中在同时论述程子和朱子的思想时，凡二者存在理解不同处，大体上以程子的说法为主。如《比》卦中："比吉也三字，《程传》不作衍文，《本义》作衍文，王昭素衍一'也'字……从程子。"①可见，乔莱对于前代各家思想有比较选择，存在主次之分。

《乔氏易俟》中除引程朱易学外，引项安世之说也较为普遍。如《文言传》中"见龙在田，时舍也"，乔莱引"平甫项氏曰：'舍非用舍之舍，去声读'。"②又如《坤》卦六二："直方大，不习无不利。"用"项先生曰：'大'字自为句或衍文，观小象直以方也，《文言》直其正也，方其义也。"③项安世自谓其易学得自程颐《易传》，又与朱熹等人相辩难，其以义理为宗，同时兼综象数。项氏卦变说从易象本身解释易道，乔莱或是以此弥补程颐仅从义理一面揭示易道的不足。项氏以《坎》《离》作为主变之卦，吸纳了汉易重《坎》《离》的传统，并结合当时流行的体用思想。乔莱虽不

---

① （清）乔莱：《乔氏易俟》，《景印文渊阁四库全书》第42册，台湾"商务印书馆"，1986年版，第58页。程朱二者中从程子者甚多，又如"朱子本郑康成之说，谓先甲三日辛也，后甲三日丁也。前事过中而将坏，则可自新以为后世之端，而不使至于大坏，后世方使而尚新，然更当致其丁宁之意。以监其前事之失而不使至于速坏，与程子不合。莱按：孔子《彖传》释先甲后甲之义曰：'终则有始，天行也'，程子之说是也，若辛若丁皆不可言始也，从程子。"等皆是。

② （清）乔莱：《乔氏易俟》，《景印文渊阁四库全书》第42册，台湾"商务印书馆"，1986年版，第27页。

③ （清）乔莱：《乔氏易俟》，《景印文渊阁四库全书》第42册，台湾"商务印书馆"，1986年版，第34页。

用卦变，但并不代表完全不取卦变思想，只是转换为反对，用另一方式代替，他认为"先儒指为卦变，非也，亦反对也。"①项安世的易学也常用史事来证明卦爻辞，释《屯》卦初九："磐桓，利居贞，利建侯。"乔莱在按语处用"平甫项氏比之汉高，虽不足当此，而货财无所取，妇女无所幸，约法三章，亦有行正之义焉。胜广梁藉失磐桓居贞之道，宜其败也。"②以刘胜项败的史事，点明磐桓居贞的道理，使之更加鲜明与深刻。而且项安世的象辞一体是对象数易学与义理易学思想的融合，这种贯通融合象数与义理的思想对乔莱影响很大。对于《讼》卦六三"食旧德，贞厉，终吉；或从王事，无成"的说明，以"平甫项氏曰：'坤之中爻，动而成坎，三仍坤之旧爻也。无成之义，臣道之正，三能从上，故以臣之正道归之'。"③释之，借用象数的外在形式，以《坤》而变《坎》，但三不变以及三与上相应的方法，来表明君臣各有其道，应明上下之分的道理。可以说儒理始终贯穿项安世思想的始终④，象数、义理、人事在其一身兼备，正如他所言"有象、有理、有事三者而《易》之蕴尽矣"⑤，其著作在曲隐中表达了对于社会现世的看法，这也成为乔莱重点引用项氏之言的原因所在。

四库馆臣说《乔氏易俟》："盖参取于《伊川易传》与《诚斋易传》之间，不为杳冥之谈者。虽未必合，而理关法戒，胜于空言天道心体，遁入

---

① （清）乔莱：《乔氏易俟》，《景印文渊阁四库全书》第42册，台湾"商务印书馆"，1986年版，第51页。

② （清）乔莱：《乔氏易俟》，《景印文渊阁四库全书》第42册，台湾"商务印书馆"，1986年版，第40页。

③ （清）乔莱：《乔氏易俟》，《景印文渊阁四库全书》第42册，台湾"商务印书馆"，1986年版，第53页。

④ 姜海军：《项安世易学思想及其影响》，《周易文化研究》，2010年版，第139页。

⑤ 项安世：《周易玩辞》，《景印文渊阁四库全书》第14册，台湾"商务印书馆"，1986年版，第402页。

老庄者多矣。"①正如上所言，乔莱还多引杨万里之易。"杨万里将历史事实重组，使过去、现实与未来成为一个整体，充分表现在他的《诚斋易传》中，将道德价值与人性价值在历史的宏伟蓝图中实现，以期对现实社会有所益。杨万里并不是简单地将故事重现，而是要表达自己的人生理想与政治抱负"②。乔莱继承并发扬了这一传统，尤其注重历史对于现实的规谏作用，希望发挥经世致用的效用。如《明夷》卦九三："明夷于南狩，得其大首；不可疾，贞。"③乔莱将杨万里与程颐观点进行比较后，更为认可杨氏的结论："诚斋杨氏曰：'武王伐殷，须假五年，不可疾之贞也'，与程子不合，然其说较胜，并载于此。"④表明圣君明主从事征伐尚且需要等待时机，存蓄实力，凡事不可操之过急。再如，《既济》卦九三："高宗伐鬼方，三年克之，小人勿用。"⑤乔莱按语中引"诚斋杨氏曰：'九三挟重刚之资，居灾上之极，此小人之好大喜功而不可用者也'。人君入其说，勤兵于远，虽久而获胜亦已惫矣。如武帝承文景之后而伐匈奴，太宗当贞观之隆而征高丽，皆此类也。若光武却臧宫、马武之请，善处既济者也"⑥。一则表示通过爻位可见小人挟重刚之资，居极位而致灾祸，凡好大喜功者皆不可用事，听任小人之言，只会劳而无获。二则表明即便后世眼中公认

---

① （清）乔莱：《乔氏易俟》，《景印文渊阁四库全书》第42册，台湾"商务印书馆"，1986年版，第1页。

② 续晓琼：《南宋史事易学研究》，人民出版社，2016年版，第136页。

③ （清）乔莱：《乔氏易俟》，《景印文渊阁四库全书》第42册，台湾"商务印书馆"，1986年版，第164页。

④ （清）乔莱：《乔氏易俟》，《景印文渊阁四库全书》第42册，台湾"商务印书馆"，1986年版，第165页。

⑤ （清）乔莱：《乔氏易俟》，《景印文渊阁四库全书》第42册，台湾"商务印书馆"，1986年版，第253页。

⑥ （清）乔莱：《乔氏易俟》，《景印文渊阁四库全书》第42册，台湾"商务印书馆"，1986年版，第254页。

的汉武唐宗也因不擅处时而葬送文景和贞观后的大好局面，而光武否定臧宫、马武北击匈奴的请求，看似软弱的举动，反而为新生的东汉王朝带来喘息休养生息的机会。因此，明君贤才，机遇抉择缺一不可。乔莱就这样引用杨万里种种看法，结合史事加以现实的映射和己意的发挥，以此来规劝君主，警醒世人，充分表达易学的现实效用。

从《乔氏易俟》的引文初步梳理来看，乔莱易学综合宋元诸家，其中尤其以程朱易学为主。清朝借鉴了前朝的文化政策，定程朱于一尊，同时也影响着这一时期的学者。乔莱是其中的代表，可以说，乔莱易学主要源于程朱，尤重以史证《易》，是宋代史事易的继承和发扬。

三、乔莱《乔氏易俟》征引史事范围

历史事件由历史人物参与完成，征引史事往往离不开历史人物，因此以曾经发生的历史事件为例，统计涉及史事的历史人物。通过历朝历代的人物出现频次以及相应人物特点来判断乔莱的价值取向。统计以卷一至卷十八的内容为主，不涉及小注，乔莱所征引的历史人物所属时代以及出现频次，如表1所示。

表1 乔莱征引历史人物频次

时代	历史人物（征引频次）
上古	伏羲（3）舜（22）尧（7）黄帝（2）神农（2）羲和（1）皋陶（1）巢父（1）许由（1）皋陶（1）
夏商周	禹（16）益（5）伊尹（11）周公（16）太甲（4）成王（6）商汤（19）周武王（22）文王（10）吕望（1）商高宗（4）傅说（2）姬奭（1）帝乙（4）箕子（18）后稷（3）伯夷（6）后夔（1）启（1）召公（1）毕公（1）康王（2）叔齐（4）吴太伯（2）康侯（1）微子（3）比干（3）太乙（2）纣王（2）柳下惠（1）太公（1）盘庚（3）公刘（1）桀（1）周宣王（1）

续表

时代	历史人物（征引频次）
春秋战国	孔子（10）勾践（1）夫差（2）魏无忌（1）苏秦（2）晋却（1）刘康公（1）单襄公（1）季氏（1）臧武仲（1）孟尝君（1）赵盾（1）荀林父（1）颜回（3）孟子（4）商鞅（2）春申君（1）蔺相如（3）廉颇（3）赵王太后（1）长安君（1）触龙（1）张仪（1）鲁隐公（1）鲁桓公（1）范蠡（1）阳货（1）宋景公（1）子产（1）屈原（1）陈文子（1）陈仲子（1）尾生（2）正考父（1）宰予（1）管仲（1）晏子（1）高柴（1）
秦汉	刘邦（9）张禹（1）孔光（4）王莽（10）隗嚣（4）刘表（1）陈涉（1）田横（3）秦始皇（7）汉武帝（10）疏广（1）穆生（4）申培（3）苏武（2）汉景帝（4）刘秀（6）韩信（6）彭越（3）萧何（3）曹参（1）耿弇（1）邓禹（1）马援（6）陈平（3）范增（2）项羽（2）孔光（4）董贤（3）汉文帝（4）邓通（1）董卓（11）王允（4）袁闳（3）梁鸿（1）张禹（3）皇甫铺（1）霍光（5）昭帝（1）上官桀（1）温体仁（1）吕布（1）绛灌（1）汉宣帝（1）魏相（1）丙吉（1）汉元帝（1）弘恭（5）石显（5）吕后（3）惠帝（1）陈平（5）王陵（1）秦二世（1）汉平帝（1）汉哀帝（1）汉灵帝（2）汉桓帝（2）严光（1）陈蕃（4）杨修（1）祢衡（1）辕固（1）李膺（3）杜密（1）李傕（2）郭汜（2）范滂（1）汉昭帝（1）周亚夫（1）周勃（2）张苍（1）戚夫人（1）张良（2）叔孙通（1）刘旦（1）刘贺（1）随何（1）陆贾（1）汉元帝（1）汉成帝（1）刘向（1）朱云（2）窦武（2）曹节（1）王甫（1）赤松子（1）杨雄（1）薛方（1）白公（1）陈寔（1）张让（1）夏侯胜（1）司马迁（1）贾谊（1）李少君（1）李陵（1）汉献帝（1）梁冀（1）臧宫（1）马武（1）
三国两晋南北朝	刘备（3）诸葛亮（5）慕容垂（1）苻坚（1）段氏（1）曹操（6）谢安（2）桓温（2）管宁（4）华歆（1）陈后主（1）荀彧（2）关羽（1）贾充（1）司马懿（3）刘穆之（1）刘裕（1）刘禅（1）庾亮（1）王导（1）王羲之（1）曹丕（1）辛毗（1）陶渊明（1）范粲（1）何进（1）京房（1）王敦（1）温峤（1）曹爽（2）庾信（1）孙皓（1）申屠狄（1）

续表

时代	历史人物（征引频次）
隋唐五代	隋炀帝（4）秦琼（1）王世充（1）李世民（8）安禄山（1）李密（1）萧铣（1）郭子仪（11）裴度（4）元稹（1）魏弘简（1）李光弼（4）刘文静（1）尉迟恭（1）李隆基（5）李林甫（6）唐德宗（5）卢杞（3）唐宪宗（2）魏征（1）元载（2）李泌（8）李晟（2）王伾（2）王叔文（2）刘禹锡（1）柳宗元（1）唐肃宗（6）李德裕（3）姚崇（1）宋璟（1）杨国忠（1）武则天（7）中宗（1）狄仁杰（6）褚遂良（1）唐武宗（2）唐文宗（3）柳泌（1）穆宗（1）张皋（1）唐高宗（2）张昌宗（1）唐代宗（3）李建成（1）李元吉（1）苏威（1）冯道（1）刘贲（2）陆贽（1）安禄山（1）李训（2）郑注（2）韦执宜（1）鱼朝恩（1）刘洎（1）李君羡（1）张九龄（1）陈叔宝（1）李煜（1）唐僖宗（1）王维（1）郑虔（1）杜甫（1）李勣（1）张巡（1）许远（1）唐庄宗（1）
宋代	宋神宗（4）曹彬（1）赵普（1）王安石（11）宋高宗（3）秦桧（2）司马光（7）宣仁太后（2）章惇（2）蔡京（2）苏轼（1）吕惠卿（1）韩琦（3）欧阳修（1）李纲（1）韩世忠（1）宋孝宗（1）郑侠（1）宋仁宗（2）宋太祖（2）宋真宗（1）宋徽宗（1）文天祥（1）
明代	张士诚（1）陈友谅（1）徐达（2）王阳明（3）朱宸濠（2）张永（1）杨涟（1）左光斗（1）魏忠贤（1）叶向高（1）于谦（1）朱高煦（1）景帝（1）英宗（2）薛瑄（1）福王（1）马士英（1）阮大铖（1）方孝孺（1）

根据表1可知，乔莱征引史事的范围起自上古，终至明代。乔莱解《易》所应用的史事及历史人物，不仅来源于《周易》文本，更对其进行丰富和拓展。乔莱释《易》时，在上古时期多以舜举例，这不仅是因为《易传》解卦爻辞时多出现舜的影踪，更在于乔莱对于舜本人的推崇。乔莱将三代及此前的时期视为"黄金时代"，这个时代在圣人的治理下，天地定位，自然社会和谐，舜就是其代表之一，所谓"乾之六爻，惟舜能备

之"①。舜不单单是"尧舜禹"并称中的一个文字符号,而更多的是乔莱笔下,虽出身于雷泽之渔夫,却能得尧之赏识,并同样有识人之明,禹、稷、皋陶遇舜而六府三事允治,实行"用中"之道,武可征诛有苗,文可处置狱讼,纵使功成名就依然保持不矜不伐之辞才,不慕高位,实行禅让,是真正的大智之人,是他心目中的圣贤典范。与此同理,春秋时期的孔子,宋代的司马光,明代的王阳明等,都是他所尊崇并希望他者效仿的模范,冀其效仿者也能跻身贤人之列,成为国家与民众的优秀代表。正如其所言:"孔子则从心所欲不有失。"②"宋与明食两先生之福矣,天地有气运,圣贤有补救。"③贤才不会避祸独隐,都是生活于现实中,不满现状而又以自己的方式影响和改变不平生活的人,社会只有在贤者的带领下并涌现更多的能士,整个国家才会得到更好的治理。与之相反,王安石即是乔莱多次列举的反面典型之一。在他看来,王安石与李林甫、卢杞、秦桧等实则可归属为一类人,他们窃居高位,欺上瞒下,排挤同僚,祸国殃民,没有本质上的不同。正如:"王安石为相,司马温公不拜枢密。"④现实中像这样混沌颠倒的情形不应长久,但恰恰小人难退易进,而君子却易退难进,如其所言:"小人嗜利,故难退易进,如王安石复相,七日夜而至京师,岂君子难进之义耶?"⑤即便如此,小人的举措又确实需要君子的筹谋来补

---

① (清)乔莱:《乔氏易俟》,《景印文渊阁四库全书》第42册,台湾"商务印书馆",1986年版,第21页。

② (清)乔莱:《乔氏易俟》,《景印文渊阁四库全书》第42册,台湾"商务印书馆",1986年版,第121页。

③ (清)乔莱:《乔氏易俟》,《景印文渊阁四库全书》第42册,台湾"商务印书馆",1986年版,第72页。

④ (清)乔莱:《乔氏易俟》,《景印文渊阁四库全书》第42册,台湾"商务印书馆",1986年版,第76页。

⑤ (清)乔莱:《乔氏易俟》,《景印文渊阁四库全书》第42册,台湾"商务印书馆",1986年版,第73页。

救，就如："韩琦不去，王安石之新法必多匡救。"①在乔莱眼中，王安石取信于神宗，蒙蔽君主，是可与徽宗孚信蔡京成南渡之祸并称的关键节点。历代的经验教训，使乔莱不得不承认小人之乱或许无可避免，但他更希望君子能够不惧艰险，挺身而出，不计个人得失，承担匡时救世的责任，高扬《周易》深含的君子之义。

乔莱也多将一些具有类似特点的人物并称，如汤武革命，秦皇汉武，汉祖唐宗等。他们有着相似的共性，也有着自身独有的特征。乔莱发挥《周易》变通思想，倡导变革，但无法脱离以维护封建统治秩序为出发点。像他所说，汤武之征诛是为革，汤武"有得天下之道，无利天下之心"②，朝代变革，王朝更迭，符合社会循环变更的需要，也暗合民心所向。"汤之伐夏曰室家相庆，曰民大悦。武王之伐商曰万姓悦服，曰绥万邦"③。这种变革都可谓顺天应人之举，得民心者得天下。革有骤变，是为"虎"变，但也需要耐心，等待时机，积蓄力量。武王伐殷，待之十三年之后，时无不移，事无不过，需以待之，险可夷，难可解。至于如何利天下，怎样治理社会，则又是得天下后另一重要问题。"武王伐商，载主而行，高祖初兴，立汉社稷，皆以系人心也"④。可见，无论征伐之举还是王朝初建的稳定，都离不开民心的维系。

此外，乔莱的征引中还涉及党争或者仕宦之争的事件，如汉之党锢，

---

① （清）乔莱：《乔氏易俟》，《景印文渊阁四库全书》第42册，台湾"商务印书馆"，1986年版，第118页。

② （清）乔莱：《乔氏易俟》，《景印文渊阁四库全书》第42册，台湾"商务印书馆"，1986年版，第40页。

③ （清）乔莱：《乔氏易俟》，《景印文渊阁四库全书》第42册，台湾"商务印书馆"，1986年版，第55页。

④ （清）乔莱：《乔氏易俟》，《景印文渊阁四库全书》第42册，台湾"商务印书馆"，1986年版，第195页。

唐之牛李，宋之蜀洛，明之东林等，门户异同，势成水火，盛衰倚伏，千百年如出一辙，无不让人掩卷而叹。也包括女主干政，扰乱当时正常社会秩序的情况，如同吕后、武则天掌权，阴进阳退，秩序失衡，惠帝、中宗不能行事，需陈平、狄仁杰等人来补救。还包含王莽、安禄山等人的反叛篡位，以及刘秀、李光弼、郭子仪等何以平定，且如何安邦定国，行明哲保身之道。乔莱征引的史事范围广，征引的历史人物多，涉及政治和军事，以及如何安身立命等诸多方面，这些都关乎义理易道，更关乎民生国计。

乔莱对于历朝历代典故和人物的引用，都不是浮光掠影，蜻蜓点水仅触及表面，而是言必有征，归纳出某事某人的特点并以此来契合对于卦爻辞的解释发挥。同时乔莱对于如此规模的历史人物能够纯熟地运用，更体现出其以深厚的史学功底，对于历史掌故，治乱兴亡有着深层次的感知体会。无论乔莱所引为何人何事，其目的都在于更加清晰地阐释易理，引申易道，发挥易义，最终落脚点仍在于经世致用，不单单以古讽今，更在于以古鉴今，为现世的政治和生活提供助力。

四、乔莱史事易思想

清初经世致用之风兴起，虽然程朱易学依然占据主导，但是引史证《易》由于其重人事、重实践的特点而在此一时期发展迅速，《乔氏易俟》是其中的代表，他继承了宋代杨万里引史证《易》的方法，但是其引史目的则更加关注对人事的指导以及对现实的针砭，是清初史事易学的代表。

（一）引史事论君臣关系

古之社会，君臣关系是极其重要的一部分。清人入关后，对汉族士人提防戒备，汉人士大夫很难有上升空间，乔莱本人又满怀政治热情，关心社会民生，但难有出头之日。因此他树立古代君臣典范，寄希望于明君赏识，所以这方面的论述也就尤多。

首先是君臣有别，尊君重道。乔莱在解释《蒙》卦中言，"未有尊师之君而不圣贤者，未有重道之臣而不忠良者，太甲于伊尹，成王于周公当之矣。"①伊尹、周公都是古代极具盛名的贤臣良相，在某一阶段达到权力的顶峰，但却未篡主自立。伊尹流放太甲，待太甲秉性收敛后还政；周公平定三监之乱以安朝政，后全权交予成王，不乱君臣之分。其次君主要信任忠臣，敢于放权。《师》卦九二小象"盖信任专而事权一，乃为必胜之道，如裴度之平蔡是已，迨征河北之时，有元稹、魏弘简之掣肘，虽度何能成功？"②军事上，想要退敌取胜，将领要能掌握指挥权，君主要对臣子有绝对的信任，正如裴度平淮、蔡，成宪宗中兴之世。若是多方掣肘，以求平衡，是万不能成大业的，宋代军事屡败的原因之一就是将领无权，采用将兵法，军不识将，将不知军，更甚者如宋太宗直接赐阵图，完全限制了将领的主观能动性，那么屡战屡败就不足为奇。

再者君主要听劝谏，错而能改。《坎》卦六四："又如赵王太后爱其少子长安君，不肯使质于齐，此其蔽于私爱也，大臣谏之虽强既曰蔽矣，其能听乎？爱其子而欲使之长久富贵者，其心之所明也，故左师触龙因其明而导之以长久之计，故其听也如响矣。"③触龙说赵太后的典故众所周知，其中有触龙语言艺术，掌握劝谏技巧的因素在，但更重要的是赵太后能够听之，将国家利益置于个人亲情之上，最终解决了赵国面临的危机。此外，君主要勿信小人，远离佞臣。《小畜》卦六四言："有孚，血去惕出，无

---

① （清）乔莱：《乔氏易俟》，《景印文渊阁四库全书》第42册，台湾"商务印书馆"，1986年版，第43页。

② （清）乔莱：《乔氏易俟》，《景印文渊阁四库全书》第42册，台湾"商务印书馆"，1986年版，第55页。

③ （清）乔莱：《乔氏易俟》，《景印文渊阁四库全书》第42册，台湾"商务印书馆"，1986年版，第142页。

乔莱引史证《易》思想初探

咎。"①"五倾心任之，伤害自去，忧惧自消，并咎亦无矣，如唐明皇之信李林甫，德宗之信卢杞，宋神宗之信王安石，高宗之信秦桧，数小人者，皆无伤害忧惧之事，正与此爻义合。"②如果君主放任小人恣意妄为，最终危害的将是国家利益，如乔莱多次引用李林甫口蜜腹剑的例子不必多言。但要特别指出的是，文章多次将王安石作为反面典型，小人之代表，这既与王安石最终改革失败导致社会动荡有关，或许又与乔莱以司马光自比相关，文中多次赞扬司马温公辞翰林学士远王安石，甚至乔莱在归宝应后，还以司马光败于党争自比作《耆英会记》传奇。当然，以今人角度而言，王安石算不得真小人，乔莱此观点是时代的产物。小人误国，因此要诛除小人，但要量力而行。释《噬嗑》卦六五《象》言："王者不以肃杀为吉也，陈蕃之诛宦官，臣而不致其艰者，唐文宗之诛宦官，君而不免于厉者，圣人垂诫，岂过计哉？"③当自身力量微弱时，就要积蓄力量，强行而为，反而适得其反，陈蕃死于党锢之祸，文宗身死甘露之变，明矣。

最后，作为臣子也要有识君之明，善于辨别，择主而随。如解《比》卦六四"如陈平归高帝，马援归光武，尉迟恭归太宗是也"，④"三比上六，非其人矣，如范增从项羽之类，但觉可伤而已"⑤。陈平追随刘邦，马援

---

① （清）乔莱：《乔氏易俟》，《景印文渊阁四库全书》第42册，台湾"商务印书馆"，1986年版，第63页。

② （清）乔莱：《乔氏易俟》，《景印文渊阁四库全书》第42册，台湾"商务印书馆"，1986年版，第64页。

③ （清）乔莱：《乔氏易俟》，《景印文渊阁四库全书》第42册，台湾"商务印书馆"，1986年版，第111页。

④ （清）乔莱：《乔氏易俟》，《景印文渊阁四库全书》第42册，台湾"商务印书馆"，1986年版，第60页。

⑤ （清）乔莱：《乔氏易俟》，《景印文渊阁四库全书》第42册，台湾"商务印书馆"，1986年版，第61页。

追随刘秀，尉迟恭追随李世民，最后都以高位善终，泽被后世；相反范增虽智，但无奈项羽不从其计，错失天下，为之奈何！

清代的中央集权发展到了顶峰，统治者也利用理学，加固了君臣等级界限分明的壁垒，虽复以往之君臣关系已成空想，但亲贤臣、远小人等理念却具有永恒的现实意义。

（二）引史事论重民之道

首先要有忧患意识，防微杜渐。《坤》卦的《文言》曰："积善之家必有余庆，积不善之家必有余殃，臣弑其君，子弑其父，非一朝一夕之故。""王莽之篡，安禄山之叛，岂一朝一夕之故耶？"①千里之堤，溃于蚁穴；九层之台，起于累土。万事成败，都非一朝一夕之故，王莽、安禄山也不是一开始就要造反，因此要防微杜渐，时刻保持清醒警惕。民众是一股潜在的巨大力量，如果不顾及民生，政权的倾覆或许就在转瞬之间。其次要休养生息，恢复民生。国是千万家，民吉则社会安定，社会稳定则统治稳固。乔氏解《需》卦之《象》辞，"如宋神宗求治太急，行新法扰乱天下，又如汉景帝削六国，召吴楚之变，皆失需之道者"②。《否》卦九五："如王允诛董卓，亦能休时之否者，无其亡，其亡之戒遂及于祸。"③神宗求富求强过于迫切，改革引发巨大动荡扰乱民生，所以最终失败；王允虽诛董卓，但不懂休养生息的道理，引发更大的混乱，所以"民为邦本，本固邦

---

① （清）乔莱：《乔氏易俟》，《景印文渊阁四库全书》第42册，台湾"商务印书馆"，1986年版，第37页。

② （清）乔莱：《乔氏易俟》，《景印文渊阁四库全书》第42册，台湾"商务印书馆"，1986年版，第50页。

③ （清）乔莱：《乔氏易俟》，《景印文渊阁四库全书》第42册，台湾"商务印书馆"，1986年版，第77页。

宁，惟弗损于民乃所以有益于国也"①，只有虑及民生，才能最终得治。安民才可得天下，稳民才可定天下，富民才能治天下，民生的重要性如此。

还要做到刑德相适，明礼知乐。正如《豫》卦大象"闻其乐知其德也，殷盛周公当和会四方之时，制礼作乐，郊祀后稷以配天，宗祀文王于明堂以配上帝，报本反始，使知王业所自，非徒说钟鼓管纶之音，以乐其乐也。""治历明时，羲和之命也；明罚敕法，皋陶之职也；辨上下定民志，伯夷之所掌也；作乐崇德，后夔之所典也，荐上帝配祖考郊社之礼，禘尝之义备焉。"②二解说明重刑的目的是使民不再犯刑，但也不能过于极刑，秦亡可证，民之大治的根源还要归于德，所谓"进德修业为本"③，德的重要性也不能忽略。此外，使民团结的凝聚力在于设庙祭祖，所以礼乐德刑，缺一不可。最后要珍惜民生，进退有度。《师》卦六四小象所谓"善战者，不必进，而退亦进也，使高帝不至白登，太宗不渡鸭绿，咎于何有？"④穷兵黩武不一定能够取得战争胜利，有时主动退让或许是更好的选择，汉祖唐宗都是历史上的雄主，但刘邦出击匈奴，李世民北征高丽，结果刘邦白登被围，太宗大败而归，主动出兵反而落得如此下场，可见要爱惜民力，给民众留有空间。

---

① （清）乔莱：《乔氏易俟》，《景印文渊阁四库全书》第42册，台湾"商务印书馆"，1986年版，第181页。

② （清）乔莱：《乔氏易俟》，《景印文渊阁四库全书》第42册，台湾"商务印书馆"，1986年版，第90页。

③ （清）乔莱：《乔氏易俟》，《景印文渊阁四库全书》第42册，台湾"商务印书馆"，1986年版，第121页。

④ （清）乔莱：《乔氏易俟》，《景印文渊阁四库全书》第42册，台湾"商务印书馆"，1986年版，第56页。

（三）引史事论君子之义

《乔氏易俟》反复强调君子、小人之别，赞扬君子品格。作为君子要韬光养晦，坚守进取。《屯》卦初九小象用武王韬光养晦的成功案例，"武王十三年养晦，岂无故而磐桓者，若隗嚣、刘表怠而自止，失斯义矣"①。君子报仇十年未晚，磐桓坚守是为了更好的进取，需韬光养晦，武王为翦商大业，夙兴夜寐，蛰伏十三载终于可成，如若隗嚣失陇西，刘表失荆州则怠而难行。君子还要保持操守，才能贞而无咎。《节》卦上六："比干之谏，夷齐之饿，张巡、许远、文天祥、方孝孺之类，皆苦节而贞者。"②比干直言敢谏而被剖心；伯夷、叔齐不食周粟，困饿而死；张巡、许远、文天祥、方孝孺虽时代不同，却都为了家国，明知不可为而为之，保持君子之节，不仅无咎且更可贵。这种不计私利、公而为国的精神，《泰》卦九三表达得更为清晰："宋司马温公变新法，有以党人报复为忧者，公曰：'天若祚宋必无此事'。明王文成宸濠门人曰：'倘不济奈何？'文成曰：'纵不济亦只有此做法'，皆勿恤其孚之义也，宋与明食两先生之福矣。"③真君子不能计私避害，司马光废王安石新法，王守仁面对兵变挺身而出，才是乔莱心目中的真君子。

此外，虽为君子，难免为时所困，所以要顺天应时，伺时而动。"狄梁公之于武后，王文成之于张永，皆顺而成功者；汉之李杜，明之杨左，皆逆而被祸者，此其间有天焉，盈虚消息，循环于不穷，顺天者存，逆天

---

① （清）乔莱：《乔氏易俟》，《景印文渊阁四库全书》第42册，台湾"商务印书馆"，1986年版，第40页。

② （清）乔莱：《乔氏易俟》，《景印文渊阁四库全书》第42册，台湾"商务印书馆"，1986年版，第244页。

③ （清）乔莱：《乔氏易俟》，《景印文渊阁四库全书》第42册，台湾"商务印书馆"，1986年版，第72页。

者亡"。①武后为女皇，张永为宦官，狄仁杰、王守仁身处逆时，却能顺时而动，知道何可为，何可不为，保证了时局的稳定发展；汉朝的李膺、杜密，明朝的杨涟、左光斗，虽处时代不同，但都逆势而行，翦除宦官却导致自身的不测，可谓悲乎。同时，君子要成事，也离不开与他人的配合，所以要深明大义，宽以容人。《大过》卦九三："不可有辅，安得不桡，蔺相如容廉颇以存赵；郭子仪和李光弼以救唐；陈平结周勃以安刘；皆求辅也。"②君子个人的力量毕竟有限，没有他人相配合难以成事，廉颇、周勃、李光弼皆为武将，三人所处正是赵国、汉朝、唐朝面临危机的时期，在国家危难之时蔺相如、陈平、郭子仪能够顾全大局，实现将相和的局面，最终挽救了危机，所以君子能容人才能得人，这是成大业的关键。

但是乔莱在引史事时，对同一事例的态度有时也褒贬不一。如释《遁》卦卦义："不知天时，必取凶败，犹汉元成之时，弘恭、石显得势于内，而萧望之、刘向、朱云之徒，不逊其迹以避，终以及祸；桓灵之际，曹节、王甫得志于内，而李膺、陈蕃、窦武之徒，不逊其迹以避，终被诛戮。此二阴浸长，君子所当遁也。"③李膺、陈蕃逆天时而动，自身势力尚且微弱之时，却要做除宦官之举，显然是不明智的，一个"徒"字，表明了作者的否定立场。但是在《大过》卦上六小象，"故过于勇，如陈蕃、李膺之事，此亦大过人之行，虽至于灭顶而不可咎也"④，则表示，虽说二人过于刚

---

① （清）乔莱：《乔氏易俟》，《景印文渊阁四库全书》第42册，台湾"商务印书馆"，1986年版，第116页。

② （清）乔莱：《乔氏易俟》，《景印文渊阁四库全书》第42册，台湾"商务印书馆"，1986年版，第137页。

③ （清）乔莱：《乔氏易俟》，《景印文渊阁四库全书》第42册，台湾"商务印书馆"，1986年版，第153页。

④ （清）乔莱：《乔氏易俟》，《景印文渊阁四库全书》第42册，台湾"商务印书馆"，1986年版，第138页。

勇，但为人之不敢为，虽有灭顶之灾，但却无可指责。此外，更进一步在《夬》卦《象》辞之中表示"如陈蕃、窦武，将相同心而诛宦官，无'危'之一字，变生不测，不光孰甚？"①直接表达了高度赞扬，乔莱非常重视"光"字，认为是大吉以及极高的品德，只一"光"字，赞誉之情溢于言表。

五、结语

乔莱所处正是明清迭代之时，经世思潮兴起，统治者充满着对汉人的戒备。乔莱以进士身份入仕，最终却被迫免职，这不仅与朋党之争有关，也与清皇室的统治政策相关。②清廷这种做法，显然对身为文人却致力于实事的乔莱有着更大的冲击。乔莱对现实有着巨大关切，对于政治民生有着饱满的热情，但现实给予他痛击，在尚且年富力壮之时，赋闲在家，壮志难行，因此其《乔氏易俟》中种种引经据典，未必不是对现实的讽喻规谏。

孔子曰："五十以学《易》，可以无大过矣。"乔莱本人也是在自身晚年，去京归乡后读《易》著书，即便在人生中最后的光景返京后，也一直保持着读《易》的习惯。在书中他于《中孚》卦大象回忆了与友人论《易》的经历："同施侍读禺山（施闰章）集白评事仲调（白梦鼐）邸斋，仲调述秋审数案可议，愚山曰：'《中孚》大象，取议狱缓死之义何居？'余曰：'此圣人慎重人命之意也'……一座称善，弹指间十五年矣，岁月迁流，友朋凋谢，附记于此，为之怃然。"③此外，书中出现的其友人还有王式丹④，

---

① （清）乔莱：《乔氏易俟》，《景印文渊阁四库全书》第 42 册，台湾"商务印书馆"，1986 年版，第 188 页。

② 华雨虹：《乔莱研究》，南京师范大学 2021 年硕士学位论文。

③ （清）乔莱：《乔氏易俟》，《景印文渊阁四库全书》第 42 册，台湾"商务印书馆"，1986 年版，第 246 页。

④ 王式丹，康熙四十二年（1703）状元，与乔莱同属江苏宝应人，乔莱一生交友广泛，《乔氏易俟》中只零星出现三位友人，对其易学有重要影响。

有言六十四卦小象独"极"字不可叶,这也是对于叶韵的一种看法。乔莱正是静心研读前儒易学著作并结合与友人论《易》心得,最终联系自己亲身经历,才形成凝聚其心血的《乔氏易俟》。

乔莱在其晚年撰成《乔氏易俟》十八卷,其易学思想源自多家,其中尤宗程氏义理,进而称引杨万里史事,并结合古今历史事件解《易》来讽喻现实。除通过引史证《易》表达其经世思想外,乔莱还运用多种体例来解《易》,使其易学思想得以完整展现。可以说乔莱重视义理,不废象数,征引史事来表达君臣之道、重民之理、君子之义等,都是其易学思想在时代背景下的有力阐释。